数字经济行业本质论

THE
ESSENCE OF THE DIGITAL ECONOMY INDUSTRY

发展数字经济新质生产力的方法与路径

Methods and paths for developing new quality productive forces in the digital economy

陈小军 著

行业本质决定企业盈亏的数量级，左右企业存亡
中观管理确定微观管理方向，决定宏观战略成败

中国财经出版传媒集团
中国财政经济出版社
·北京·

图书在版编目（CIP）数据

数字经济行业本质论：发展数字经济新质生产力的方法与路径 / 陈小军著. -- 北京：中国财政经济出版社，2024. 10. -- ISBN 978 - 7 - 5223 - 3406 - 6

Ⅰ. F272. 7

中国国家版本馆 CIP 数据核字第 202478DA35 号

责任编辑：王 飏　　责任印制：张 健

封面设计：孙俪铭　　责任校对：张 凡

数字经济行业本质论

——发展数字经济新质生产力的方法与路径

SHUZI JINGJI HANGYE BENZHILUN

——FAZHAN SHUZI JINGJI XINZHI SHENGCHANLI DE FANGFA YU LUJING

中国财政经济出版社 出版

URL：http：//www. cfeph. cn

E - mail：cfeph@ cfeph. cn

社址：北京市海淀区阜成路甲 28 号　邮政编码：100142

营销中心电话：010 - 88191522

天猫网店：中国财政经济出版社旗舰店

网址：https：//zgczjjcbs. tmall. com

北京密兴印刷有限公司印刷　各地新华书店经销

成品尺寸：145mm × 210mm　32 开　9. 375 印张　250 000 字

2024 年 10 月第 1 版　2024 年 10 月北京第 1 次印刷

定价：58. 00 元

ISBN 978 - 7 - 5223 - 3406 - 6

（图书出现印装问题，本社负责调换，电话：010 - 88190548）

本社图书质量投诉电话：010 - 88190744

打击盗版举报热线：010 - 88191661　QQ：2242791300

序

非常高兴在《投资新思路》丛书之后又为小军博士的书写推荐序。《数字经济行业本质论》在《投资新思路》丛书提出行业本质理论之后，系统地研究了行业本质理论在企业经营、数字化转型和发展新质生产力等方面的具体应用，在学术上具有划时代意义。

小军博士在工作数年，积累了一定的工作经验以后，攻读了清华大学经济管理学院的工商管理硕士学位，之后又从事企业经营、创业和投资十余年，并进入中国科学院大学经济与管理学院攻读管理科学与工程博士专业学位，他从产业经营和产业投资的实践中走过来，将过去的经验提升，总结出“明大势、辨行业、识企业”的投资三部曲，在攻读博士学位期间出版了《投资新思路》丛书（共三册），创新性地提出“行业本质决定企业盈亏数量级、左右企业存亡”的全新行业本质理念。

《投资新思路》丛书出版后的半年多时间，在经过反复思考后我建议小军博士将“行业本质理念”改为“行业本质理论”，并鼓励他继续系统地研究。他听从了我的建议，从中国科学院大学博士研究生毕业后继续研究和完善行业本质理论，他不仅研究了行业本质理论与第一性原理之间的对比关系，也分析了行业本质理论在企业经营、财务管理创新、技术转移、企业并购、股权投资、股票投资、公募基金、数字化转型、发展新质生产力等方面的应用，进而发现行业本质理论是介于企业宏观战略管理和微观战术管理之间的企业中观管理思想，开创了我国企业中观管理研究的先河。

行业本质理论作为一种企业中观管理思想，不仅在企业经营中起着决定经营方向的作用，也在企业数字化转型和发展新质生产力等方面具有基础的决定性作用；能够显著提高数字化转型的成功率，有效地发展新质生产力。行业本质理论和企业中观管理思想，无疑是从企业经营和产业投资的实践中总结归纳出来的行之有效的开创性理论。

鉴于行业本质理论和企业中观管理思想都是开创性的研究，还未形成特定的研究范式，但小军博士听从不少专家的建议，有了观点后随时记录整理，已经在各种期刊上发表了数十篇介绍行业本质理论和企业中观管理思想的普及性文章，也通过其个人微信公众号“左右存亡的行业本质”和“行业本质论”等发表他的日常研究心得近100篇，超过50万字，使行业本质理论和企业中观管理思想的研究体系初具雏形。

2023年7月，小军博士询问我是否接受邀请写本书时，恰逢中国科学院大学经济与管理学院举办经济学暑期课程，课程内容都是数字经济在各方面的最新研究成果，我建议他全程参与学习以了解数字经济研究的现状，理解数字经济发展中的痛点和难点，进而找到写作的切入点。在写作过程中，他不时向我汇报写作进展，其间他先后到湖北、四川、江苏、浙江等省份做了调研；2023年11月在第十二届APEC技展会的论坛上就企业数字化转型做了主旨报告；2024年到浙江、河北、河南、重庆、山西、云南、四川、新疆、江西、北京、山东等省份巡讲如何发展新质生产力，反复的宣讲加深了他对各行业基于行业本质发展新质生产力的深刻理解和研究。

我非常高兴小军博士在中央财经大学、中国政法大学等高校为研究生开设了“行业本质理论与实务”和“企业中观管理”这两门选修课，希望通过行业本质理论和企业中观管理思想在高校的普及，让更多的研究者参与这些研究，让更多的企业经营者运用行业本质理论和企业中观管理思想发展企业，提升企业经营的效率和效益；让更多的投资人运用行业本质理论从事投资，提升投资的成功率和收益率。

习近平总书记强调，“高质量发展需要新的生产力理论来指导，而新质生产力已经在实践中形成并展示出对高质量发展的强劲推动力、支撑力，这需要我们从理论上进行总结、概括，用以指导新的发展实践。”行业本质理论和企业中观管理思想，可能就是应时而来的一种新的生产力理论。

我真诚地希望这本书对读者有益，对企业有益，对投资有益，对社会有益！更期待小军博士在以后的工作过程中，坚持思考，持续研究，完善行业本质理论体系和企业中观管理思想，为学术提升、经济繁荣、社会进步再作贡献。

汪寿阳
发展中国家科学院院士
国际系统与控制科学院院士
中国科学院预测科学研究中心原主任
中国科学院大学经济与管理学院原院长
2024年秋于北京

前　言

2024 年全国两会期间，《政府工作报告》提出，深入推进数字经济创新发展。制定支持数字经济高质量发展政策，积极推进数字产业化、产业数字化，促进数字技术和实体经济深度融合。深化大数据、人工智能等研发应用，开展“人工智能+”行动，打造具有国际竞争力的数字产业集群。实施制造业数字化转型行动，加快工业互联网规模化应用，推进服务业数字化，建设智慧城市、数字乡村。深入开展中小企业数字化赋能专项行动。大力推进现代化产业体系建设，加快发展新质生产力。

2023 年 11 月 9 日，由工业和信息化部、山东省人民政府主办的第十二届 APEC 中小企业技术交流暨展览会在青岛市举行，我受邀在中小企业数字化转型创新发展专业论坛上作了“运用行业本质理论做好数字化转型”的主旨报告，介绍了如何运用行业本质理论提高数字化转型的成功率，并主持了圆桌论坛。在圆桌论坛上，金蝶集团代表认为我国专精特新“小巨人”企业的数字化转型成功率不到 25%，浪潮集团代表则认为我国企业数字化转型的成功率不到 10%。

中共中央政治局 2024 年 1 月 31 日就扎实推进高质量发展进行第十一次集体学习。习近平总书记在主持学习时强调，必须牢记高质量发展是新时代的硬道理，全面贯彻新发展理念，把加快建设现代化经济体系、推进高水平科技自立自强、加快构建新发展格局、统筹推进深层次改革和高水平开放、统筹高质量发展和高水平安全等战略任务落实到位，完善推动高质量发展的考核评价体系，为推动高质量发展打牢基础。发展新质生产力是推动高质量发展的内在要求和重要着力点，必须继续做好创新这篇大文章，推动新质生产力加快发展。

习近平总书记强调，高质量发展需要新的生产力理论来指导，而新质生产力已经在实践中形成并展示出对高质量发展的强劲推动力、支撑力，需要我们从理论上进行总结、概括，用以指导新的发展实践。概括地说，新质生产力是创新起主导作用，摆脱传统经济增长方式、生产力发展路径，具有高科技、高效能、高质量特征，符合新发展理念的先进生产力质态。它由技术革命性突破、生产要素创新性配置、产业深度转型升级而催生，以劳动者、劳动资料、劳动对象及其优化组合的跃升为基本内涵，以全要素生产率大幅提升为核心标志，特点是创新，关键在质优，本质是先进生产力。

催生新质生产力的三个因素分别是：技术的革命性突破、产业的深度转型升级和生产要素的创新性配置。技术的革命性突破和产业的深度转型升级，部分属于数字经济中的数字产业化；而数字经济中的产业数字化属于生产要素的创新性配置，是将数据作为生产要素，与土地、资本、劳动力、企业家才能等一起提升生产力。

约瑟夫·熊彼特在其著作《经济发展理论》中说，创新就是要“建立一种新的生产函数”，即将一种从来没有过的生产要素和生产条件进行新的组合并引入生产体系，通过生产技术的革新、生产方法的变革、生产要素的优化组合，让生产力不断提升。梅森在其著作《新经济的逻辑》中说，创新的驱动力是成本最小化、产出最大化，以及资源组合利用最优化。这两种观点的实质都是对生产要素进行创新性优化组合，通过先进技术的应用，提高生产率，达到提升生产力的目的。当前发展数字经济在某种程度上就是发展新质生产力。

中国信息通信研究院发布的《中国数字经济发展研究报告(2023年)》统计数据显示，2023年我国数字经济的总体规模已经超过50万亿元。自2015年3月《政府工作报告》提出“互联网+”行动计划以来，政府不断推动移动互联网、大数据、物联网等与制造业结合，促进电子商务、工业互联网和互联网金融等健康发展；2023年底国家数据局、科技部等十七个部委联合印发了《“数据要素×”三年行动计划》，以推动数据要素高水平应用为主线，以推进数据要素协同优化、复用增效、融合创新、作用发挥为重点，助力我国数字经济实现了跨越式发展，极大地释放了数据要素的经济价值。

2023年10月，国家数据局挂牌成立。随后，全国各地方政府相继成立数据局等专职管理机构，负责协调推进数据基础制度建设，统筹数据资源整合共享和开发利用，统筹推进数字中国、数字经济、数字社会规划和建设。

2024年1月22日《人民日报》提出，数字经济促进共同富裕，数据要素促进“机会平等”，大数据、人工智能赋能千行百业；吹响了数字经济快速发展，惠及全社会的嘹亮号角。经过全社会不懈努力，数字经济发展方兴未艾。

为此，2023年中国民主建国会中央确定将“加强我国实体经济和数字技术融合发展的路径与建议”作为重点调研课题，由民建九个省级组织和民建中央企业委员会分头调研，各自形成报告，再汇总成为民建中央2024年的两会集体提案，其中民建中央企业委员会这部分内容由我执笔。民建中央企业委员会的课题组调研了北京、湖北、四川、广东等地企业，各地反馈企业数字化转型的失败率高于80%；不少企业仅使用了数字化工具，并没有真正完成数字化转型；不少产业数字化项目只在验收的时候使用一次，验收完毕后就被闲置了。调研组到各地听到最多的观点是，不少企业的数字化转型项目就是为了骗取政府、企业、企业家资金。

产业数字化的核心要素不是数字化工具，而是运用数字化工具做数字化管理，让数据说话，提高企业的竞争力。我国的产业数字化转型投入大、应用场景广，从业人员多，却没有与我国应用规模和投入相匹配的产出，也没有产生突破“卡脖子”的原创技术，产业数字化转型的效果总体上是不如人意。

从战略上来讲，发展数字经济、产业数字化转型都是大势所趋，是未来发展的方向；从执行落地层面来讲，我国各地方政府和企业都非常重视数字经济，并且我国具有全球最多的信息技术人才。近几年我国每年 STEM［科学（Science）、技术（Technology）、工程（Engineering）、数学（Mathematics）四门学科英文首字母的缩写］本科毕业生为 500 万人左右，是美国 STEM 本科毕业生人数的 10 倍左右。其中，2000 年美国在 STEM 领域的博士毕业生为 19289 人，中国为 9038 人，美国是中国的两倍多；但到 2007 年我国 STEM 领域博士毕业生人数就超过美国；到 2019 年，我国 STEM 领域博士毕业生人数接近 5 万人，而美国仅有 33759 人。在人才储备、市场规模、应用场景、研发投入等方面我国具有显著优势，完全可以发展好数字经济，做好产业数字化转型，然而实际效果却远低于预期，问题出在哪里呢?

2023 年 2 月，中共中央、国务院印发了《数字中国建设整体布局规划》(以下简称《规划》)，并发出通知，要求各地区各部门结合实际认真贯彻落实。《规划》指出，建设数字中国是数字时代推进中国式现代化的重要引擎，是构筑国家竞争新优势的有力支撑。加快数字中国建设，对全面建设社会主义现代化国家、全面推进中华民族伟大复兴具有重要意义和深远影响。

《规划》提出，到 2025 年，基本形成横向打通、纵向贯通、协调有力的一体化推进格局，数字中国建设取得重要进展。到

2035年，数字化发展水平进入世界前列，数字中国建设取得重大成就。数字中国建设体系化布局更加科学完备，有力支撑全面建设社会主义现代化国家。

《规划》指出，要全面赋能经济社会发展。培育壮大数字经济核心产业，研究制定推动数字产业高质量发展的措施，打造具有国际竞争力的数字产业集群。推动数字技术和实体经济深度融合，在农业、工业、金融、教育、医疗、交通、能源等重点领域，加快数字技术创新应用。

但是，麦肯锡的调研报告指出，国外一般企业数字化转型失败率为80%。埃森哲与工业和信息化部下属单位国家工业信息安全发展研究中心合作开发的中国企业数字转型指数显示，我国只有7%的企业能够突破业务转型困境，成为转型领军者。

无论是国际还是国内，对数字经济和产业数字化转型的研究多从宏观战略层面或者微观战术层面进行，相关的研究论文和书籍如同雨后春笋，但对决定战略成败和战术方向的中观研究基本没有。这就如同我们确定了一个战略目标——去北京天安门，战术上选择步行或者开车，但没有确定行进的方向或路线图，从而导致现在我国企业的数字化转型成功率过低，失败率过高，原因在于数字化转型的方向不对，致使努力白费。

在我国，数字化转型需求存在，但数字化转型的方向和路径不清晰，导致在发展数字经济和产业数字化转型过程中存在“数字鸿沟”“数据孤岛”“数据烟囱”“转型陷阱”“集成陷阱”“中小企业陷阱”“信息技术壁垒”等突出的问题，从而使部分行业和企业在数字化转型过程中，经营费用上升、管理难度增加、经营效益下降，甚至部分企业组织实施了数字化系统后，使用率不高，个别单位组织实施以后就一直未使用。产业数字化转型中，数字技术只是工具，如果使用工具后导致效率降低、效益下降，则说明要么是用错了工具，要么是未能正确使用工具，核心就是数字经济和产业数字化转型的中观研究没有跟上。

据此，民建中央组织民建江苏、四川、吉林、湖北、重庆、山西、甘肃、宁夏、河北九个省级民建组织和民建中央企业委员会就“加强我国实体经济和数字技术融合发展的路径与建议”课题分别开展调研。天合光能股份有限公司董事长高纪凡先生兼任民建中央常委、民建中央企业委员会主任、民建江苏省副主委，本课题的开题会就是于2023年7月6日在天合光能股份有限公司所在的江苏常州召开。

在开题会上，九个省市的民建组织代表就实体经济和数字技术融合存在的问题和调研方向分别做了发言，大家纷纷提到目前数字化转型中出现的“数据滥用”“数据泄露”“数据孤岛”“效率降低”“大数据杀熟”“成本上升”“效益下降”等问题，并准备就此进行调研和确定课题方向。我结合自己提出的行业本质理论发现，如果产业数字化转型基于行业本质来确定转型的方向和路径，能够解决大家提出来的产业数字化转型中出现的多数问题。我作为民建中央企业委员会代表发言时，侧重介绍了行业本质理论，指出实体经济是基础，数字化只是工具和手段，产业数字化如果顺应实体产业的行业本质，数字技术应该能够在实体经济中产生倍增的效果。

实体经济和数字技术融合的产业数字化，在我国经济分类中属于数字经济的第五类：数字化效率提升业。近年来我国在产业数字化转型方面取得了巨大的进步，出现了自动化流水线、无人工厂、黑灯工厂等；数字化转型在企业经营的效率和效益等方面的成果显著。但是我国也经历了“金融＋数字化”的P2P等互联网金融、“信用＋数字化”的虚拟货币、“生鲜销售＋数字化”的一二线社区生鲜团购、“视觉图像＋数字化”的AR/VR等行业数字化转型的系统性风险，不仅造成数以万亿计的社会财富损失，而且还存在产业数字化转型的“集成陷阱”“中小企业陷阱”

"效率降低""成本上升""数据孤岛""效益下降"等突出问题，增加了部分企业数字化转型的畏难情绪，降低了部分企业数字化转型的信心和决心。数字化只是手段，转型能否成功的关键是方向是否正确，路径是否恰当，核心就是产业数字化转型是否顺应了行业本质。

当我发言完毕以后，高纪凡主任非常兴奋，总结发言时认为民建中央企业委课题组的选题角度耳目一新，是与实践相结合后的重大理论突破。在会议中场休息期间，高纪凡主任多次找到我，并提议让我写一本书，以帮助厘清我国产业数字化转型的方向和路径，降低企业在数字化转型过程中的不确定性和风险、减少浪费，提高产业数字化转型的效率和效益，并专门将我们民建中央企业委员会的几位代表拉在一起沟通写作和出版的进度安排。当天会议结束后和晚餐期间，他多次吩咐他的办公室副主任周丽艳女士全力支持配合我的写作。

接到高纪凡主任写书的动议后，我有一定的畏难情绪。一是自己对信息技术产业和数字经济的了解不全面、不充分、不深入，担心出现 P2P、虚拟货币、一二线城市社区生鲜团购等这些让自己在 2016 年对我国股权投资陷入迷茫的系统性风险在自己从常识上能够识别出来，但不能从理论上证明的情况，反而导致读者更加迷茫，或者因自己没有能力识别而误导读者。二是自己 2016 年对我国经济和投资产生迷茫后，考察了十余个国家，调研了数十个行业，并于 2018 年到中国科学院大学经济与管理学院攻读博士学位，从 2021 年开始又花了近两年时间日夜颠倒撰写了《投资新思路》丛书，提出行业本质理论，自己脱离企业经营、投资一线已有一段时间，需要先熟悉数字经济目前的发展状况。三是自己已经是民建中央三个调研课题的主笔人，需要花时间调研和写作，时间安排已经非常紧张，高纪凡主任从社会需要的角度希望本书能够尽快出版，自己的时间确实不允许。四是对一个行业本质的研究前提是要完全熟悉这个行业的产业链上下游，只有这样才有可能找到这个行业的本质。自己总结了二十多个行业本质，基本上已经耗尽了自己二十余年在多个实体产业经营、股权投资、学术研究和创业过程中积累的认知。但是，在高纪凡主任的热切期盼，民建中央委员、北京有生博大董事长王克照的一再鼓励下，我开始思考撰写本书的可行性。

我能参与本次民建中央企业委员会的“加强我国实体经济和数字技术融合发展的路径与建议”课题，源于2022年11月《投资新思路》样书出来后，在等待正式出版期间，我代表民建中央企业委员会新技术与先进制造业专委会主任、易事特股份有限公司董事长何思模到民建中央做年度工作汇报，在会议上我简要介绍了行业本质理论，得到了民建中央委员、民建中央企业委员会副主任、信息技术专委会主任、北京有生博大软件股份有限公司董事长王克照的高度认可。

2023年5月31日，第十二届民建中央委员会企业委员会成立大会在四川乐山举办，王克照董事长再次被任命为民建中央企业委员会副主任，并牵头“加强我国实体经济和数字技术融合发展的路径与建议”课题。6月1日，我还没有起床，王克照主任就给我打了一通电话，邀请我担任他牵头的“加强我国实体经济和数字技术融合发展的路径与建议”课题的主笔人。一开始我是拒绝的，因为在5月31日我已经成为了另外一个课题的主笔人，不仅是担心自己的时间不足，更担心的是自己的水平不够。但是王克照主任作为研究和从事数字经济数十年的创业者，认为行业本质理论解决了数字经济和产业数字化转型的底层逻辑和基础理论指导方面的问题，能够为产业数字化转型指明方向和路径，我是合适的主笔人。

王克照主任是我国智慧城市标准起草人，也是我国信息产业最有影响力之一的“中关村软件和信息服务产业创新联盟”创始人；早在2014年就编写《智慧城市之路》一书，由时任中国智慧城市论坛主席、中国科学院大学经济与管理学院首任院长、原全国人民代表大会常务委员会副委员长、中国民主建国会中央委员会原主席成思危先生作序。该书将数字政府、智能政府和智慧政府的概念做了科学的区分，至今都是智慧城市发展的指南。

《智慧城市之路》一书认为，物联网、云计算、大数据、移动互联网等新一代信息技术在电子政务和智慧城市建设中的应用，将全面提升电子政务的智能化水平和服务能力，提高智慧城市基础设施资源利用率；进一步促进跨地区、跨部门、跨层级的信息共享和深度挖掘；推动建设更加完善的信息资源服务体系；真正推动数据和业务系统与承载的技术环境分离，实现大集中式高效管理；推动转变电子政务建设和服务模式，全面提升电子政务技术服务能力，降低电子政务建设和运维成本。该书出版已过十年，经过十年的实践验证，王克照主任对产业数字化和数字经济有了更深的理解。

认识王克照主任是在2008年，那时我首次担任民建中央企业委员会制造业组秘书长，王克照主任已经在民建中央IT信息组连续任职两届。这十六年来我们虽然开会时偶尔见面，但从未有过合作。在王克照主任的诚挚邀请之下，我犹豫了两天，接下了主笔课题的任务。

2023年6月11日，由王克照主任牵头的民建中央企业委员会年度课题“加强我国实体经济和数字技术融合发展的路径与建议”在北京举行了开题会，王克照主任讲了他对课题的构想，即对产业数字化转型做好底层设计，为我国数字经济找到事半功倍的发展方向。我逐渐对该课题有了清晰的认识，行业本质理论实际上就是解决宏观战略目标和微观战术执行之间的方向问题，属于企业中观管理层面，也是产业数字化转型举旗定向的基础理论。

因此，2023 年 7 月 6 日在江苏常州举办的民建九省市和民建中央企业委员会“加强我国实体经济和数字技术融合发展的路径与建议”开题会上，民建中央企业委课题组的主要成员一起到常州参会，我作为课题组主笔人就选题方向和大致思路做了汇报，得到了与会者的共鸣，特别是得到了高纪凡主任的高度认可，他提议我撰写《数字经济行业本质论》。会后我和王克照主任多次沟通，他给予了我极大的鼓励。我向我的博士生导师汪寿阳教授请教，他给予了我有益的指导。

幸运的是，2023 年 7 月，中国科学院大学经济与管理学院举办经济学暑期课程，课程内容都是数字经济在各方面的最新研究成果，听从汪寿阳院士的建议，我参加了全部课程内容的学习，让自己对数字经济发展的现状和痛点、难点有了总体的了解，理解了社会急迫需要本书，增强了自己写作的信心。之后，我就开始尝试撰写本书的目录，对于自己不懂的行业和产业，邀请有研究意愿的人员一起收集资料，我根据大家收集的资料再来归纳、总结该产业的行业本质。

2023 年 7 月 31 日，向民建中央提交了《加强底层设计促进我国实体经济和数字技术融合发展的建议》初稿后，我开始收集资料，查阅文献；在“加强我国实体经济和数字技术融合发展的路径与建议”课题调研过程中开始撰写本书初稿，自己带着写作过程中遇到的问题请教被调研企业和相关专家学者，以求本书的内容对企业的数字产业化和产业数字化转型，以及数字中国的建设有所裨益。

实体经济和数字技术融合就是产业数字化，只有研究清楚行业本质，才能确定产业数字化的方向，以及数字化的实施路径，也才能有效规避数字化转型的系统性风险，达到转型的目的：提高企业经营的效率和效益。而数字产业化更需要企业经营顺应行业本质，才能保证转型的成功率。在调研中发现，如果产业数字化转型顺应行业本质，则事半功倍；如果产业数字化转型违背行业本质，则事倍功半。

产业数字化转型的本质是利用数字工具、手段和平台，对信息、知识、产业、组织与管理等进行变革，在技术上启用新技术，在产业上产生新产业，在管理上优化协同，在社会上扩展参与，实现整体的革新与新生，这是产业数字化转型的内涵。产业数字化转型的核心是数据化、智能化和融合创新。

作为行业本质理论的创立人和企业中观管理思想的提出者，自己有责任基于行业本质理论来研究数字产业化和产业数字化转型的方向和路径，规避再次出现像O2O、P2P、虚拟货币和一二线城市社区生鲜团购这样系统性的行业风险，减少数字产业化和产业数字化转型中出现的“数据孤岛”“转型陷阱”“集成陷阱”“中小企业陷阱”等典型问题，提高产业数字化转型的效率和效益，促进社会经济效率和效益的双提高，为数字中国建设尽微薄之力。

现在总结行业本质，主要使用单因素归纳法，从各种影响因素中找到最为基础、关键、根本性的影响因素，将之称为行业本质；是利用单因素归纳法总结出来的论断，而归纳法的最大特点就是结论只能在特定的约束条件下才成立，因此容易被证伪，不容易被证明。但是，归纳总结出来的行业本质结论，能够解释该行业中企业过去成功与失败的原因，也基本能够预测行业中企业未来经营的盈亏趋势。

诚然，行业本质理论研究是我过了不惑之年才开创的一门全新学问，需要深厚的多行业的实体产业背景，以及企业经营管理经验。由于本人水平和能力有限，且经济环境和竞争环境的不断变化，本书的一些论断可能存在不足，甚至谬误，但我希望在全社会开启行业本质研究，为行业选择、企业经营、生产管理、数字化转型、科学研究、技术开发、投资决策和发展新质生产力等提供一个全新的视角，成为企业经营管理、路径规划、方向设置的理论基础，以及宏观战略和微观执行之间的有效链接。原因在于：顺应行业本质，事半功倍；违背行业本质，事倍功半。

行业本质理论是基于宏观战略，决定微观执行的方向和路径的中观管理思想，介于宏观研究与微观研究中间，注重理论与实践的结合。无论数字产业化，还是产业数字化，如果顺应行业本质，则事半功倍；如果违背行业本质，则事倍功半。行业本质是介于宏观与微观间的中观管理思想；行业本质确定微观战术执行方向和路径；行业本质是决定宏观战略最终成败的关键要素；行业本质决定数字产业化的企业能否行稳致远；行业本质决定企业的产业数字化转型能否成功；行业本质决定企业盈亏数量级，左右企业存亡。

2016 年在中央财经大学的公开课上，我应邀就我国的股票市场、股权投资、房地产、汇市、债市、新三板、公募基金、P2P、宏观经济的走势分别逐条分析预测，八年间所有预测一一兑现，全部应验，且全部依旧在八年前预测的趋势和范围之内。

现在数字经济方兴未艾，新技术和新模式层出不穷，希望有更多的学者和企业管理者参与研究行业本质，完善行业本质理论和企业中观管理思想，为建设数字中国和发展数字经济新质生产力贡献一份力量。

陈小军

2024 年 6 月 18 日

目　　录

第三篇 产业数字化

第四篇　数字经济下企业更要顺应行业本质

第一篇

概　述

第一章　绪　　论

2023 年 2 月 27 日，中共中央、国务院印发《数字中国建设整体布局规划》，指出建设数字中国是数字时代推进中国式现代化的重要引擎。2023 年 6 月 12 日财政部和工业和信息化部联合发布《关于开展中小企业数字化转型城市试点工作的通知》；国务院国资委在 2020 年印发了《关于加快推进国有企业数字化转型工作的通知》，分行业指导数字化转型。我国数字经济在 2012 年以后的增长率已高于 GDP 的增长率。根据中国社会科学院许宪春教授等的测算，2008—2019 年我国数字经济年均增长率达到 13.4%；中国信息通信研究院测算我国数字经济占 GDP 的比例在 2021 年已达到 39.8%。数字经济已经成为推动我国经济发展的新引擎。

根据国家统计局《数字经济及其核心产业统计分类（2021）》（国家统计局令第 33 号）的分类，数字经济是指以数据资源作为关键生产要素、以现代信息网络作为重要载体、以信息通信技术的有效使用作为效率提升和经济结构优化的重要推动力的一系列经济活动。该分类将数字经济产业范围确定为：01 数字产品制造业、02 数字产品服务业、03 数字技术应用业、04 数字要素驱动业、05 数字化效率提升业 5 个大类。其中，数字经济核心产业是指为产业数字化发展提供数字技术、产品、服务、基础设施和解决方案，以及完全依赖于数字技术、数据要素的各类经济活动；

是分类中的01—04大类，为数字经济核心产业，主要包括计算机通信和其他电子设备制造业、电信广播电视和卫星传输服务、互联网和相关服务、软件和信息技术服务业等；是数字经济发展的基础。第05大类为产业数字化部分，是指应用数字技术和数据资源为传统产业带来的产出增加和效率提升；是数字技术与实体经济的融合。产业数字化转型主要是指数字化效率提升业。

产业数字化转型是大势所趋，也是企业提高管理效率的必由之路。但是，在数字化实施过程中，出现了一些新的问题，如“数字化转型陷阱”“集成陷阱”“中小企业陷阱”，以及“转型是找死，不转型是等死”“转型费用上升，企业效益下降”等。作为理性的企业负责人在决策时思考的是数字化对企业有多大的投入产出，投资回报率（ROI）是多少？

理查德·塞勒和丹尼尔·卡尼曼提出数字化决策有两种投资逻辑：确定效应和反射效应。确定效应是指做决策时，在确定收益和赌一把之间，多数人会选择确定收益。反射效应是在确定损失和赌一把之间，多数人会选择赌一把。很多企业做数字化转型的动力不是源于收益可预期，而是不做转型的成本难以忍受。

数字化只是工具和手段，能够产生什么样的效益，关键是如何利用数字化工具。在工具和手段确定的情况下，出现“数字化转型陷阱”“集成陷阱”“中小企业陷阱”，甚至是“转型费用上升，企业效益下降”，从而导致出现“转型是找死，不转型是等死”这样的说法，一般情况下是没有使用正确的工具或没有正确地使用工具，原因极大可能是没有找对数字化转型的方向和路径，最后失之毫厘，谬以千里，甚至使得结果与意愿是南辕北辙，让组织的数字化没有到达效率和效益的双提升，更没有达到组织效率和效益的最佳。

但是，不做数字化转型，企业决策者又不得不担心在数字化时代和快速变化的市场竞争中面临以下问题。

（1）经营失向。在行业都在转型的过程中，转与不转就成为一个方向上的大问题；不转，可能使得企业的竞争力逐渐落后于行业发展；转，却不知转向哪里，以什么为基础，向哪个方向转。

（2）营销失语。从哪里找到顾客，营销话术对谁讲；通过什么渠道讲；如何讲才能真实、准确、完整、无遗漏地将信息传递给顾客；如何讲才能吸引到顾客下单；怎样讲才能够提高销售的转化率。

（3）运营失灵。从管理系统的信息化到现在的数字化，内部如何高效协同，如何减少内部博弈；新产品开发如何跟上外部需求变化；如何进一步提高企业运营的效率，如何进一步提高经营的效益。

（4）生产失准。生产以什么原则来进行组织；是成本领先，还是效率优先，抑或质量最佳；生产的节拍、库存的数量、周转的时长、职工的技能、岗位的设置等，如何来适应行业的生产设备和生产技术的变化。

（5）管理失衡。在快速变化的市场和技术环境中，企业管理的前台、中台和后台之间如何高效衔接；企业高层、中层和底层之间如何畅通协调；不同职能部门之间如何良好协作；如何提高内部协同。

（6）顾客失焦。客户是谁，他们在哪里；顾客购买产品以后的体验如何，有什么样的反馈建议；为什么样的顾客生产什么产品，生产多少，如何到达顾客手上；顾客的需求发生变化以后，如何才能持续满足顾客的需求变化。

（7）增长失速。不做转型担心带来的后果是企业增长速度相对于竞争对手减弱，呈现出不做转型就是“等死”的矛盾心理；转型方向错了，不仅浪费企业有限的资源，还加剧了企业增长的失速。

（8）技术失先。在数字化转型的背景下，研发、工艺、生产技术等的技术发展方向需要根据什么来确定；如何才能保持企业持续在行业内的领先性；如何才能不点错科技树。

（9）人心失聚。企业需要统一的目标、统一的路径和统一的方向来凝聚人心，力出一孔，尽可能减少内耗，提升内部协同；但是，数字化转型的统一目标、路径和方向是什么呢？如果没有，企业的资源就无法同向发力，力量就无法聚焦，人心就无法凝聚，就不能发挥出企业最大的协同和最优的效率。

（10）战略失策。企业战略制定越精准，目标就越有可能达成，企业就越有竞争力。在快速变化的数字化时代，不仅技术加速迭代，而且顾客需求也快速变化，不少企业开始选择宽范围的模糊战略，但是，由于企业资源有限，市场竞争激烈，宽范围的模糊战略会使得企业有限的资源不能集中，甚至制定了错误战略，导致企业错失发展良机。

2020 年埃森哲与工信部对九大行业近 400 家企业联合调查显示，数字化转型成功率仅为 11%。阿里研究院 2022 年发布的研究报告显示，不同类型的跨国公司的数字化投入占销售收入比重情况如下：大公司 2%，个别公司 4%。而我国大企业的占比是 0.24%，相当于跨国公司的 11%；我国发达地区（浙江）大企业的占比是 0.56%，相当于跨国公司的 28%。调查结论说明我国企业在数字化上的投入严重不足，决策者对数字化能发挥的作用存疑，对数字化的作用没有明显的感受。

作为数字经济核心产业，数字经济分类的前四项产业在这 10 余年间的发展速度是 GDP 增长速度的两倍多，不仅成为我国经济新的增长极，还成为我国经济增长的新引擎。但是，在过去 20 年取得辉煌成就的同时，出现了 IT 零部件工厂等数字产品制造业、SaaS 服务公司等数字产品服务业、音乐网站等数字技术应用业、互联网小贷与互联网支付公司等数字要素驱动业中的不少公司在行业快速发展壮大的过程中走向破产清算。过去我们常常将这些企业的失败归咎于技术、研发、生产、管理、市场、营销等因素，而忽视了行业本质对企业盈亏数量级的决定性作用，更忽视了行业本质左右企业存亡的作用。

在数字经济分类的最后两项——数字要素驱动业和数字化效率提升业，过去已经历失败的“金融+数字化”的P2P等互联网金融、“信用+数字化”的虚拟货币、“生鲜销售+数字化”的一二线社区生鲜团购、“视觉图像+数字化”的AR/VR等行业，出现数字化转型系统性风险的原因就在于违背了行业本质，不仅造成数以万亿计的社会财富损失，而且还让部分企业增加了对数字化的畏难情绪。在产业数字化转型中存在的“集成陷阱”“中小企业陷阱”“效率降低”“转型成本上升”“数据孤岛”等突出问题，这些基本上都是没有顺应行业本质，更没有基于行业本质来确定数字化转型的方向和路径，导致数字化转型的成本提高，转型的效益降低。

在过去，我们将一些企业的成功和失败更多归集于发展趋势、政府政策、技术进步、企业管理、市场营销、战略决策、现金流、竞争策略、竞争对手等方面，而没有归集到更本质、根本性的要素中：行业本质。

我们强调行业本质的重要性，并不是否认研发、技术、生产、管理、市场、营销等对企业经营的重要性，而是研发、技术、生产、市场、营销等这些经营管理工作如果以“行业本质”为基础来展开，企业就更容易取得更高的业绩，在市场竞争中就更容易相较于同行取得竞争优势。

过去和现在多数企业竞争往往选择在“4P”的产品、价格、促销和渠道上比拼，较少的企业选择在“4C”的顾客、成本、便利和沟通上下功夫，也有企业在“4R”的关联、反应、关系和回报上深挖，但多数都是在技术、生产、工艺、品牌、选址、内部管理和人力资源等同一个维度上进行竞争；当竞争白热化以后，为了抢占市场份额，不少的企业选择了价格战。

特别是我国经济水平达到一定高度以后，经济从高速增长转变为高质量增长，经济增长率自然下降，从而导致出现“内卷”加剧的情况，不少企业选择低价策略来扩大市场规模和提高市场占有率。但是，通过对我国超过 20 个行业的对比研究发现，目前仅有新能源制造业、电动车生产等几个产业的行业本质是成本领先，多数行业本质均不是成本领先，也不适合长期采用低价策略。研究表明，在行业本质不是成本领先的行业采取低价策略是饮鸩止渴。在不是成本领先的行业长期采用低价策略，必然会导致企业经营不可持续，就如同现在陷入困境的一二线城市的社区生鲜团购和已经销声匿迹的团购网站。

运用行业本质理论，不仅能够解释清楚一些企业过去的成败，也能够预测一些企业在未来一定时期的发展趋势。

通过总结发现，这些年取得巨大成功的企业，都是有意或者无意地以其所在产业的行业本质为基础来经营企业，并且和行业的发展同频共振，最后在激烈的市场厮杀中脱颖而出；与它们同时期、同行业的，且未以行业本质为基础来经营企业的企业，多数已经销声匿迹。这就是近年来大家常说的“凭运气挣的钱，凭实力亏掉”的核心原因——违背行业本质经营，在行业本质不是成本领先的产业采取价格战，导致企业自身经营不可持续。

现在总结行业本质，主要使用的是单因素归纳法，从各种影响因素中找到最为基础、关键、根本的影响因素。归纳法的最大特点就是容易被证伪，不容易被证明；如同物理学中的定律，是有一定的限制条件，如果脱离了特定的条件，定律就容易失效，例如，牛顿力学三定律。因此，即使本书的一些观点因以后经济竞争的约束条件发生变化而被证伪，我也希望全社会开启行业本质研究，重视行业本质在企业经营中的基础性、决定性作用，让行业本质理论为企业管理、科技研究、技术开发和投资决策等提供一个全新的视角，为企业经营、科技开发和投资决策提供一个明晰的方向和决策的基础。

最后，诚挚地希望通过对部分数字经济的行业本质的分析总结，抛砖引玉，欢迎更多的人一起来研究行业本质，研究数字产业化和产业数字化转型的方向和路径，为数字中国建设和发展新质生产力尽一份微薄之力。

第二章　行业本质理论概述

《投资新思路》丛书共三册，出版后不仅引起投资界的热议，也引起企业界的重视，还引起了学术界的关注。投资界、企业界和学术界分别从不同的角度解读了该丛书提出来的行业本质理念：行业本质决定企业盈亏数量级，左右企业存亡，并在不同的行业对其进行了实证，检验了该理念的有效性。

国家新闻出版署主管、中国新闻出版研究院主办的《新阅读》杂志，在2023年第2期刊登了《〈投资新思路〉丛书的理念创新和实践意义》一文，发表了我国学术界对行业本质理论：行业本质决定企业盈亏数量级，左右企业存亡的解读和实证研究。

《〈投资新思路〉丛书的理念创新和实践意义》一文对三册图书分别给予了如下评价：第一本《投资新思路：大变局中的行业选择》解读党的二十大报告，增强对我国经济发展的信心；第二本《投资新思路：左右存亡的行业本质》介绍提高企业竞争力的新理念，增强企业经营信心；第三本《投资新思路：新形势下的股权投资》介绍提高投资成功率的新方法，增强对投资的信心。

该文发表以后，我的博士生导师汪寿阳院士经过深思熟虑以后，建议我将“行业本质理念”修改为“行业本质理论”，便于后续的研究和其他研究者的加入，从而更系统化和体系化地研究行业本质，提升企业的竞争优势，减少浪费，造福社会。

行业本质理论是介于宏观研究和微观研究之间的中观研究，强调基于宏观战略，确定微观执行的方向和路径，最后决定宏观战略的成败。

第一节　行业本质理论的定义

在多个行业的实体企业经营、投资和创业领域从事20余年，在民建中央企业委员会及下属专委会任职四届17年的时间里，我看到不少企业的起伏。特别是近年来，一些高速增长的行业中，多数的企业却倒闭了；一些上规模的企业，连续一二十年盈利，蒸蒸日上，却在一两年内急转直下，被宣告破产了；一些数字经济行业面临“其兴也勃焉，其亡也忽焉”。

在过去，我们关注企业之间的竞争要素主要集中在技术、产品、生产、管理、渠道、营销、品牌等方面，但是多数经营急转直下的企业，在以上要素都没有发生任何恶化的情况下，甚至比同行还有竞争力的情况下，企业经营却突然逆转，甚至走向破产倒闭。在从事多行业的企业经营管理，以及投资、创业和研究的20余年时间里，我发现在行业中存在一个超越技术、产品、生产、管理、渠道、营销、品牌等的更高维度的因素，能够决定企业盈亏的数量级，左右企业的存亡。

为弄清这个更高维度的决定性因素，我在2016年放下工作，调研了十几个不同发展阶段的国家，研究了几十个行业，申请攻读了中国科学院大学的管理学博士学位，就读期间撰写了《投资新思路》丛书，在丛书中将这个因素总结为“行业本质”，并提出“行业本质决定企业盈亏数量级，左右企业存亡”。

在《投资新思路》丛书出版之前我在以下方面进行了反复斟酌：是将“行业本质决定企业盈亏数量级，左右企业存亡”

称为理论，还是理念。称为理念是没有争议的，因为这是自己原创的一个全新的企业经营和投资的新观念和新方法，是自己对比研究几十个行业，用单因素归纳法总结出来的一个行之有效的新观点。它不仅能够解释过去企业的成功与失败，也能预测企业未来的经营趋势，还可以指导企业现在的经营，明确工作路径和方向，减少企业经营中的无谓浪费，提高企业经营的效率和效益；它也能够指导投资决策，帮助投资人选择行业和行业中的企业，提高投资的成功率和收益率。当时因为担心称之为理论，有点拔高，所以就在《投资新思路》丛书首次出版时称之为理念。

但是，从严格的学术角度来讲，“行业本质决定企业盈亏数量级，左右企业存亡”这句话是对行业本质在企业经营和投资决策中作用结果的总结和概括，符合“理论”这个词的定义，即通过对事实的推测、演绎、抽象、归纳或综合而得出的（对某一个或某几个现象的性质、作用、原因或起源）评价、看法、提法或程式。因此，当《新阅读》发表了《〈投资新思路〉丛书的理念创新和实践意义》一文以后，汪寿阳教授以及学术界众多的研究员，经过仔细研究以后都认为“行业本质决定企业盈亏数量级，左右企业存亡”，是在企业经营和投资实践中，联系实际推演出来的概念和原理，具有理论的根本属性，属于“理论”的定义范围；其不仅仅属于“看法、思想、思维活动的结果”，以及“表象或客观事物在人脑里留下的概括的形象”这个“理念”的定义范围，因此他们都建议将其修改为“理论”。

目前对“行业本质”没有统一明确的定义，我粗浅地定义为：行业本质是企业在行业中存在的根据，是一个行业内在的必然性和规律性，决定行业中企业的盈亏数量级，左右行业中企业的存亡的一个关键因素，是行业的根本属性。行业本质可能不在产品上，也可能不在企业自身上，甚至不在本行业内，而可能在企业与消费者的连接上，也可能在行业内企业之间的竞争状态中，还可能在行业外的其他因素里，来决定企业盈亏的数量级，左右企业的存亡。行业本质具体示意图如图 2－1 所示。

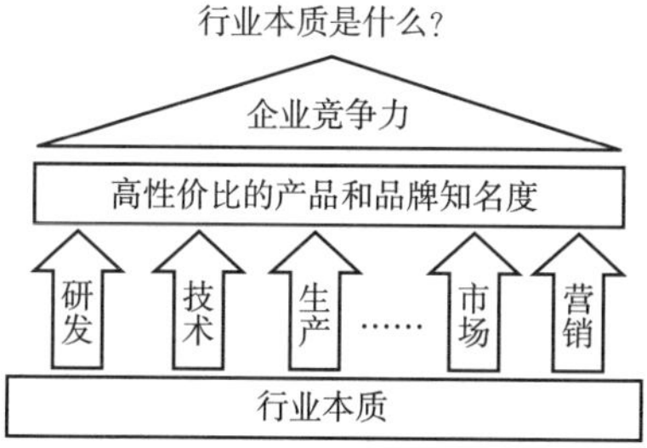

图 2－1 行业本质示意图

行业本质理论为：行业本质决定企业盈亏数量级，左右企业存亡。

根据对比研究，商务餐饮的行业本质不是菜品，不是服务，不是装修，不是低价，更不是营销和选址，而是社交。商务餐饮企业需要基于社交进行菜品开发、选址、装修、服务、定价、选址和营销。因此，2014 年，我作为餐饮行业外的人士，在餐饮行业内人士普遍不看好的情况下，在全国已经有了五六百家餐饮联盟组织的前提下，联合新华社成功发起成立了“亚洲餐饮联盟”。在成立仪式现场，一位首次见面的知名餐饮企业董事长，基于我对商务餐饮的行业本质是社交的论述，主动向我伸出出资成立 10 亿元产业基金的橄榄枝，遗憾的是自己为了向国际优秀投资管理公司学习，选择出任日本 SBI（原软银投资）中国公司首席投资官；但是“社交”就成为这家餐饮企业现在成功经营最核心的“机密”，企业管理最根本的基础。该餐饮企业至今的一切经营要素都是以“社交”为基础来设计，在国内打造了不少老幼皆知的经典传播案例，成为国内经营最好的中餐企业之一。

针对价格战打得如火如荼的社区生鲜团购，对比研究发现一二线城市社区生鲜团购的行业本质不是低价策略，也不是线下渠道，而是电商，社区生鲜团购的线上运营成本要低于线下商贩的经营成本；长期采用低价策略会导致社区生鲜团购失去可持续经营的能力。在社区生鲜团购兴起的2015年，我因预判一二线城市的社区生鲜团购按照当时的经营策略、经营不可持续，而拒绝了在社区生鲜团购上投资；并请我的同学转告他参与生鲜销售的合伙人尽快离开这个行业。这也是社区生鲜团购烧了数千亿元社会资本以后，整个行业依旧走向衰亡的内在原因。依据一二线城市社区生鲜团购是电商这个行业本质，我指出了社区生鲜团购的未来出路在哪里。

这七八年来养猪企业的经营大起大落，总结发现决定养猪企业盈亏数量级、左右养猪企业存亡的关键要素不是猪种、养殖技术、生产管理、养猪场选址、销售渠道，更不是养殖成本，而是猪周期。无论是2018年的雏鹰农牧，还是2022年的正邦科技，抑或2024年的傲农生物，走向困境的原因都是企业经营未能顺应“猪周期”这个行业本质，而不是猪种、技术、成本、顾客、渠道、市场、营销等方面出现了相对于竞争对手的绝对劣势。

目前，光伏组件制造业发展如日中天，研究发现光伏组件制造业的行业本质不是规模领先、管理领先，也不是技术领先，而是成本领先，只有始终以“成本领先”为基础来布局技术、生产、市场和工厂选址，才能在激烈的市场竞争中突围，没有坚持做到生产和使用“成本领先”的无锡尚德、江西赛维、汉能、英利等第一代、第二代光伏企业都已经倒闭或者更换了实际控制人。

然而，强调行业本质的重要性，并不是否认研发、技术、生产、市场、营销等对企业经营的重要性，而是研发、技术、生产、市场、营销等这些工作如果以“行业本质”为基础展开，企业就更容易取得更大的业绩，在市场竞争中更容易具有竞争优势。过去和现在多数企业竞争往往选择在技术、生产、营销、品牌、渠道、管理等维度上竞争，当竞争白热化以后，企业就被动开始选择价格战。特别是在目前需求收缩、供给冲击和预期转弱的情况下，总体经济增长率下降、“内卷”加剧，不少企业选择低价策略来扩大市场规模和提高市场占有率。

通过对我国超过 20 个行业的研究发现，目前仅有新能源等几个行业的本质是成本领先，可以采取“成本驱动的价格战”；但在行业本质不是成本领先的行业，均不适合长期采用价格战的竞争策略。在这些行业本质不是成本领先的行业采取低价策略是难以持久的，这种情况下的低价策略必然会导致企业经营不可持续，就如同现在的一二线城市社区生鲜团购和已经销声匿迹的团购网站等行业。

站在企业管理的角度来看，行业本质理论是介于宏观管理和微观管理之间的，是对实施战略和策略服务的，是特别注重理论与实践相结合的一种中观管理。行业本质理论具有以下中观管理的特点。

第一，中介性。中观管理不像宏观管理那样注重逻辑和推理，也不像微观管理那样注重对某个个体、某个事件进行细致入微的分析，只注重找出解决具体问题的办法。

第二，两重性。中观管理是在宏观管理的基础上，吸取微观管理的资料和素材，构建宏观管理和微观管理二者之间的联系，使宏观管理和微观管理都不离开实践的轨道，并得出在特定尺度下合乎常理的、正确的结果。

中观管理的特征是：既注重外部环境对某种事物、某种倾向作比较分析，又注重有理论、有效果；离社会实践比较近，离纯学术研究比较远，能在理论和实践之间指导工作，找到既符合目前现状条件，又合乎逻辑的解决办法。

用一个例子来说明中观管理与宏观管理、微观管理之间的区别与联系。假如我们制定了一个宏观管理的目标：去北京天安门，微观管理是从步行、骑车和公交等交通方式中选择一种或几种交通方式，中观管理就是确定从出发点到天安门之间的行进方向或路线图。

行业本质理论已经为行业发展的实践和过去的事实所证明，反映了行业在一定条件下发展变化的客观规律的论断；具有与定律相同的特点，在相同的条件下，对过去的成败原因可解释，对未来的发展趋势可预测。

行业本质理论与定律一样，都是一种理论模型，用以描述特定情况、特定尺度下的现实世界，在其他尺度下可能会失效或者不准确。这就与经过受逻辑限制的证明为真的陈述的定理不同，与不证自明的公理也不一样，其是在特定条件下检验证明正确的论断。

第二节　研究行业本质的经济价值

2018 年瑞幸咖啡成立 3 个月之时，根据当时媒体报道的公开信息，我判断瑞幸咖啡如果不调整其经营策略，回归到咖啡店的行业本质，就“必亏无疑”。虽然，瑞幸咖啡在成立不到两年就在美国上市成功，但在 2020 年被浑水公司做空，后来因承认财务造假而退市，很快调整管理层，回归行业本质进行经营，到 2022 年第二季度就实现 2 亿多元的季度盈利。

2021 年底，撰写《投资新思路》丛书过程中，我完成了对电商平台的行业本质分析，认为京东当时的经营严重偏离了电商的行业本质，写了《偏离行业本质的京东如何突围》一文，虽然在

2022 年 12 月《投资新思路》丛书出版后才发表，但发表后的一年时间内，京东的股价就遭遇腰斩；从 2021 年底得出京东经营严重行业本质的结论后，仅两年时间，京东股价下跌了 70% 以上；而在 2022 年同期发表《陈小军：拼多多的发展为何越来越好?》一文后的一年时间内，拼多多的股价上涨了 3 倍，多次超过阿里巴巴的总市值。因此，以后京东、阿里巴巴和拼多多的股价走势如何，取决于京东和阿里巴巴是否回归行业本质经营，以及回归的程度。

研究行业本质，不仅能够指导投资，在现阶段简化对企业增长趋势的判断，也能够为企业经营明确方向和路径，特别是在竞争白热化、“内卷”加剧的市场竞争环境中，能够指导企业在不采用市场驱动的价格战的前提下，使企业在激烈的行业竞争中脱颖而出。

民建中央企业委员会制造业组原组长阮立平董事长所在的电工行业，是一个技术壁垒不高、终端用户极度分散、用户的产品知识不足的一般制造业企业，但是公牛集团却在激烈的市场竞争中脱颖而出：线下市场占有率超过 45%，线上市场的占有率超过了 65%，企业净利润率连年超过 20%。作为一般制造业企业，能够每年净利润率超过 20%，在激烈的市场竞争中后来居上，脱颖而出，就在于公牛集团的产品设计、产品质量、产品生产、分销渠道、品牌认知等各个环节，都是围绕“可靠”这个行业本质展开。过去采用成本领先战略、高密度广告促销策略、低价竞争策略的同行业企业，基本都已经被淘汰出民用电工市场。

经过不同行业的大量案例总结发现，这些年取得巨大成功的企业，都是有意或者无意地以其所在行业的行业本质为基础来经营企业，能够和行业的发展同频共振，最后在激烈的市场厮杀中脱颖而出；与它们同时期、同行业的，未以行业本质为基础来经营企业的企业，多数都已经销声匿迹。这就是近年来大家常说的"凭运气挣的钱，凭实力亏掉"的核心原因——违背行业本质，在行业本质不是成本领先的行业采取价格战，从而导致企业自身经营不可持续。

行业本质是企业经营中的根本性影响因素，企业的技术研发、产品设计、生产设备和生产工艺、生产组织、市场营销，以及企业管理等只有基于"行业本质"展开，才能够在市场竞争中处于优势地位。但是，在一个充分竞争的行业，只有少数企业才能够成为行业中的头部企业，多数企业经营情况一般，个别企业在竞争中还会被淘汰出局；如果大家都围绕同一个行业本质做到趋同，必将改变这个行业的竞争态势，导致行业本质发生改变。就如同养猪业和服装行业在我国的变化一样。

在改革开放之前，我国养猪业的行业本质不是猪周期，而是养殖技术：只要通过养殖技术缩短养殖周期，提高料肉比，就能够在养猪业中胜出。这就是在 20 世纪八九十年代从事饲料生产的企业都赚了大钱的缘故，也是至今不少省份的首富都是通过饲料行业起家的原因。但是现在养殖技术趋同、猪种趋同、饲料配方趋同、养殖成本趋同，销售市场完全统一，经过行业内企业之间的竞争，猪周期就成为了养猪业的行业本质。

中华人民共和国成立之前，我国服装业的行业本质不是周转率，而是成本领先：如果能够低成本地生产出服装，就能够在服装行业的竞争中胜出。在纺织行业被出现的革命性技术改进以后，生产成本急剧降低，行业的生产成本趋同，成本领先就不再是服装制造业的行业本质，而是基于设计、成本、生产、渠道、营销等的同质化竞争，服装业的行业本质就衍生成为周转率。

因此，解析一个行业的本质需要根据技术、市场竞争状态的变化而进行调整，行业本质是随市场环境、技术进步和竞争状态的变化而变化的；在行业的不同发展阶段，由于行业内竞争态势不同，消费者期望不一样，行业本质会随之变化。

粗略计算，现阶段如果能够在全社会广泛应用行业本质理论的研究成果，每年能够为我国企业和投资机构节约数千亿元的财富。对行业本质的研究不仅能让投资人有效规避系统性风险，提高投资的成功率和收益率，还能在企业经营中帮助企业管理者抓住企业经营的主要矛盾，明确工作路径，减少浪费，提升企业在行业中的竞争力。

诚然，我们强调行业本质的重要性，并不是否认研发、技术、生产、市场、营销等要素对企业经营的重要性，而是说这些工作如果以"行业本质"为基础展开，企业就更容易取得好的经营业绩，在同行业竞争中就更容易取得比较优势。

企业经营和股权投资都应该是穿越时空，基于全球视野，超越经济周期，纵览世界经济，透视行业未来，从高处向下俯视，只有这样才能在喧嚣的市场中保持清醒与冷静，最少以 10 年为周期来审视投资机会和企业经营。为此，我放弃了知名餐饮企业董事长出资成立 10 亿元产业基金的邀请，出任了日本 SBI（原软银投资）中国公司首席投资官，跟国际优秀投资公司学习。基于当时我国股权投资行业和数字经济的乱象，2016 年起我考察了 10 余个国家和数十个行业的发展脉络，总结出国内现阶段 20 余个产业的行业本质；为探索经济与投资的内在逻辑，我申请攻读了中国科学院大学博士研究生学位；沉下心来，对比研究国内外宏观经济、多行业的现状及成因，以及未来的发展趋势，深入研究影响企业多元化和并购绩效的因素；开创性地提出行业本质理论：行业本质决定企业盈亏数量级、左右企业存亡。希望为同频共振的企业家找到更高维度的竞争要素——行业本质，进而能够在行业的竞争中处于比较优势地位。

我第一次接触"行业本质"这个词，是 2006 年 6 月 24 日我带清华大学的研究生参加郎咸平教授的一个讲座。他讲述“行业本质”这个概念时，我是不屑一顾的，但在演讲完毕后他反复说他没有产业背景，无法做更多行业的研究，也无法做到总结归纳得精准、精炼和周全；并且他的几本关于行业本质案例的书，主要都是他在香港的 MBA 学生写的。没有实体企业的经营管理经验，导致其对行业本质的研究未能持续；甚至后来有人对他总结的“行业本质”质疑时，他都无法回复释疑。

过去的 20 年中，国内再也没有具有产业背景或者多学科背景的研究人员对“行业本质”跟进研究；在我国经济从“完全竞争”走向“垄断竞争”的过程中，“内卷”加剧的背景下，行业本质对企业经营和投资的关键性作用开始逐步显现，对行业本质的研究就显得尤为必要，认清行业本质对企业生存就显得尤为关键。

我研究了二十几个产业的行业本质，在汽车零部件、化工、农业、食品、电商、国际贸易等企业负责过经营，深刻体会到了“行业本质理论”的有效性，但是自己无法参与到更多产业的企业经营中而无法总结发现这些产业的行业本质。为此，2023 年 4 月 29 日，在庆祝清华大学 112 周年、清华大学经济管理学院 39 周年之际，作为行业本质理论创立人、《投资新思路》丛书作者和清华大学经济管理学院的校友，我应邀在清华大学经济管理学院举办的博士校友会“校庆讨论会”上分享了“行业本质理论”的一些思考，并发出了正式研究邀请，即欢迎具有多产业背景的专家学者，或者具有多学科基础理论的研究人员，参与“行业本质理论”的研究，共同为创立企业经营和投资的全新理论体系贡献各自的学识和见解，为企业增效，为投资谋利，为社会造福。

当今世界正处于百年未有之大变局，叠加经济结构转型，我国经济发展面临需求收缩、供给冲击、预期转弱三重压力的情况下，社会总体利润率不断下降，不少企业经营遇到了瓶颈，纷纷采取不同的经营策略来突破瓶颈，此时就更需要企业紧盯行业本质，以行业本质为基础来设计竞争策略。企业的技术、研发、生产、管理、市场、营销等基于“行业本质”展开，不仅能够明确企业经营的方向和工作路径，还能减少经营中的无谓浪费，达到事半功倍的经营效果，最终提升企业在行业中的竞争优势。投资人也只有认清行业本质，才能有效规避系统性风险，也才能选准行业和行业中的企业，提高投资的成功率和收益率。否则，就如同俗话所说的“方向不对，努力白费”一样。

2023 年我在主笔民建中央重点课题“实体经济和数字技术融合的路径与建议”的调研过程中，发现我国产业数字化转型失败率高达 80% 以上的核心原因就是产业数字化转型没有以“行业本质”为基础，仅是在产业的基础上加入 IT 技术，依旧是以 IT 人员主导的产业信息化，而不是以产业专家主导的数字化转型。因此，被调研的企业都不断反问调研组，“数字化转型何时能收回成本?”

无论是数字产业化还是产业数字化，都只有以行业本质为基础，才能明确企业经营的方向和路径，减少经营过程中的无谓浪费，也才能提高企业经营的效率和效益。特别是产业数字化转型，只有以行业本质为基础，才能明确转型的方向和路径，减少“数据孤岛”“集成陷阱”“转型陷阱”“中小企业陷阱”，也才能提高转型的成功率，达到产业数字化转型的目的：提高企业经营的效率和效益。

现在各行各业中的企业都在尝试数字化转型，谁能够按照行业本质转型，谁就能在转型中取得先机，谁就能在未来的竞争中胜出，因为企业数字化转型，顺应行业本质，事半功倍；违背行业本质，事倍功半。

第三节 行业本质与第一性原理的关系

第一性原理，由“钢铁侠”埃隆·马斯克（Elon Musk）提及而被国人所熟知。在一次采访中，马斯克告诉大家他成功的秘密是运用了第一性原理思维。因此，马斯克成为将第一性原理应用于企业并获得成功的典范人物。

在自然辩证法中，因果关系是一个事件和另一个事件之间的作用关系，其中，前一个事件是原因，后一事件被认为是前一事件的结果。一般来说，一个事件可能是很多发生在较早时间点的原因综合产生的结果，而该事件又可以成为发生在之后时间点的其他事件的原因。对于第一性原理，哲学上有一种说法：第一性原理是超越因果律的第一因，且是唯一因，同时第一性原理一定是抽象的。第一性原理思维显然与因果关系紧密相连。第一性原理的思维方式是用物理学的角度看待世界，一层一层拨开事物表象，看到里面的本质，再从本质开始一层一层往上走。马斯克的第一性原理思维方式在企业界引起了轰动，带动了企业家依据第一性原理思考问题并进行颠覆式创新。

由于思维逻辑和观察视角直接影响对问题的理解，基于第一性原理的思维无疑会有助于深刻理解问题。在20世纪以前，第一性原理主要用于哲学、数学和理论物理等方面。在哲学中，古希腊亚里士多德将第一性原理（或首要原则）表述为：“在每一个系统的探索中，存在第一性原理，这是一个最基本的命题或假设，不能被省略或删除，也不能被违反。”在数学中，第一性原理是一个或几个公理，且不能从系统内的任何其他公理中推导出来。在理论物理中，第一性原理是指一个计算直接从物理定律建立，不做经验模型和拟合参数等假设。生物学中的第一性原理是达尔文提出的“物竞天择、适者生存”理论。在近代社会，第一性原理已经扩展到许多学科，包括生命科学、化学、经济、社会科学等。例如，近年来大家流行说的熵增定律就属于第一性原理。

随着人类认知的发展，第一性原理已经从最初的哲学术语分化为专业性更强的表述，有些已不再使用“第一性原理”这个术语，而是采用其同义词表述。具体来说，哲学中采用了“先验原理”（Priori - Principle），数学中统一使用了规范术语“公理”（Axioms），而物理学则沿用了“第一性原理”。

行业本质理论和第一性原理在某些方面具有一致性，但是在某些方面又具有不同点，用一个比较形象的比喻来说明：将灯的开关打开，灯亮了，现象是开关开了，灯亮了。一般人认为，灯亮了是因为开关开了；第一性原理认为，灯亮了是因为灯通电的缘故，是灯通电以后灯才亮的；而行业本质理论则是根据灯的发光原理不同，认为灯亮的本质各不相同，具体分为如下几种情况。

（1）如果是白炽灯，则是利用灯丝电阻电流的热效应（电能转换为热能），使灯丝温度上升到白炽程度而发光（热能转换为光能）。

（2）如果是日光灯，则是电源接通时，电压全部加在启辉器上，氖气在玻璃泡内电离后辉光放电而发热，使动触片受热膨胀并与静触头接触从而使电路接通，此时灯丝通过电流加热后发射电子，使灯丝附近的水银游离并逐渐气化。同时，启辉器触点接触后辉光放电随即停止，动触片冷却而缩回（即触点断开），使流经灯丝和镇流器的电流突然中断，在此瞬间，镇流器产生的自感电动势与电源电压串联后，全部加在灯管两端的灯丝间，由于灯丝间电压骤增，整个灯管内的汞气在高压作用下全部游离，产生弧光放电，辐射出不可见的紫外线，激发管壁的荧光粉，发出近似日光的可见光。

（3）如果是LED灯，则是电流通过晶片时，N型半导体内的电子与P型半导体内的空穴在发光层剧烈地碰撞复合产生光子，以光子的形式发出能量，从而产生可见光。

行业本质理论，是在企业经营和投资实践中归纳出来的结论，是理想的或假设的一系列事实、原理或环境，是从对事实的推测、抽象、归纳或综合而得出的对一个行业或企业经营的关键性影响因素。就如同管理理论，是管理学科发展过程中，前人在管理学科中针对某些过程、某些现象、某些经验、某些猜想、某些领域等的探索、研究而形成的论述和成果，可供管理学者、管理者、管理爱好者等学习、借鉴、应用和发挥价值等。

行业本质理论，是在企业经营和投资实践中，经过对比研究，采用单因素归纳法总结出来的观点，结论容易证伪，不容易被证明。第一性原理是演绎的逻辑基础，逻辑推理在假定的前提条件成立的情况下，只要推理过程严密，结论就正确，但是得出结论的前提条件却不容易被证明。

部分情况下，行业本质理论的结论是第一性原理进行演绎推理的基础。例如，“1+1=2”，是现代数学的基础公理，基于这个公理才构成数学基础，数学所有的逻辑推理结论才能成立，但是至今没有人能够用数学的方法证明“1+1=2”。从行业本质理论的角度，“1+1=2”是使用归纳法总结出来的观点和结论；从第一性原理的角度看，“1+1=2”是数学的第一性原理，只有认可了“1+1=2”成立，才有现代数学公式、定理和公理的成立。

部分情况下，行业本质理论在特定条件下归纳出来的理想化结论，是第一性原理的因。例如，牛顿力学三大定律，是理想化状态下总结归纳出来的定律，构成了现代经典物理学的理论基础，也是推导出其他物理定理的基础；但近代已经证明牛顿力学三大定律只适用于惯性参考系，在非惯性参考系下就不成立，但这并不影响物理学界将牛顿力学三大定律视为经典物理学基础定律的公论。

根据以上的分析可以得出，行业本质理论和第一性原理都属于哲学层面。行业本质理论是归纳法得出来的结论，第一性原理是演绎法推理的前提条件。行业本质的结论容易被证伪，不容易被证明；而第一性原理，在承认前提条件正确的前提下，只要推理合乎逻辑，其结论就正确；但第一性原理这个前提条件却不容易证明，或者说这个条件是带有约束的条件。

我们现在总结行业本质，主要使用单因素归纳法，就是从各种影响因素中找到最为基础、关键、根本的一个影响因素，将其称为行业本质。归纳法的最大特点就是容易被证伪，不容易被证明。即使本书的一些观点随时间、环境的变化而被证伪，或者被证明只能在特定条件下才有效，我们也希望现在就开启行业本质理论的研究，为减少企业经营中的无谓浪费，提高企业经营效率和效益，提高投资的成功率和收益率；让行业本质理论为企业管理、科技研究、技术开发和投资决策等提供一个全新的方向和路径的规划基础。

从适用领域来讲，第一性原理更适用于从“0”到“1”的原始创新，或者科学的革命性、突破性研究；行业本质理论更适用于企业经营的从“1”到“10”，能够让企业在行业的竞争中相对于行业中的其他对手更具有竞争优势；但是，行业本质理论的结论，可能反过来是第一性原理实现从“0”到“1”突破的基础理论。

第四节　行业本质理论是企业中观管理思想

从系统论的观点看，世间万物都分为若干的系统，在系统的两端之间都有一个中间系统，如上中下、左中右、大中小、前中后。列宁在《哲学笔记》中说：“一切都是互为中介，连成一体，通过转化而联系的。”在经济社会这样一个庞大体系中，宏观达于微观，微观通于宏观，都要经过中观的转化。这种转化，在控制论中称之为“变换”。系统论的创始人、美籍奥地利理论生物学家和哲学家路德维格·贝塔朗菲于 1945 年 3 月发表了题为《关于一般系统论》的重要论文。他认为，在现实世界中，不论其具体种类、组成部分的性质和它们之间的关系或“力”的情况如何，总是存在着适用于一般系统或子系统的模式、原则和规律。

这里所说的“系统”，就是相互作用着的若干元素的复合体，或者“是处于一定的相互联系中的与环境发生关系的各组成部分的总体”。因此，从系统论的观点看，事物并不是简单的对立统一，也不是绝对的“一分为二”，而是多种因素的有机聚合并分为若干层次的母系统和子系统。

经济理论，通常是从个体入手做微观分析，从整个国家范围入手做宏观分析。人们尽管在微观和宏观两大领域构制出经济学的体系，却难以脱离传统的理论框架。微观和宏观的两分法很难区分中间的界限，某个区域经济或某个行业经济到底属于宏观经济还是微观经济是难以界定的。一般来说，微观经济学只分析单独个体层面的经营活动，宏观经济学分析的是整个国家层面的经济运行。

由于缺少一个中间地带，微观经济和宏观经济的界限就具有很大的弹性。例如，一个地区和一个产业部门可以把其管辖的范围看作是宏观经济，但从国家控制的层面只能把它看成是一个局部，而不是一个“整体”。在微观经济学和宏观经济学之间，总有一个或宽或狭的中间过渡地带，我们称之为中观经济学。如果在宏观经济和微观经济之间明确中观经济的范围和界限，宏观经济和微观经济就能界定清楚各自的范围，使得经济的分类更为准确，研究更有的放矢，也就更容易加强经济整体的协调，更容易明确各自的责任。

自亚当·斯密开始一直到马歇尔，许多学者都比较重视微观研究。资本主义发展到垄断阶段之后，国家调节经济运行上升到重要地位，1936 年凯恩斯发表了《就业、利息和货币通论》，经济分析的重点转移到宏观方面，被西方经济学界称为“凯恩斯革命”。从此，微观经济学和宏观经济学才有了明确的划分。但是这种划分也有一个致命的缺陷，即经常用微观分析或者宏观分析代替中观分析，导致研究结论出现偏差。这是因为，宏观经济学研究的是对全体都有影响的因素，讨论的是“国家”层面的政策，具体讲，就是政府利用财政政策和货币政策来维持经济的稳定增长。微观经济学研究的是对个体有影响的因素，讨论的是“个体”层面的行为，也就是消费者和生产者的行为。显然，宏观经济学和微观经济学都没有讨论对部分行业，或者部分地区有影响的经济学问题。为此，郎咸平教授在所著的《马克思中观经济学》[①] 中，试图从马克思的《资本论》对生产资料部门和生活资料部分的分析出发，进行理论的创新突破，但依旧是从产业的角度进行的生产要素的理论分析。

在经济研究领域比较明确提出“中观”概念的是前联邦德国埃登堡大学的汉斯-鲁道夫·彼得斯博士，他是专门研究中观经济和结构政策、经济体系理论的国民经济学教授。他认为，结构理论和结构政策的主要出发点是经济部门、地区和行业，考虑到其规模是介于个体和总体之间的中间聚合体，有必要为这个领域创立一种独立的理论，以解决经济结构发展的行业和地区因素等问题。这种分类，不仅为中观经济划出了明确的范围，也为微观经济和宏观经济规定了一个明确的界限。

① 郎咸平. 马克思中观经济学［M］. 北京：人民出版社，2018.

我国首先提出中观经济学理论的是王慎之教授，他在著作《中观经济学》[①] 中认为中观经济起承上启下作用，能够链接宏观经济和微观经济；微观经济学、宏观经济学和中观经济学，一起构成综观经济学。中观经济学是实践需要的产物，是因为它研究部门和地区经济行为及其运行机制。周扬明在《中观经济本论》[②]中认为，中观经济学是以宏观为指导，以微观为基础。毛伯耕的《中观经济管理与实践》[③]、陈云贤等的《中观经济学》[④] 都分别以区域经济和产业经济作为研究对象，来区别宏观经济学和微观经济学。

我国理论界虽然提出了要研究中观经济问题，并对中观经济现象进行了探讨，但还未建立起适合我国国情的中观经济学。中观经济学的研究内容是部门和地区的经济行为及其运行机制。到目前为止，中观经济学仍然没有形成相对独立的体系，仍然是经济理论中的薄弱环节。

相应地，在企业管理中也存在相似的问题，在宏观战略管理和微观战术管理之间也需要一个链接。例如，团队的目标是外出打兔子（宏观战略管理），在兔子漫山遍野泛滥的时代（产品供不应求），只要有打兔子的技术和工具（微观战术管理），团队只要走出去就能够打到兔子，甚至可以守株待兔。但是，在打兔子的团队过多（市场过度竞争）、兔子数量变得稀少的时代（产品供过于求、顾客大幅减少），只是有打兔子的技术和工具（微观战术管理），未必能够打到兔子。在这种情况下，需要先明确兔子的窝在哪里、兔子的习性，以及兔子的主要活动区域。只有先确定兔子窝的方向、兔子的习性和兔子的主要活动区域，才能确

① 王慎之. 中观经济学［M］. 上海：上海人民出版社，1988.

② 周扬明. 中观经济本论［M］. 北京：经济科学出版社，2006.

③ 毛伯耕. 中观经济管理与实践［M］. 厦门：厦门大学出版社，2009.

④ 陈云贤，顾文静，王方方. 中观经济学［M］. 北京：北京大学出版社，2023.

定打兔子的工具和技术，提高打到兔子的概率。而确定上述内容，在管理中既不属于宏观战略管理，也不属于微观战术管理，而是属于典型的中观管理。

在企业管理中，人们常说："抓两头，带中间"，但在实际管理过程中，如果抓宏观战略目标，就容易丢微观战术执行；如果抓微观战术执行，就容易丢宏观战略目标。从实践的角度，只有抓住中间，才容易带动两头。因此，在企业管理中至少包括三个系统：微观系统、中观系统和宏观系统。对应的，企业管理就有微观管理，中观管理和宏观管理。

张序在《管理的四大层次》① 中将管理分为：巨集观管理、中观管理、微观管理和渺观管理。巨集观管理就是宏观战略管理，渺观管理则是对生产班组的管理。"渺观管理"的对象不是管理者，而是直接从事生产的劳动者。"渺观管理"活动在生产现场展开，直接影响生产效果。多数"渺观管理"工作者就在生产队伍之中，他们是从事生产、负责管理的兵头将尾，也就是生产一线的班组长、质检工作人员。张序强调"渺观管理"的目的是要确保一线生产活动的有序和高效，由于生产现场直接决定生产进度、生产效率、产品质量、产品时限，因此，"渺观管理"直接决定产品成本和生产利润在同一个数量级内的波动范围。

下面以去天安门参观为例，区分四者的关系。决定去天安门参观是宏观战略管理，确定行进的方向或路线图是中观管理，选择去的方式是步行还是骑车是微观管理，选择步行或者骑车的速度大小和走直线或者曲线就是渺观管理。

在企业经营中，中观管理（Meso Management）是对企业经营方向的管理。即根据国民经济和社会发展的总目标，结合本行

---

① 张序. 管理的四大层次［M］. 北京：人民出版社，2007.

业、本企业的战略目标，提出企业经营发展的方向和工作思路。

中观管理不仅以宏观管理为基础，起承上启下的作用，还在宏观战略指导下，确定微观管理的方向；中观管理的好坏决定宏观管理的成败。但是，没有宏观管理的指导，中观管理的效果会受到影响。宏观管理是企业的战略管理，是中观管理和微观管理的前提，而后两者是前者的基础，它们缺一不可，相互促进。如果没有科学的中观管理，微观管理和宏观管理做得再好，也达不到最佳的经济效益。

中观管理是实践需要的产物。中观管理能够确定微观管理方向，决定宏观管理成败。行业本质在企业管理中的作用，就是确定企业经营战术的方向，最后在效果上决定企业战略的成败。如行业本质理论所述，行业本质决定企业盈亏数量级，左右企业存亡。因此，行业本质理论就是企业中观管理的基础理论。

中观管理研究，与中观经济研究一样，需要熟悉宏观管理的同时，具有丰富的微观管理经验，需要多行业的复合管理知识。因此，目前在我国对企业中观管理的研究不多，但有研究者已经在无意识中开始了部分研究。例如，在十几年前风行的企业定位管理，实质就是一种中观管理，是为企业确定某种经营要素的前进方向；路长全老师提出的切割营销，也属于企业定位管理的范畴，两者都属于行业本质确定的全部经营要素前进方向中的一部分。

目前，我国中观经济学的研究才起步，还没有形成相对独立的理论体系，是经济理论中的薄弱环节。而我国企业中观管理研究比中观经济研究更落后，查阅了大量资料后，发现至今还没有研究者提出企业中观管理的思想和研究，更没有相关的文章，笔者希望通过行业本质理论的研究，开启我国企业中观管理的研究。如同，出海捕鱼（宏观战略管理），驾驶着渔船，带着渔网和鱼钓走向海洋深处（微观战术管理），船上有捕鱼技能高超的渔民（渺观管理），我们还需要带上指南针、鱼群洄游路线图和恰当的捕鱼工具（中观管理），走向鱼群最丰富的目标渔场，只有这样我们才能在渔船众多、鱼量减少的海洋中，事半功倍地提高捕鱼的成功率和收益率（实现战略目标）。

因此，企业管理的中观研究，是对实施战略和战术服务的研究，介于宏观战略研究与微观战术研究之间，注重理论与实践的结合。中观研究的特点有如下几点。

第一，中介性。中观研究相对而言不像宏观研究那样注意逻辑和理性思考，以及概括的抽象化，也不像微观研究那样注重对某个单位、某个事件入微的分析，只是企图找出解决具体问题的办法。

第二，两重性。中观研究是在宏观研究的基础上，吸取微观研究的素材，建立二者之间的联系，使得宏观研究和微观研究都不离开实践的轨道，能够保持正常运行，并得出正常的、正确的结果。

中观研究，既摆脱了工作中的经验性、局部狭隘性的束缚，又能找到解决问题的深度和尺度，能比较全面地实施事物发展的量和度。

中观研究的特征是：既注重在宏观环境中对某种事物、某种倾向作比较分析，又注重有理论、有效果，离社会实践比较近，离纯学术研究比较远的研究，能在理论和实践之间指导工作，以及在特定尺度下提出解决问题的正确方向。

2024 年 1 月 31 日在中共中央政治局第十一次集体学习时，习近平总书记强调，高质量发展需要新的生产力理论来指导。行业本质理论就是发展新质生产力的企业中观管理思想，是企业中观管理的基础理论。①

---

① 陈小军．行业本质理论是企业中观管理的基础理论［J］．财富时代，2024（3）：27－28.

第三章　数字经济概述

数字经济被形容为继农业经济、工业经济之后的新一代经济，正在全球如火如荼地展开。我国学术界对数字经济的研究刚刚起步，不同背景的政府官员、专家学者以及企业从业人员对数字经济都有不同的理解。目前我国普遍采用的数字经济定义和测算方法与国际社会是有一定差异的，特别是与美国在数字经济的统计口径上有很大不同。

我国目前主流的数字经济分类是将数字经济分为数字产业化和产业数字化两部分，这比较适合我国目前经济系统分类统计的需要，对我国数字经济的发展能够起到一定的指导作用。本书是依据国家统计局发布的《数字经济及其核心产业统计分类（2021）》，将数字经济分为以下五个大类行业。

（1）数字产品制造业，指以数字技术为基础，生产数字产品（货物或服务）的行业，包括计算机、通信和其他电子设备制造业，以及电子元器件、光电子器件、集成电路等制造业。

（2）数字产品服务业，指以数字技术为基础，提供数字产品（货物或服务）的行业，包括电信广播电视和卫星传输服务，以及互联网和相关服务。

（3）数字技术应用业，指以数字技术为基础，提供数字技术应用解决方案的行业，包括软件和信息技术服务业，以及互联网金融、云计算、大数据、人工智能等服务。

（4）数字要素驱动业，指完全依赖于数字技术和数据资源的行业，包括电子商务、在线教育、在线医疗、在线文化娱乐等服务。

（5）数字化效率提升业，指应用数字技术和数据资源为传统产业带来的产出增加和效率提升的行业，包括农林牧渔业、制造业、建筑业、交通运输仓储和邮政业、住宿和餐饮业、金融业、房地产业、租赁和商务服务业、科学研究和技术服务业、水利环境和公共设施管理业、居民服务修理和其他服务业等。

蔡跃洲和牛新星（2021）[①] 基于数字技术/信息与通信技术（Information and Communications Technology，ICT）渗透性、替代性、协同性特征，厘清“替代效应”“协同效应”等数字经济价值创造机制，将数字经济划分为“数字产业化”和“产业数字化”两部分，使用国民经济核算、增长核算和计量分析等工具，测算中国数字经济增加值规模。研究结果如下：第一，1993—2018 年，我国数字经济增加值年均增长 17.72%，2018 年达 157761.53 亿元，占全年 GDP 的 17.16%，是我国经济增长的重要来源；第二，1993 年以来，“数字产业化”和“产业数字化”两部分贡献的增加值均保持快速增长，2018 年规模分别为 7.3 万亿元和 8.5 万亿元；第三，数字产业化方面，ICT 制造业、软件和信息技术服务业作为数字经济的基础将长期处于主体地位并保持高速增长，以电子商务、数字媒体等为代表的新兴部门快速增长；第四，ICT 渗透效应总体发挥还很不充分，产业数字化在传统行业增加值中平均占比仅为 9.74%，17 个细分行业中有 6 个占比在 5% 以下，仅 4 个占比超过平均水平，加大 ICT 对传统行业渗透成为加快数字经济发展的重要方向，也就是说产业数字化还大有可为。换言之，目前我国产业数字化转型的成功率比较低，

① 蔡跃洲，牛新星．中国数字经济增加值规模测算及结构分析［J］．中国社会科学，2021（11）：4－30，204．

发展潜力还很大。

我国政府明确提出要大力发展“新基建”。2021 年 4 月 20 日，国家发改委把新基建分为了三个层次，其中，第一个层次就是信息基础设施，主要是指基于新一代信息技术演化生成的基础设施。例如，以 5G、物联网、工业互联网、卫星互联网为代表的通信网络基础设施，以人工智能、云计算、区块链等为代表的新技术基础设施，以数据中心、智能计算中心为代表的算力基础设施等。无论是通信网络基础设施、算力基础设施，还是新技术基础设施，都是为了我国的数字经济转型而准备的，投资这些新基建的价值，不只考虑了项目本身的价值，还有这三类基础设施助力其他行业数字化转型所带来的价值。冯素玲和许德慧（2022）① 研究发现，数字产业化对产业结构升级存在正向促进作用，且该促进作用具有边际效应递增的非线性特征。进一步看，数字产业化不仅对本地区产业结构升级有正向影响，而且对相邻地区产业结构升级有正向的空间溢出效应。机制分析显示，数字产业化通过提高产业数字化水平，促进了产业结构升级。研究结论表明，数字产业化能够推动传统产业数字化转型，推进产业结构优化升级，而且有利于区域间经济格局的协调发展，缓解我国区域发展不平衡的现状，赋能经济高质量发展。

发展数字经济不仅能够带来本国经济的发展，也能够带动区域经济的发展。李颖婷和廖淑萍（2022）② 认为数字经济将成为《区域全面经济伙伴关系协定》（RCEP）成员发展的重要动力，服务和消费产业数字化空间大，区域合作有望进一步深化。这说

---

① 冯素玲，许德慧．数字产业化对产业结构升级的影响机制分析——基于 2010—2019 年中国省际面板数据的实证分析［J］．东岳论丛，2022，43（1）：136－149，192.

② 李颖婷，廖淑萍．RCEP 区域数字经济的发展及前景分析［J］．新金融，2022（2）：30－37.

明了产业数字化不仅能够带来国内经济的发展，还能够促进国际区域经济的合作。另外，刘儒和张艺伟（2022）① 则发现，数字经济对共同富裕具有正向的直接效应和正向的中介效应，且中介效应大于直接效应；但无论是直接效应还是中介效应都不太显著。他们还基于门槛效应模型分析了中介效应不显著的原因后发现，当产业去中心化程度达到0.7986时，数字经济可以显著地提升共同富裕的程度。这从另外一个角度说明，发展好数字经济，能够促进社会共同富裕。

第一节　数字经济的定义

数字经济是指以数据资源为关键生产要素、以现代信息网络为重要载体、以信息通信技术的有效使用为效率提升和经济结构优化的重要推动力的一系列经济活动。数字经济是继农业经济、工业经济和服务业经济之后产生的新经济形态。不同于农业经济、工业经济，数字经济是以数据为核心生产要素的经济形态。表3－1中列举不同组织对数字经济的定义。

本书的分类是按照国家统计局的分类标准，将数字经济产业范围确定为：01数字产品制造业、02数字产品服务业、03数字技术应用业、04数字要素驱动业、05数字化效率提升业这5个大类（见表3－2）。其中，数字经济核心产业是指为产业数字化发展提供数字技术、产品、服务、基础设施和解决方案，以及完全依赖于数字技术、数据要素的各类经济活动。本分类中01—04大类为数字经济核心产业。

① 刘儒，张艺伟．数字经济与共同富裕——基于空间门槛效应的实证研究［J］．西南民族大学学报（人文社会科学版），2022（3）：90－99.

表 3-1 不同组织对数字经济的定义

机构名称	定义	数字经济关键特征或要素
G20（二十国集团）	数字经济是指以使用数字化的知识和信息为关键生产要素、以现代信息网络为重要载体、以信息通信技术的有效使用为效率提升和经济结构优化的重要推动力的一系列经济活动	以使用数字化的知识和信息为关键生产要素
		以现代信息网络为重要载体
		以信息通信技术的有效使用为效率提升和经济结构优化的重要推动力
美国商务部经济分析局（BEA）	数字经济主要指向互联网以及相关的信息和通信技术（ICT）	数字基础设施电子商务
		电子商务
		数字媒体
国际货币基金组织（IMF）	将数字经济划分为狭义和广义：狭义仅指在线平台以及依存于平台的活动；广义是指使用了数字化数据的活动	数字经济。通常用于表示数字化已经扩散到从农业到仓储业的经济的各个部门
		数字部门。覆盖三大类数字化活动：在线平台、平台化服务、ICT 商品与服务，其中平台化服务涵盖了共享经济、协同金融、众包经济等新型业态
联合国贸易和发展会议	将数字经济细分为三类：核心的数字部门，即传统信息技术产业；狭义的数字经济，包含数字平台、共享经济、协议经济等新经济；广义的数字经济，包含电子商务、工业 4.0、算法经济等	

续表

机构名称	定义	数字经济关键特征或要素
中国信息通信研究院	数字经济是以数字化的知识和信息为关键生产要素，以数字技术创新为核心驱动力，以现代信息网络为重要载体，通过数字技术与实体经济深度融合，不断提高传统产业数字化、智能化水平，加速重构经济发展与政府治理模式的新型经济形态	
中国信息化百人会	数字经济是全社会基于数据资源开发利用形成的经济总和	
阿里巴巴	数字经济两阶段说，即 1.0 阶段和 2.0 阶段	数字经济 1.0 的核心是 IT（信息技术）化，信息技术在传统的行业和领域得到推广应用，属于 IT 技术的安装期
		数字经济 2.0 的核心是 DT（数据技术）化，以互联网平台为载体、以数据为驱动力

资料来源：黄奇帆，朱岩，邵平．数字经济内涵与路径［M］．北京：中信出版集团，2022.

表3－2 数字经济产业分类

大类（5个）	中类（32个）	说明
01 数字产品制造业	计算机制造、通讯及雷达设备制造、数字媒体设备制造、智能设备制造、电子元器件及设备制造、其他数字产品制造业	基本上对应《国民经济行业分类》（GB/T 4754－2017）中的计算机通信和其他电子设备制造业大类
02 数字产品服务业	数字产品批发、数字产品零售、数字产品租赁、数字产品维修、其他数字产品服务业	对应《国民经济行业分类》（GB/T 4754－2017）中的批发和零售业，租赁和商务服务，居民服务修理和其他服务业等门类中的部分小类
03 数字技术应用业	软件开发、电信广播电视和卫星传输服务，互联网相关服务，信息技术服务，其他数字技术应用业	基本上对应《国民经济行业分类》（GB/T 4754－2017）中的信息传输、软件和信息技术服务业
04 数字要素驱动业	互联网平台、互联网批发零售、互联网金融、数字内容与媒体、信息基础设施建设、数据资源与产权交易、其他数字要素驱动业	对应《国民经济行业分类》（GB/T 4754－2017）中的信息传输、软件和信息技术服务业、批发和零售业、金融业、文化体育和娱乐业、建筑业、租赁和商务服务业、科学研究和技术服务业门类中的部分小类或小类中的一部分
05 数字化效率提升业	智慧农业、智能制造、智能交通、智慧物流、数字金融、数字商贸、数字社会、数字政府、其他数字化效率提升业	数字技术和数据资源在传统产业中的应用，带来传统产业的产出增加和效率提升，是数字技术与实体经济的融合

依据国家统计局的数字经济分类：前 4 类是数字产业化，第 5 类是产业数字化，数字产业化和产业数字化共同构成了数字经济。数字经济不同于传统农业经济和工业经济，数字化技术在数字经济中充当代表性技术角色。数字经济不仅包括数字化交易，还应将保障数字化交易能够顺利进行的基础设施、数字化媒体和数字化货物与数字化服务等内容包括在内，进而构成多层次的数字经济运行系统（见图 3－1）。

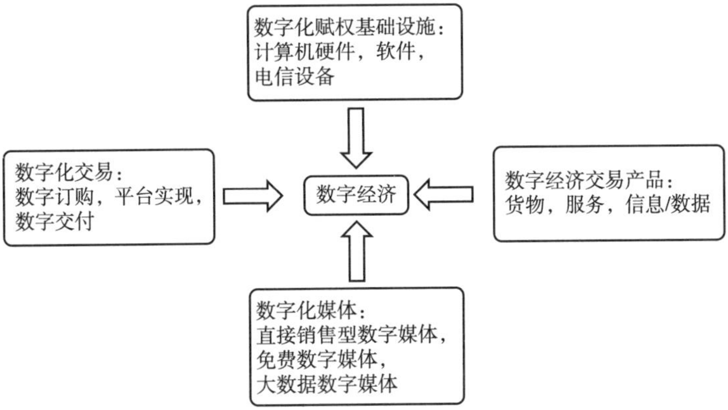

图 3－1　数字经济内涵

目前，全球重要国家和国际组织都积极探索了数字经济规模的测算方法。美国与中国对数字经济的认识和统计上最大的区别是在数字经济的统计范畴的界定上，更具体地说，就是在如何处理基础数字经济部分和融合数字经济部分的关系上。美国主张将基础数字经济作为数字经济的直接和核心部分进行统计，而融合数字经济则作为产业溢出效应部分，归入各自行业统计。中国主张将基础数字经济和融合数字经济两个部分放在一起统计。

第二节　我国数字经济发展概况

2023年5月23日，国家互联网信息办公室发布的《数字中国发展报告（2022年）》显示，2022年我国数字经济规模达50.2万亿元，总量稳居世界第二，同比名义增长10.3%，占国内生产总值的比重提升至41.5%。数字产业规模稳步增长，电子信息制造业实现营业收入15.4万亿元，同比增长5.5%；软件业务收入10.81万亿元，同比增长11.2%；工业互联网核心产业规模超1.2万亿元，同比增长15.5%。各项指标都明显高于当年GDP增速。数字经济已成为经济增长的主要推动力，产业数字化已经成为我国数字经济增长的主引擎。

虽然不同的研究机构运用不同的测算口径，得出我国数字经济增加值占GDP的比重不同，但结论都是我国数字经济的增速高于GDP的增速（见表3-3）。

表3-3　中国数字经济增加值占GDP的比重测算结果对比

单位:%

机构/文件/学者	2016年	2017年	2018年	2019年	2020年	2021年
“十四五”规划纲要					7.8	
中国信息通信研究院	30.3	32.7	34.0	36.3	38.6	39.8
社科院数经所	15.5	16.0	16.4	17.2	18.8	
许宪春、张美慧	5.49	5.76	6.08	6.47		
腾讯研究院	30.6	32.28				
波士顿咨询	6.9					
埃森哲咨询（2015年）	10.5					

其中，许宪春，张美慧的窄口径年度测算如表3-4所示。

表 3-4　窄口径年度测算

年份	数字经济增加值（亿元）			数字经济总增加值（亿元）	数字经济增加值占 GDP 比重（%）
	数字化赋权基础设施	数字化交易	数字化媒体		
2007	12715. 7032	419. 6810	788. 1346	13923. 5188	5. 1551
2008	15205. 8928	524. 8027	942. 7539	16673. 4494	5. 2228
2009	15617. 4003	580. 9705	1077. 1341	17275. 5050	4. 9569
2010	17434. 6791	716. 5012	1297. 0105	19448. 2008	4. 7191
2011	19522. 6249	876. 5429	1506. 8933	21906. 0602	4. 4895
2012	21212. 6932	998. 8215	1755. 2734	23966. 7881	4. 4500
2013	25638. 1650	1399. 1022	1839. 2284	28876. 4957	4. 8699
2014	29311. 8100	1552. 7077	2048. 1090	32912. 6267	5. 1323
2015	32383. 9414	1646. 3127	2306. 5709	36336. 8250	5. 2970
2016	36253. 1749	1773. 2684	2586. 6160	40613. 0593	5. 4878
2017	42063. 3000	1931. 6521	3313. 7174	47308. 6696	5. 7640
2018	49085. 3725	2489. 3036	4293. 5085	55868. 1846	6. 0774
2019	55710. 0150	3252. 1306	4844. 9480	63807. 0936	6. 4679

总体来看，我国充分发挥举国体制的优势，奠定了数据要素、数字经济基础设施、数字经济法律法规等一系列数字经济运行的基础规则体系。同时，我国政府鼓励各级地方政府和企业、事业、科研院所在国家统一数字规则的基础上，不断创新尝试数字经济的新领域、新场景、新模式、新业态、新产业、新方式，鼓励积极寻求数字技术和实体经济的融合发展，让我国数字经济呈现出全方位立体化推进的态势，《数字经济内涵与路径》① 一书将其归纳为以下六个趋势。

① 黄奇帆，朱岩，邵平. 数字经济内涵与路径［M］. 北京：中信出版集团，2022.

第一，数据要素的资源、资产属性逐渐清晰，数据要素市场化配置展现多种形态，并逐渐形成规模。

第二，在全国统一大市场的基本原则指引下，正在建立基于数据要素的社会经济系统基础规则体系。中国数字经济的海量数据和丰富应用场景优势正在以建立新规则的方式显现。

第三，传统要素的数据化正在改变这些要素的配置方式，进而引发房地产、资本市场、科技创新、人才市场等传统领域相关产业的数字化革命。

第四，传统产业数字化转型加速，产业互联网逐渐被传统产业认同，并开始逐渐重视企业的数据资产以及相应的运营方式。

第五，开始重视数字空间与实体空间的相互作用，并重视探寻实体经济在数字空间中的运行规律。

第六，数字治理能力是我国治理现代化建设的重要组成部分，数字政府正在全面加速推进数字技术与实体经济深度融合。

但是，黄奇帆等认为，我国数据要素市场发展尚处于起步阶段，数据确权、开放流通、交易等环节的相关制度还有待进一步完善。具体现状概括如表 3 – 5 所示。

表 3 – 5　　　中国数据要素配置状况

类别	现状
数据开放	数据开放程度有限，尚缺乏数据的安全、可信流通平台
数据产权制度	数据产权不明晰，有大量数据不在现有数据产权制度保护范围内
	数据资产化方式还不明确，数据资产的确权、评估、定价、质押等规则有待建立
数据保护	相关法规欠缺，监管能力还难以满足市场需要
数据流动	数据产权规则不清晰，数据要素流转机制尚处于探索期

资料来源：黄奇帆，朱岩，邵平．数字经济内涵与路径［M］．北京：中信出版社，2022.

习近平总书记在2022年第2期《求是》杂志发表的《不断做强做优做大我国数字经济》一文中指出，“数字经济……正在成为重组全球要素资源、重塑全球经济结构、改变全球竞争格局的关键力量”，要“推动实体经济和数字经济融合发展”。我国积极布局发展数字经济，既是出于自身经济转型发展的需要，也是出于参与全球竞争的需要。

中国中小企业协会于2023年9月27日发布的《中小微企业数字化转型状况分析报告》① 显示，近年来，我国中小微企业数字化转型进程加快，促进了经营效率显著提升，同时促进了技术创新、业务洞察、安全等多方面的提升。但与此同时，它们也面临着数字化转型供需不通畅、人才缺乏等困境。

中国中小企业协会发布的调研数据显示，62.11%的样本企业部分业务已经开展数字化转型，7.27%的样本企业核心业务已全面开展数字化转型，仅5.51%的样本企业未开展数字化转型（见图3－2）。由此可见，当前我国中小微企业的数字化转型需求旺盛，通过数字化转型寻求新的发展已经成为中小微企业的共识。

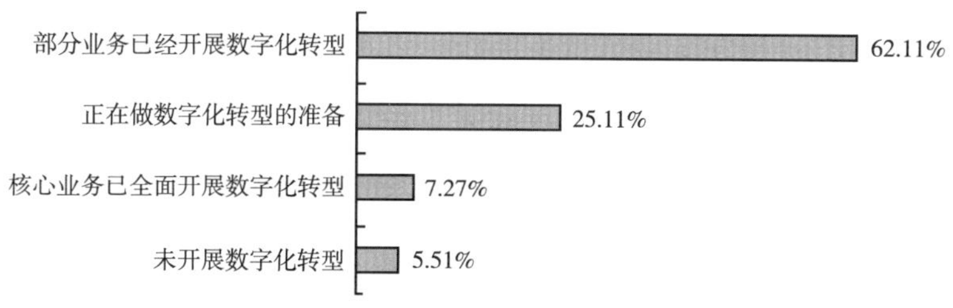

图3－2　样本企业数字化转型进程情况

数据显示，企业启动数字化转型后，相比转型前，生产或运

① 详见：https：//www. ca－sme. org/content/Content/index/id/44260.

营效率、营业收入都有显著提升。85.24%的样本企业在启动数字化转型后，生产或运营效率提升了5%以上，更有65.20%的样本企业认为提高了5%—10%。在营收方面，65.28%的样本企业启动数字化转型后，同期营收增长了5%以上（见图3-3）。

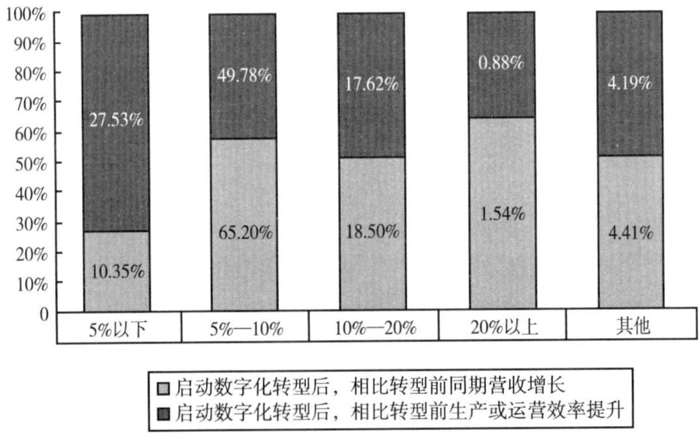

图3-3 样本企业启动数字化转型后，相比转型前生产或运营效率和营收增长情况

50%以上的样本企业在受访时表示在启动数字化转型后，企业迎来了诸多积极变化，比如可以更全面、准确地进行业务洞察和预测，增强了创新能力，促进了创新活动和新产品开发，保障了数据和客户隐私的安全等。由此可见，数字化转型可显著提升企业的效率和营收。

调研数据也显示，虽然九成以上中小企业都开启了数字化转型，但它们的路径却各不相同，60.79%的样本企业通过寻找固定的数字化转型服务商实现数字化转型，57.93%的样本企业通过各大云厂商的网站实现数字化转型，近半数的样本企业通过参加数字化转型相关的赋能活动实现数字化转型，43.61%的样本企业依托所在园区推动数字化转型（见图3-4）。

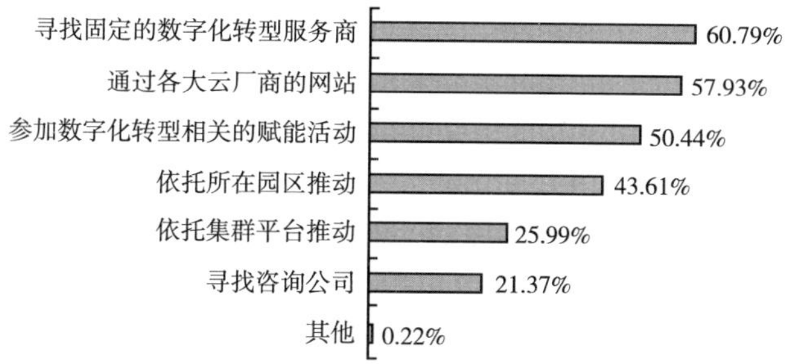

图3－4　样本企业选择数字化转型路径情况

我国中小企业数字化转型的路径呈现分散化趋势，缺乏可以提供丰富、完善的多厂商产品和服务的统一平台，数字化转型的供需存在不通畅现象，这在一定程度上影响了数字化转型的步伐。缺乏完整的数字化转型战略和框架支持，数据整合、集成利用能力不足，找不到适合本公司数字化转型的产品和服务，是企业数字化转型过程中面临的三大主要困难（见图3－5）。

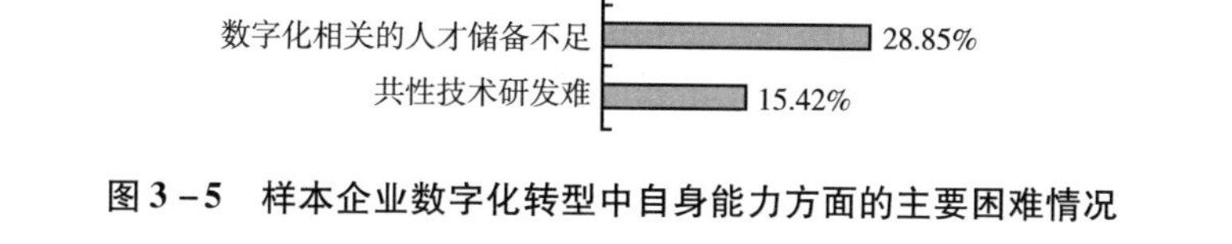

图3－5　样本企业数字化转型中自身能力方面的主要困难情况

中小企业希望政府在推进数字化转型方面给予全方位帮扶，不仅是财税政策引导、资金补贴扶持、数字化基础设施建设等，更为重要的是帮助厘清数字化转型的路径和方向，提高中小微企业数字化转型的成功率，降低“集成陷阱”“转型陷阱”“中小企业陷阱”等典型问题的发生概率。

目前，我国数字化转型平台服务模式的出现，改变了数字化服务的范式，能够与中小微企业数字化转型的个性化需求更加适配。基于此，平台服务就可以实现从买“技术资产”到买“技术服务”，从“一对一模式”到“一对多模式”，从“单一服务”到“生态服务”的转变。但是，每个行业的本质不同，会导致数字化转型平台服务模式的效果参差不齐，研究行业本质，确定产业数字化转型方向，迫在眉睫。

第三节　数字经济相关的主要定律

随着数字技术的日新月异，带动数字产业化和产业数字化的快速发展，数字经济已经成为我国，乃至世界经济的重要组成部分，数字经济在全球经济中的地位日益凸显。然而，在这个快速变化的领域中，有一些基本的定律在指导数字经济的行为和决策。其中，有三个非常重要的基础定律，它们分别是摩尔定律、吉尔德定律和梅特卡夫定律。摩尔定律关注信息技术的进步速度，吉尔德定律强调信息的价值，而梅特卡夫定律则关注网络效应。还有三个定律深刻地反映了数字化和互联网时代事物的发展规律，分别是反摩尔定律、安迪比尔定律和基因决定定律。反摩尔定律描述了信息技术进步的速度，安迪比尔定律揭示了软件和硬件之间的关系，而基因决定定律则强调了基础数据逻辑在数字世界中的核心地位。这些定律虽然是在不同的时期提出的，但它们都反映了数字经济的发展规律，是理解数字经济行业本质论的重要基础理论。

定律是客观规律的统称，为实践和事实所证明，反映事物在一定条件下发展变化的客观规律的论断。定律的特点是可证明，而且可被不断证明。定律是一种理论模型，用以描述特定情况、特定尺度下的现实世界。但是在其他尺度下可能会失效或者不准确。定律是来自归纳总结，与行业本质相同；与定理不同，无法通过逻辑推理得出。

一、摩尔定律

摩尔定律是数字经济中的基本定律之一，它指出计算机处理器的速度会按照指数级增长，而价格则会按照线性级下降。其内容概括为：当价格不变时，集成电路上可容纳的元器件的数目，约每隔 18 个月增加一倍，其性能也将提升一倍。换言之，单位成本所能买到的处理器性能，每隔 18 个月将增加一倍。这个定律是由英特尔公司的创始人之一戈登·摩尔在 1965 年提出的。摩尔定律被称为“半导体行业的传奇定律”，它不仅揭示了信息技术进步的速度，更在接下来的半个世纪中，犹如一只无形的大手，推动着整个半导体行业的变革。摩尔定律对数字经济的影响主要体现在以下几个方面。

（1）技术迭代速度加快：摩尔定律揭示了信息技术的快速进步趋势，这使得数字经济的发展速度越来越快。在这样的背景下，企业需要不断创新，跟上技术发展的步伐。

（2）成本降低：摩尔定律揭示信息技术的发展将导致成本的不断降低，为数字经济的发展提供了基础。例如，云计算的普及使得企业可以以更低的成本获取计算资源，进一步推动数字经济的发展。

摩尔定律的背后是半导体技术的不断迭代进步。随着技术的不断进步，计算机的处理器速度得到了快速提升，而价格则不断下降，使得计算机变得越来越普及，同时也推动了数字经济的发展。

二、吉尔德定律

吉尔德定律（Gilder's Law）又称为胜利者浪费定律，由乔治·吉尔德提出，其含义是：最成功的商业运作模式是尽可能地使用价格最低的资源，从而节约和保护更昂贵的资源。

例如，大数据公司使用当今便宜的计算资源：数据中心（IDC），以节约相对更贵的人力资源。这种模式使得微软用几万名员工创造了数千亿美元的营业额。再如，带宽的成本随着日渐增加的用户需求而急剧下降。不远的将来，人们可能因为随时随地都有网络连接而逐渐忘却“上网”之类的词汇，就如同我们现在因随时随地都能用电，而忘记了电网的作用。物联网时代，将会有更多的设备能够上网。万物互联的时代已经近在咫尺。

吉尔德定律是数字经济中的一个重要定律。它指出，未来的网络将具有更高的速度和更大的容量，同时也会更便宜、更可靠。这个定律是由因特网先驱之一、美国科学家文顿·吉尔德在20世纪90年代提出的。吉尔德定律对数字经济的影响主要体现在以下几个方面。

（1）信息的单位价值降低：随着信息技术的发展，信息传播的速度和范围将越来越广，这使得信息的单位价值逐渐降低。例如，在互联网时代，人们可以轻易获取大量的免费信息，从而这使得信息的价值大大降低。

（2）信息安全问题日益突出：吉尔德定律强调信息传播的速度和范围对信息价值的影响，这也意味着信息安全问题日益突出。在数字经济时代，如何保护个体信息和企业数据的安全就成为了一个重要课题。

吉尔德定律的背后是网络技术的不断进步。随着网络技术的不断发展，网络的速度和容量得到了大幅提升，单位价格不断下降。这使得人们能够更快速地获取信息，从而推动了数字经济的发展。

三、梅特卡夫定律

梅特卡夫定律是计算机网络先驱之一、3Com 公司的创始人罗伯特·梅特卡夫（Robert Metcalfe）在 20 世纪 90 年代提出的。其具体内容是：一个网络的价值同它的用户数量的平方成正比。简言之，就是用户越多，价值越大。这个定律指出，网络的价值随着连接数量的增加而呈指数级增长（见图 3－6）。

梅特卡夫定律：

$V = A \times N^2$

兼容的通信设备的系统价值增长是设备数的平方。

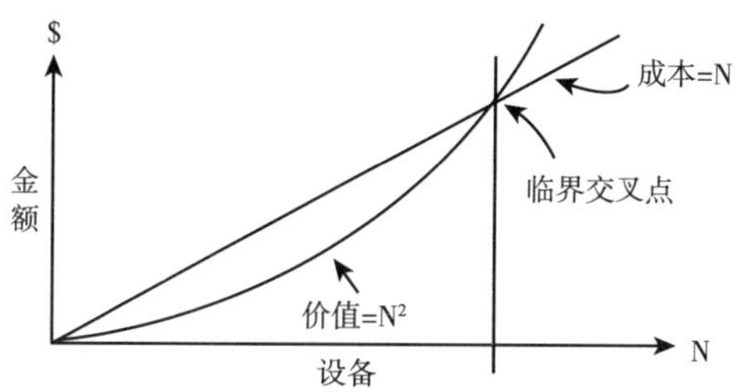

图 3－6　梅特卡夫定律

规模是网络价值的基础。网络上的“结点”（即用户）越多，网络的整体价值越大。同时，规模越大，单个存量用户获得的效用越大。一般的资产，分享者越多，个体所得到的越少。网络则不同，网络系统内结点越多，单个结点可以分享到的价值反而越大。

该定律表明，一个网络的用户数量越多，则整个网络和该网络内的每台计算机的价值也就越大。

下面用公式再来说明一下。网络设备之间可能连接数为 n，

网络可能连接数 C 可以表示为：

$$C = n(n-1)/2$$

网络的经济价值 V 表示为：

$$V = C^2$$

互联性驱动经济价值，这就能说明万物互联对运营商等企业的价值了。梅特卡夫定律对数字经济的影响主要体现在以下几个方面：

（1）网络效应的增强：随着互联网用户数量的增加，网络的价值也在不断提升。这使得网络平台和生态系统成为了数字经济的重要组成部分。

（2）用户参与的重要性：梅特卡夫定律强调用户数量对网络价值的影响，这使得吸引和留住用户成为数字企业发展的关键。企业需要关注用户体验，提高用户参与度，以实现网络价值的最大化。

梅特卡夫定律的背后是网络规模效应的不断增强。随着网络规模的不断扩大，网络的价值也不断增加。这使得数字经济发展迅速，同时也带来了更多的创新和机会。这个定律在互联网思维中非常重要，不少互联网公司就是一开始给用户大量的补贴，让更多的用户使用；平台上聚集的用户越多，平台就能创造出越多的价值，从而超越竞争对手。其中，最为典型的就是当年滴滴和快的的网约车大战，以及支付宝和微信的支付大战。

摩尔定律、吉尔德定律和梅特卡夫定律是数字经济的三大基础定律。它们从不同的角度反映了数字经济的发展规律，也指出了数字经济的未来发展方向。随着技术的不断进步，数字经济将继续快速发展，这三个定律也将继续发挥重要的指导作用。

摩尔定律、吉尔德定律与梅特卡夫定律常被合称为“互联网三大定律”。除此之外，反摩尔定律、安迪比尔定律和基因决定定律，也深刻地反映了数字化和互联网时代事物的发展规律。

四、反摩尔定律

反摩尔定律是由谷歌前 CEO 埃里克·施密特提出的，内容是：反过来看摩尔定律，如果一个 IT 公司今天和 18 个月前卖出同样多的、相同的产品，它的营业额就要降低一半。换种说法就是：计算机和新科技公司的产品，每 18 个月价格就会降低一半。一个典型的案例就是手机，在智能手机技术快速发展的过程中，一个产品很快就会被市场淘汰，价格快速下降，任何时候买都要后悔。在竞争更加激烈、发展节奏更快的互联网行业，一个功能不变的产品，每 18 个月价格就会降低一半。

反摩尔定律其中一个应用实例是智能手机，近年来，智能手机的计算能力、存储容量和显示屏分辨率等硬件指标不断提升，而这背后正是反摩尔定律推动的。据统计，2010—2020 年，智能手机的平均计算能力增长了约 10 倍，存储容量增长了约 20 倍，显示屏分辨率增长了约 4 倍，但售价基本保持不变。

反摩尔定律为新兴的创业企业指出了发展方向。虽然现有市场中成熟的巨头公司占有了很大的市场份额和客户，但是革命性、颠覆性的创新和技术的快速发展，给创新型的中小微企业提供生存和发展的机会。苹果在 2007 年推出的 iPhone 手机就是一个全新理念的全屏幕、无键盘的手机产品，颠覆了当时众多手机巨头，成为新的行业领导者。

五、安迪比尔定律

安迪比尔定律中，安迪指的是 Intel 前 CEO 安迪·葛洛夫，比尔指的是微软创始人比尔·盖茨。安迪比尔定律（Andy and Bill's Law）指出，无论 Intel 推出多快的新硬件，新增长的硬件性能都会被新的软件消耗掉。以微软 Windows 操作系统为例，在过去的几十年里，Windows 操作系统不断升级，从支持单核处理器到支持多核处理器，从 32 位系统到 64 位系统。在这个过程中，硬件厂商不得不持续不断推出新的处理器、内存和硬盘等硬件产品，以适应软件的升级。

该定律描述了硬件生产商和软件生产商之间的关系。根据摩尔定律，计算机处理器的速度、内存和硬盘的容量虽然每 18 个月就能翻一番，但是微软的操作系统等应用软件也越做越大，对硬件的要求越来越高。所以，现在的计算机虽然比 10 年前快了 100 倍，但运行软件的速度并没有快 100 倍。如果不更新计算机硬件，很多新的软件就用不了，或者运行速度变慢，体验很差；如果只更新硬件，不更新软件，许多功能就用不了。

最典型的例子就是手机。手机软件一直在更新，功能越来越多，界面也越来越华丽，导致 APP 越来越大，占用的内存越来越多，就需要不断地升级手机硬件。手机操作系统也一样，旧的手机使用新的软件和操作系统，体验会很差，这导致手机的更换频率显著高于其他电子产品。全世界的手机平均更换频率是 21 个月。

六、基因决定定律

一个在某个领域很成功的公司，它的企业文化、业务模式和流程、市场定位会优化得十分适应这个市场，这种获得成功的内在优势会深植于企业的各个环节，成为这家企业的基因。企业的基因会使企业跨领域发展受到很大限制。例如，我国互联网巨头中，腾讯善于做社交，阿里巴巴善于做电商，百度善于做搜索。阿里巴巴尝试做社交、腾讯和百度尝试做电商，都以失败告终。这说明企业基因在某个领域进化达到最优后，很难适应其他商业领域的竞争环境。

另外一个例子是苹果手机，其由于抓住了从功能机到智能机的革命性创新机遇，所以超越了当时畅销的诺基亚、三星、摩托罗拉、西门子等世界知名品牌。但到今天，苹果越来越难以推出具有独创性的技术和产品，正在被华为、三星、小米等竞争对手追赶。其已经固化的基因在当下新技术频繁推出的时代就显得有些力不从心。如果苹果不能紧跟当今材料、人工智能、6G、芯片等技术快速迭代的步伐，就有可能失去下一代智能终端的领导者地位。

这点和企业多元化转型相类似，对比研究发现，企业多元化转型进入比现有产业更容易赚钱的行业，就容易成功；企业多元化进入比现有产业不容易赚钱的行业，就较难成功。笔者将其总结为：从高利润率行业转型到低利润率行业，是向上仰攻；从低利润率行业转型到高利润率行业，是向下俯冲。

诚然，用“低利润率”和“高利润率”这两个词没有准确表述笔者的意思，但由于笔者还没有找到更合适的词来表达，因此暂时使用该表述。相近的意思就是，企业多元化转型只有进入更容易经营的行业，才容易成功。相关的例子就是，过去20年是房地产的黄金发展时期，但是房地产企业通过多元化转型进入其他实体产业的，很少能够获得成功；但同时期，低利润率的饲料企业多元化转型，多数都成功了。在此期间，房地产行业的利润率是远高于饲料行业的，行业的经营难度却低于饲料行业。同样，数字经济也服从于基因决定定律。

除了以上六大主要定律外，数字经济还存在以下定律。

七、库梅定律

2011年，斯坦福大学教授乔纳森·库梅（Jonathan Koomey）发现了库梅定律：单位运算的电耗量，每18个月就降低一半，这一规律从计算机诞生开始，一直持续了下去。

在21世纪，摩尔定律和库梅定律具有同等重要的地位。库梅指出，从1946年第一台电子计算机ENIAC（见图3－7）诞生之日算起，相同的计算量所需能耗一降再降。

图 3－7 ENIAC 电子计算机

注：ENIAC 占地面积达 170 平方米，重 30 吨。

微软和英特尔曾经联手对 ENIAC 的峰值功耗进行了计算——每秒运行 5000 次加法，所需功耗为 150 千瓦。而如今的功耗仅是 ENIAC 时期的四万分之一。

八、尼尔森定律

1998 年，嘉卡伯·尼尔森（Jakob Nielsen）提出互联网宽带的尼尔森定律：高端用户带宽将以平均每年 50% 的增幅增长，即每 21 个月带宽速率将增长一倍。

图 3－8 中是指数级增长的曲线，解释了为什么现在不少大的电信公司，服务价格一降再降，但是仍然可以从中获得丰厚利润。回顾宽带用户的发展情况，其增长趋势很好地与该定律吻合。

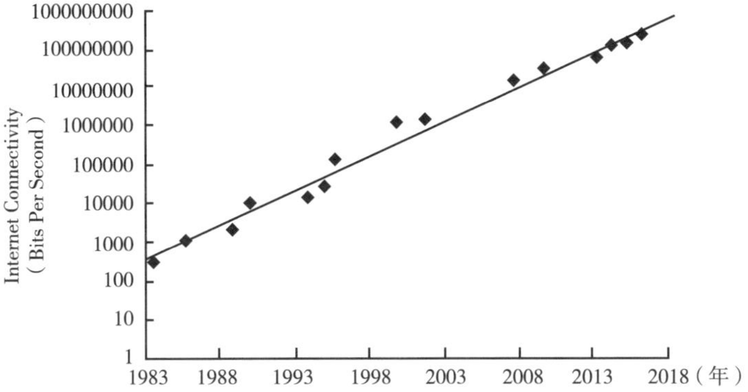

图 3-8　1983—2018 年带宽增长情况

九、库帕定律

马丁·库帕（Martin Lawrence Cooper）（见图 3-9）提出了库伯定律：无线网络容量每 30 个月增加一倍。库帕是“大哥大”的发明者，被称为移动电话之父。

图 3-9　马丁·库帕

有人总结认为“库伯定律”比“摩尔定律”更加经典、更加准确。

从1897年吉列尔莫·马可尼（Guglielmo Marconi）用无线电报传递莫尔斯电码，到今天5G通信技术的应用，这个定律都被认为是正确的；而且更神奇的是，无线射频传递过程中的信息量，不同于芯片上的晶体管，它不存在物理空间的限制，只要架设更多的线路，增加更多的带宽，搭建更多的终端，信息传输量就会永无止境地向上递增。

十、埃德霍尔姆带宽定律

菲尔·埃德霍尔姆（PhilEdholm）提出埃德霍尔姆带宽定律：人们对于无线短距离通信的带宽需求基本每隔18个月翻一番；为了满足日益增长的带宽需求，可以采用更先进的调制技术提高频带利用率，或者通过采用多种复用方式来增加信道容量。

在未来，无线网络的传输效率会和有线网络的传输效率逐渐趋同，无线网络和有线网络相互融合，是通信技术发展到一定阶段后必然会有的结果。

十一、巴尔特定律

巴特尔定律：从一根光纤中导出的数据量，每隔9个月就会翻一倍，这意味着在光纤网络中，数据传输成本每隔9个月就会下降一半。

十二、香农定律

1948年，美国工程师克劳德·香农（Claude Elwood Shannon）（见图3-10）提出香农定律：如果把网络带宽比喻为车道宽度，那么网速就好比汽车在车道上行驶的速度；汽车在车道上行驶得快与不快，受限于车道的宽度、车道上行驶的汽车数量等诸多干扰性因素。香农定律的数学公式为：

$$C = W \cdot \log_2\left[1 + \frac{S}{N}\right]$$

克劳德·香农在工程界和数学界是一位家喻户晓的人物，其在20世纪三四十年代的工作为他赢得了“信息时代之父”（Father of the Information Age）的称号。

图3-10　克劳德·香农

十三、墨菲定律

墨菲定律是一种心理学效应，由第二次世界大战时美国工程师爱德华·墨菲（Edward A. Murphy）提出，具体表述为：任何可能出错的事情，无论概率有多小，最终都会出错。其含义是说，如果存在一个错误的方法，或是存在发生某种错误的潜在可能性，无论这个出错的概率有多小，只要重复进行这项活动，这个错误在某个时刻就一定会发生。

墨菲定律自提出之日起便被广泛应用于各个行业的安全生产管理中。具体举例如下：凡是有可能出故障的数据中心，就一定会出故障；凡是有可能被攻击的网站，就一定会被攻击；凡是有可能坏掉的计算机，那就一定会坏掉。墨菲定律是数字经济的铁律之一，一定要保持敬畏之心。

第四节　数字经济服从一般经济规律

在过去的20年中，数字经济和数字技术的革命程度胜过了多数其他行业和技术。这种看似颠覆式的技术创新，并没有推翻已有的经济规律，而是验证了原有的部分经济规律①。

一、规模经济效应

规模经济效应，是指适度的规模所产生的最佳经济效益，在微观经济学理论中是指，在一定产量范围内，由于生产规模扩大而导致的单位平均成本下降的现象。

在一些行业，无论产量多少，都需要投入固定成本，这些投入属于沉没成本；每增加一个单位的产出所带来的可变成本是固定的，因此只要规模越大，每个单位产品分摊的固定成本就越低。在一些资金密集型行业，固定资产投入非常大，只有产量达到一定规模，才可以分摊这么高的固定成本。然而一旦实现盈亏

① 耿强．数字经济验证：4个常用经济规律［N］．新华日报，2020－11－15．

平衡，由于边际成本在不断递减，企业的利润和收益会越来越高。例如，芯片制造业、手机制造业、汽车制造业，以及软件业等都是如此。

数字经济和传统的工业经济一样，规模经济明显，而且边际成本更低。一款软件被开发出来后，数千万客户下载使用并不会增加它的边际成本，边际成本可能接近于0，这意味着每增加一个客户，增加的都是利润。例如，微信目前的日活用户数已经超过13亿人，再增加一个客户的边际成本近似为0，因此客户带来的收入，就可视为纯利润。

但是，部分行业也存在规模突破一定水平以后，出现规模不经济的效应的现象（见图3－11）。

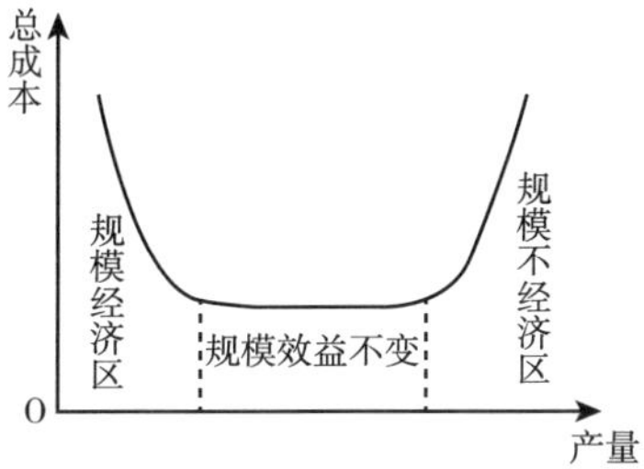

图3－11　规模经济效应图解

二、协同效应

协同效应，指来自商品种类增加带来的收入，种类越多，购买者的便利性和体验性越好。超市会将各种不同商品陈列在同一个空间内，从而使消费者增加购买多种产品的可能性，如在购买蔬菜的同时有可能顺便买了肉蛋奶和日用品等产品；在日本的7-11便利店销售收入主要来自便当，但在便利店呈列成百上千种小商品，可使顾客在购买便当时顺道购买这些小商品，合计营收能够占到店铺销售收入的30%—50%。

超市的商品数量再多也会有物理空间的限制，而虚拟空间几乎是无限的，使得互联网的协同效应更为明显，前所未有地扩大了协同效应。京东、天猫、拼多多都有数以百万计的销售店铺。叠加网络信息搜索的便捷性，使得大量小众商品也有了被消费者寻找到的可能。根据统计，亚马逊图书销售中超过一半的销量都来自排行榜13万名以外的图书，这一现象虽然被称为“长尾效应”，但本质上是协同效应带来的效益增加（见图3-12）。

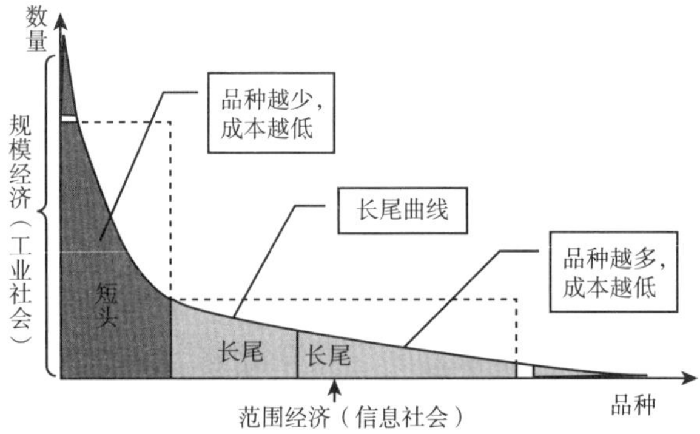

图3-12　协同效应

三、双边市场效应

经济学家梯若儿（Tirole）较早定义了双边市场效应，即不同类型的用户互相之间可以产出正反馈，并创造出新增的价值；一部分用户的决策会影响另一部分用户是否使用。

Rochet和Tirole（2003）给出了双边市场效应的粗略定义：双边（更一般地说是多边）市场是一个或几个允许最终用户交易的平台，通过适当地从各方收取费用使双边（或多边）保留在平台上。也就是说，平台是通过使他们能够获得（或至少不失去）钱来吸引各方留下的。

平台对每次交易收费，向买方和卖方分别收取aB和aS的费用。如果已实现的交易量 D 仅依靠总价格水平（a = aB + aS），即交易量对总价格水平 a 在买者和卖者之间的再分配不敏感，那么双方之间交易的市场是单边的（One - sided）。相反，如果 a 保持不变而交易量 D 随 aB 变化，那么市场是双边的。

以互联网支付为例，如果没有消费者使用互联网支付 APP，商户也就不愿意使用；而如果商户不接受互联网支付 APP，消费者自然也不愿意使用。要吸引市场的购买者，平台就需要拥有大量的供给者，但同时，只有预期这一边有大量的购买者时，供给者才愿意通过这个支付 APP 进行交易。再以网约车平台为例，只有越多的用户使用这一平台，才会吸引越多的网约车司机来使用它，而更多的网约车司机加入会使得用户打车更方便，就形成了良好的双边市场效应。存在撮合功能的互联网平台，如外卖平台（见图 3 - 13）、婚恋网站、电商平台、房屋租赁平台等需要双方互动的互联网平台，都存在十分明显的双边市场效应。

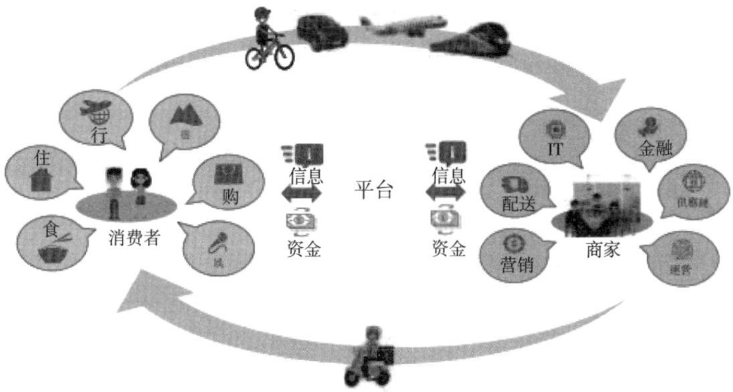

图 3 - 13　外卖平台双边市场效应

四、马太效应

马太效应（Matthew Effect），是指强者愈强、弱者愈弱的现象，广泛应用于社会心理学、教育、金融以及科学领域。马太效应是社会学家和经济学家常用的术语，反映的社会现象是两极分化，即富的更富，穷的更穷。其名称来源于《圣经》中的《马太福音》：“凡有的，还要加倍给他，叫他多余；没有的，连他已有的，也要夺过来”。

表面看起来“马太效应”与“二八定则”类似，但是实际上它只不过是“平衡之道”的一极。马太效应对于领先者来说就是一种优势的累积，当你已经取得一定成功后，那就更容易取得更大的成功。在现代社会和经济学中，这一概念被用来描述一种现象，即那些已经拥有优势的个体或组织往往更容易获得更多的资源和成功，而那些处于不利地位的个体或组织则会越发落后，也就是描述了“富者更富，穷者更穷”的现象，这在数字经济中体现得尤为明显，主要体现在以下几个方面。

（1）市场集中度提高：大型企业由于自身规模庞大、资源富集、品牌知名度高，能够更有效地吸引用户和投资。在互联网时代，用户意味着流量和数据，也就意味着盈利能力，以及产品随需求更新迭代的能力；投资则意味着能否进一步进行公司规模的扩张。以拼多多为例，作为新晋的全球性电子商务领域的巨头，拼多多利用其庞大的用户基础和数据分析能力，吸引了大量用户和投资，反过来又增强了它的市场地位。拼多多通过不断改进其服务，通过算法降低自身运营成本，进一步巩固了其在市场上的主导地位。这种规模和资源的优势使得小型电商平台和行业的新进入者在面对拼多多时难以竞争，因为他们无法在价格、品种和自身经营成本上与之匹敌。

（2）创新和竞争的双刃剑：一方面，大公司凭借其资源优势能够投入大量资金用于研发和创新，推动行业进步；另一方面，它们的市场主导地位可能会抑制其他小型企业的创新和发展。以谷歌为例，谷歌凭借其庞大的资源和资金，在搜索引擎和广告技术方面进行了大量的创新，尤其是在人工智能和机器学习领域。

这些创新推动了整个行业的技术进步。然而，谷歌在搜索引擎市场的主导地位也可能限制了其他小型企业的创新潜力。由于这些小型企业缺乏与谷歌相似的资源和用户基础，它们在改进技术或服务等方面面临着更大的挑战。这种市场主导地位的固化，导致没有足够的竞争压力来推动新想法和新技术的产生，可能使得社会的创新减少。

五、羊群效应

羊群效应是指当人们不确定怎么做时，倾向于模仿别人的行为，如同羊群中的一只羊跟随其他羊行动。人们在不确定或缺乏信息的情况下，也会跟随大多数人的选择或行为。这一效应在数字经济中主要表现在以下几个方面。

（1）用户行为同质化：在数字平台上，用户往往倾向于追随热门趋势，进而使得用户群体行为趋同。在此背景下，人们存在对于社交媒体趋势、在线购物偏好，甚至金融投资决策的模仿行为。例如，一旦某款手机应用或网络游戏因为独特的功能或营销策略而突然爆红，其他用户就会因为对热门内容的好奇或者不想错过潮流的心理，而纷纷下载和尝试。这种从众心理不仅加速了某些产品的流行速度，也在一定程度上减缓了市场多样性的发展。

（2）市场同质化：企业也可能受到羊群效应的影响，许多公司和创业者在产品设计和市场战略上，往往倾向于模仿那些已经被验证的成功案例和商业模式。在这种环境中，真正的创新变得十分困难。这种策略虽然在短期内能确保收益，但从长远来看，它抑制了创新精神和独特创意的发展。在这样的市场环境中，所有产品和服务趋于相似，消费者的选择变得有限，整个行业的进步和发展也因此受到限制。

六、长尾效应

长尾效应由 Chris Anderson 在 2004 年提出，主要描述的是在数字化和网络化的市场环境中，小众产品和服务能够汇聚起来，形成一个市场规模可观的“长尾”。在互联网时代，除了那些非常受欢迎的热门商品外，大量不太流行或特别的小众商品也能累积起来，形成一个庞大的市场。因为网络能够让这些商品更容易被找到和购买，所以即使是需求量不大的商品也能找到它们的买家。长尾效应在数字经济中主要体现在以下几个方面。

（1）产品多样性和细分市场的兴起：在传统市场中，由于货架空间有限和分销成本的限制，企业往往专注于大众市场的需求，忽视了小众市场。然而，在数字经济中，由于存储和分销成本大幅下降，企业能够有效地提供大量细分市场和小众市场的产品。这种现象在在线零售、数字音乐和电子书市场中非常明显。

（2）新商业模式的兴起：推荐系统和数据分析技术的发展使得企业能够更有效地识别和服务于这些长尾市场，企业由此迭代出了新的商业模式。例如，希音公司专注于提供定制化或小批量生产的产品，以满足小众市场的需求。它可以充分利用已掌握的用户画像数据，组合设计出用户可能会喜欢的衣服进而推送给用户，实现了每日上架数千甚至上万的最小存货单位（SKU）。相比于传统服装行业的大批量生产主流款式，它实现了“10 套起就能做”的“小单快反”的订单化生产，在北美市场广受欢迎。

七、二八定律

二八定律，由意大利经济学家维尔弗雷多·帕累托提出。该定律指出，在许多情况下，大约 80% 的效果来自 20% 的原因。虽然这个比例并不是固定不变的，但二八定律被广泛用于描述各种不平衡的现象。简单来说，就是“少数占多数”——少数的东西创造了多数的价值。在数字经济中，这意味着少数的顶级产品、客户或网站会占据大部分的市场份额、销售额或网络流量。在数字经济中，二八定律主要体现在以下几个方面。

（1）资源分配集中：在很多市场里，大部分的收入或利润常常是由少数的客户或者产品带来的。类似地，经济财富分配往往也遵循这一模式，少数巨头企业控制着大部分的市场资源。

（2）产品销售集中：在电子商务和数字服务业中，通常大多数的销售额可能来自少数的产品或业务。因为对于企业来说，集中资源对本公司的"畅销产品"进行推广，更有利于打造品牌影响力，同时消费者购买商品时为了降低搜索成本，也更愿意接受行业头部产品的广告。

（3）流量集中：网络上的访问量高度集中。大型平台如社交媒体、新闻网站和在线市场占据了大部分网络流量。大多数网站的流量都来自搜索引擎，而在搜索引擎结果中排名靠前的少数关键字吸引了绝大多数点击。这种流量集中现象是数字经济行业的一个典型表现。

八、创新的破坏性

创新的破坏性最早由 Clayton M. Christensen 在《创新者的窘境》中提出。创新的破坏性就像是游戏规则的颠覆者。它是指新出现的产品或技术彻底改变了原来的市场，使得老的产品或模式变得过时。这就像智能手机的出现替代了传统手机一样，彻底改变了我们的通信方式。数字经济行业的创新破坏性体现在以下几个关键方面。

（1）市场结构的重塑：新兴的数字企业，如科技初创公司和网络平台，经常通过提供创新的解决方案或服务，挑战并取代原有行业的领头羊。例如，Airbnb 彻底改变了人们的旅行住宿方式。Airbnb 通过打造一个共享经济的平台，使世界各地的房东都可以在平台上将空闲房屋出租给旅行者，平台从交易中抽取一定比例的服务费作为收入。在 Airbnb 平台上，可以看到诸如公寓、别墅、树屋、城堡等各种充满新意的住宿选择，极大地满足了消费者的多样化需求。此外，与传统酒店相比，Airbnb 提供的住宿通常更加划算。种种优势的叠加，使得 Airbnb 成为整个住宿行业的革新者，彻底改变了原有的竞争格局。

（2）技术进步快速演化：创新技术的迅猛发展，人工智能、大数据、云计算和物联网等技术的发展和应用，正在快速改变产品和服务的提供方式。人工智能技术通过模仿人类的思维方式，能够处理和分析大量数据，完成诸如语言识别、图像识别和复杂决策等任务。它在医疗诊断、客户服务、金融分析等领域的应用正在不断深入。而不同技术间的融合将促进更多、更新的应用场景和商业模式的诞生。

（3）消费者行为的改变：电商平台的崛起，为消费者带来了更广泛的产品、更便捷的体验和更个性化的推荐，推动了消费者从线下购物向在线购物的转变，改变了原有的消费模式。共享经济模式的兴起，如共享单车、短期租赁等使消费者的行为偏好从“拥有”转向了“共享”。既然可以在需要时通过平台直接使用某种物品，那又何必拥有它们。带着这样的想法，消费者群体成功接受了共享经济带来的便捷生活。

第二篇

数字产业化

根据国家统计局《数字经济及其核心产业统计分类(2021)》的分类，数字经济是指以数据资源为关键生产要素、以现代信息网络为重要载体、以信息通信技术的有效使用为效率提升和经济结构优化的重要推动力的一系列经济活动。该分类将数字经济产业范围确定为：01 数字产品制造业、02 数字产品服务业、03 数字技术应用业、04 数字要素驱动业、05 数字化效率提升业 5 个大类。其中，数字经济核心产业是指为产业数字化发展提供数字技术、产品、服务、基础设施和解决方案，以及完全依赖于数字技术、数据要素的各类经济活动，是分类中的 01—04 大类，为数字经济核心产业，主要包括计算机通信和其他电子设备制造业，电信、广播电视和卫星传输服务，互联网相关服务、软件和信息技术服务业等，是数字经济发展的基础。

1. 数字产品制造业

数字产品制造业是指以数字技术为基础，生产数字产品（货物或服务）的行业，包括计算机、通信和其他电子设备制造业，以及电子元器件、光电子器件、集成电路等制造业。

2. 数字产品服务业

数字产品服务业是指以数字技术为基础，提供数字产品（货物或服务）的行业，包括电信、广播电视和卫星传输服务，以及互联网相关服务。

3. 数字技术应用业

数字技术应用业是指以数字技术为基础，提供数字技术应用解决方案的行业，包括软件和信息技术服务业，以及互联网金融、云计算、大数据、人工智能等服务。

4. 数字要素驱动业

数字要素驱动业是指完全依赖于数字技术和数据资源的行业，包括电子商务、在线教育、在线医疗、在线文化娱乐等服务。

第四章　数字产品制造业

数字产品制造业是指以数字技术为基础，生产数字产品（货物或服务）的行业，包括计算机、通信和其他电子设备制造业，以及电子元器件、光电子器件、集成电路等制造业。基本上对应《国民经济行业分类》（GB/T 4754－2017）中的计算机通信和其他电子设备制造业大类。

改革开放四十余年来，我国数字产品制造业根据发展水平的不同，大致可以分为四个阶段：市场转型期、规模化发展期、代工追随期以及数字化变革期（丽娜，2013）①。

一、市场转型期

从改革开放初期到20世纪90年代是我国电子信息制造业的市场转型期，突出表现在“军转民”方面，如四川长虹、绵阳九州。改革开放前，电子信息制造业更多地是为部队提供军工产品，改革开放以后，军民融合的产品生产模式逐渐成为主流。这一重大的转变，不但满足了国家层面对电子信息制造业发展的战略要求，也适应了当时市场经济对该产业的市场需求，从而使得电子信息制造业的发展进入“快车道”，并逐渐成为国民经济中

---

① 丽娜．我国电子信息产业发展历程与发展现状分析［J］．电子技术与软件工程，2013（18）：263－264.

重要的支柱产业之一。在这一重要的起步阶段，我国的电子信息制造业利用改革开放的机会，积极向国外学习先进经验，引进先进技术，为我国电子信息制造业未来的快速发展奠定了基础。

二、规模化发展期

20 世纪末期，电子信息制造业开始与信息化建设相结合。世界范围内计算机技术的快速发展推动了信息化与工业化的融合，我国政府敏锐地观察到这一全球趋势对电子信息制造业的影响，通过设立一系列信息科技工程，推动我国的电子信息制造业向自主技术研发阶段发展（丽娜，2013）。在此之后，许多自主研发的电子信息产品开始投入使用，我国的电子信息制造业也正式进入了规模发展阶段。

三、代工追随期

从 21 世纪初期到 2015 年，我国电子信息制造业在全球产业链中主要以“代工模式”承接相关产品的组装加工。在这一时期，我国既要进行电子信息产品的大规模生产，也要不停地进行自主研发，从而使得全球的电子信息制造业形成了一条巨大的产业链。这一阶段末期，我国的电子信息制造业虽然面临了很多挑战，但形成了完整的产业体系，促进了产业的转型升级，为我国后来电子信息制造业的数字化转型奠定了基础。

四、数字化变革期

从 2015 年后，世界经济开始逐步向数字经济发展，我国的电子信息制造业也紧紧抓住这一历史机遇，大力推动数字化、信息化和工业化在电子信息制造业的融合发展，我国的电子信息制造业也正式进入了数字化变革阶段。

2023 年 5 月 23 日，国家互联网信息办公室发布的《数字中国发展报告（2022年）》显示，2022年我国电子信息制造业营业收入达15.4万亿元，同比增长5.5%，占我国121万亿元GDP的12.73%。截至2022年底，我国累计建成开通5G基站231.2万个，5G用户达5.61亿户，全国数据中心机架总规模超过650万标准机架，在用数据中心算力总规模位居世界第二；为我国数字产品制造业提供了广阔的市场空间，让我国移动通信实现了2G跟随、3G突破、4G同步、5G引领的跨越式发展，建成了全球规模最大、技术领先的移动通信网络，成为我国数字经济发展的基石。

第一节　讲究摩尔定律的芯片制造业

芯片（Chip）是指内含集成电路的硅片，体积很小，是计算机或其他电子设备的一部分，其本质是在半导体衬底上制作的能实现一系列特定功能的集成电路。半导体（Semiconductor）是指常温下导电性能介于导体（Conductor）与绝缘体（Insulator）之间的材料，常见的半导体材料是硅。

广义芯片包括了集成电路、传感器、分立器件、光电器件等产品，狭义芯片单指集成电路。集成电路（Integrated Circuit，IC）又称微电路（Microcircuit）、微芯片（Microchip）、晶片/芯片（Chip），是一种微型电子器件或部件。

芯片的生产制造被誉为现代工业的明珠，其工艺与流程极其精密。按产业链流程来分，主要有设计、生产、封装和测试四个环节，每个环节都有相应的产业链。以芯片生产来举例，半导体材料生产主要经历“石英砂原料→提炼成单晶硅→高温拉伸单晶硅棒→芯片级单晶硅棒切成薄片→芯片级硅片→芯片级晶圆（纯度为：99.999999999%）”环节。

芯片作为现代电子技术的基础部件，是核心部件，也是计算机、手机、汽车等各种带有电子设备的基础组成部分。其发展进程具有鲜明的代际特征。

第一代芯片：1958 年，美国物理学家杰克·基尔比发明了晶体管，这是第一次将电子器件集成到单个芯片上。这种芯片可以替代原来的真空管，大大提高了电子设备的性能和可靠性，减小了元器件的体积。

第二代芯片：20 世纪 60 年代初，美国工程师罗伯特·诺伊斯发明了集成电路芯片。这种芯片可以在一个硅片上集成数百个晶体管和其他电子器件，使得电子设备体积更小、重量更轻、价格更便宜。

第三代芯片：1971 年，英特尔公司推出了第一款微处理器芯片，这是一种内置了中央处理器、内存和输入输出接口的芯片。微处理器芯片的出现，标志着计算机的个人化时代的到来。

第四代芯片：20 世纪 80 年代，超大规模集成电路芯片（VLSI）问世。这种芯片可以在一个硅片上集成数百万个晶体管和其他电子器件，使得电子设备的性能更加强大。

第五代芯片：21 世纪初，系统级芯片（SoC）已经得到广泛应用。这种芯片可以在一个硅片上集成整个系统的所有功能，包括处理器、内存、输入输出接口、无线通信等，使得电子设备更加智能化和高效化。

芯片自从被发明出来以后，每次迭代，产业链上各环节都会经历“千帆竞发、百舸争流”式的淘汰赛，在每次迭代竞赛中，多数参与企业都会被淘汰出局，能够在每次迭代中胜出的企业，基本都是遵守了摩尔定律，按照摩尔定律的节奏设计、生产、销售新一代芯片的企业。

芯片制造业属于资金密集型和技术密集型的产业，在遵从摩尔定律的同时，具有典型的规模经济效益。由于技术不断进步和产品不断迭代，芯片行业呈现出了显著的周期性。每次技术迭代后，经过市场激烈竞争，芯片制造业的利润率会呈现逐步下降的总体趋势，直到新一代芯片面世再次提高行业利润率。因此，芯片制造企业都企图通过扩大规模来分摊固定费用，提高边际贡献，进而提高企业整体利润额，为下一代芯片研发、生产奠定资金、技术和市场的基础。

芯片行业大体分为芯片设计和芯片制造两类企业。现在全球芯片设计企业主要有高通、英伟达、AMD 等；芯片制造企业主要有台积电、中芯国际等。《金融科技自主创新白皮书（2023）》收录了我国主要的芯片制造企业，分别是：龙芯、飞腾、鲲鹏、申威、海光、兆芯等。近年来，我国集成电路（芯片）产业实现了快速发展，从市场规模来看，2022 年销售额达到 12006.1 亿元，同比增长 15%。从细分市场来看，2022 年芯片设计销售收入达到 5156.2 亿元，芯片制造销售收入达到 3854.8 亿元，芯片封测销售收入达到 2995.1 亿元。

芯片设计销售领域最有代表性的企业是英伟达（NVIDIA），其创立于 1993 年，总部位于美国加利福尼亚州圣克拉拉市，美籍华人 Jensen Huang（黄仁勋）是英伟达的创始人兼 CEO。2023 年 5 月 30 日，英伟达成为首家市值达到 1 万亿美元的芯片企业，也是史上第九家跨入美元市值“万亿俱乐部”的企业。

英伟达每年研发支出的数量级都以十亿美元计，用于开发新技术、新产品。其推出的 GeForce RTX 20 系列图形处理器，凭借前沿的光线追踪技术和 AI 技术，使玩家可以体验到前所未有的真实游戏画面。英伟达在人工智能、自动驾驶等方面，根据市场的变化趋势及时研发了最新一代的芯片产品，保持着全球领先地位。但是，英伟达在自研的内涵式发展基础上，也开展相关并购，拓展外延式发展。其在 2019 年以 69 亿美元的价格收购了 Mellanox，这是一家主要从事计算机网络设备研发的公司，此举让英伟达成功进入了高性能计算和数据中心领域。此外，英伟达在2020年宣布以400亿美元收购全球领先的芯片设计公司ARM，这无疑将更进一步提升英伟达在全球半导体市场的地位和竞争优势。

有人总结英伟达的成功具有三个关键要素：强大的研发实力、对市场需求的精准把握，以及明智的并购策略。究其根本，是英伟达遵循了摩尔定律：当自身的研发能够符合摩尔定律要求时，就以自己研发为主；当自身研发不能跟上摩尔定律的节奏时，及时并购相关企业，以达到推出新一代产品满足摩尔定律节奏的目的。

芯片市场是一个快速变化、日新月异、竞争激烈的高科技产品市场，每家公司都在寻找适合自己的战略、策略和发展路径等，但无论是研发、设计、工艺、生产、营销等，如果都基于摩尔定律的节奏来规划路线图和节点控制，就更可能在激烈的市场竞争中不被淘汰，甚至在市场竞争中取得比较优势。这是因为芯片设计存在周期，这个周期如果在摩尔定律的时间范围内，企业就有竞争优势，如果设计研发周期超过摩尔定律的时间范围，企业就会逐渐失去竞争优势。

摩尔定律对芯片制造企业的作用更为明显。具体表现为，芯片制造企业不仅要受制于产能的硬件约束，还要受到工艺、市场订单等的约束，与芯片设计相比受到的硬约束更多。据报道，台积电当前生产的芯片都是2年前的订单，2023年的新订单已经排到2025年才能开始生产。这是因为生产芯片需要很多专用设备，这些设备不仅生产难度大，周期还长；由于是专用设备，只能采取订单式生产，不仅需要排队才能买到，而且还要等设备生产工厂的生产排期，从而导致芯片的订单排期更长。

以光刻机为例，光刻机是芯片生产需要用到的最精密的核心设备。目前全球能生产光刻机的厂商主要是荷兰的阿斯麦（ASML）、日本的尼康和佳能。其中，阿斯麦的技术最为领先，也占据了全球光刻机的主要市场份额。光刻机是全球产业协同的集大成者，数百万个零部件，先由全球数十个国家分别制造，再由荷兰阿斯麦总装。在阿斯麦接到光刻机订单以后，先向各国零部件企业下订单，各国部件企业生产以后汇集到荷兰阿斯麦总装，这导致现在主流型号的光刻机，在下定单后一般要等3年才能收到产品。然而摩尔定律反过来又促使芯片制造公司对扩产非常谨慎，只有收到明确的芯片订单以后，才会扩大生产能力。

与此同时，芯片技术的快速进步会导致供需错配。通过上面的叙述可以得知，芯片生产设备的到货周期大于3年，但是摩尔定律是18个月，远小于生产设备的更换周期，这样就又产生新的供需周期。例如，如果一家芯片制造企业准备研发3nm芯片，一旦研发成功了，部分企业就会停掉准备下的7nm芯片、5nm芯片的订单，转而去买3nm的芯片，这不仅会使7nm芯片和5nm芯片的供需平衡被打破，还可能让生产7nm芯片和5nm芯片的产能不能充分利用，导致单位产品的固定成本分摊比预期升高，最后可能导致芯片制造企业不能收回投资成本。这就是部分芯片制造企业在市场竞争中，在经营管理上即使没有作出错误的决策，也破产倒闭的原因之一。

芯片行业在国外被称为成熟的夕阳产业，因为其已经高度集中到少数几家大企业。在我国，目前仅芯片设计公司就近3000家，大多数是人数不到100人的小微企业。对这些芯片设计企业来说，只有根据摩尔定律的节奏，构思一代，研发一代，中试一代，批量一代，热销一代，构成代际完整的金字塔形产品代系，才有可能在未来的竞争中不被淘汰；如果要实现弯道超车，就需要通过技术路线的改变、工艺的改进或者生产设备的升级，让产品直接比竞争对手的热销代系至少高出两代，才容易实现弯道超车。对芯片制造企业来说，能否适应摩尔定律的节奏，就是决定企业盈亏数量级，左右企业存亡的关键要素。

国家东数西算工程已经启动实施，必然会带动区域数据中心的建设。汽车智能化、家居智能化、工厂智能化的趋势方兴未艾，人工智能基础设施建设如火如荼，大语言模型、文生图片、文生视频潜力巨大，我国的芯片市场会保持一段时间的持续增长；利用这段增长的时期，让芯片企业产品开发节拍与摩尔定律相符合，就是芯片企业存亡的关键因素。

诚然，现在光刻技术已经快接近物理极限，摩尔定律是否还起作用，成为不少人讨论的话题；但是，相信会有其他技术路线出现，代替光刻技术，随之也会有与摩尔定律相似的定律来决定这个行业中企业的盈亏数量级，左右企业的存亡。

第二节　讲究安迪比尔定律的手机制造业

智能手机在我国流行之初，普通消费者购买还比较吃力，2010 年雷军在北京成立小米公司，以 1999 元的价格销售的小米智能手机配置达到了当时主流品牌手机 5000 元左右的水平，通过极高的性价比，他将小米手机做成当时的爆款。彼时，4G 网络开始在我国普及，追逐潮流的用户急切需要更换手机，但是高昂的价格成为对智能手机最渴望的大学生和职场新人群体使用智能手机的一道屏障，市场急切需要低价的智能手机来满足这部分基数最大的用户群体的需求。基于用户买得起的创业初心，小米公司在创立之初不仅邀请动员了所有的智能手机发烧友参与样机内测，还邀请了资深发烧友参与手机的设计；通过互联网引爆相关话题，制造热度，每次小米手机预告上架后几分钟内就宣告断货；由于经常买不到新上架的手机，这种光速卖光产品的行为被消费者称为“饥饿营销”。

但这种后来被称为互联网思维的经营方式，让小米公司迅速在我国手机市场异军突起。小米公司的营销方式是以消除中间经销商，以网上销售、直接面对消费者为主，将销售费用降至极致，将销售价格做到最低，并与当时4G网络快速普及相结合，2012—2014年，小米手机销量的同比增长率分别为2297%、160%、227%[①]，创造了手机销售增长率的业界神话。

通过在手机行业建立起来的“势能”，小米公司于2014年进入家电行业。到2019年11月，小米获评艾媒金榜（iMedia Ranking）发布的“2019电商消费家用电器品牌TOP 10榜”第十位，“2019电商消费3C数码品牌TOP 10榜”第一位。甚至在2019年5月15日美国《福布斯》杂志发布的2019年“全球上市公司2000强”排行榜中，根据2018年各企业的营收、利润、资产规模、市值等各项指标，以手机、智能硬件和IoT平台为核心的小米公司首次入围，全球排名426位，成为全球最年轻的世界500强入围企业。2020年小米公司销售收入超过2458亿元人民币，不仅成为我国销售排名前列的手机生产企业，也成为我国家电行业的“黑马”品牌。小米公司企业规模荣列2020福布斯全球企业2000强榜第384位。

小米手机为何能够快速崛起，原因在于其发家的手机产品研发生产符合了安迪比尔定律。这使得手机的硬件应满足不断升级的和增多的手机软件运行需要，在不超过20个月的时间就要开发出运行速度更快的全新型号，通过新增功能、美化外观、使操作更人性化，将新机第一个月的好评率努力做到99%以上，达成很好的销售，成为当时现象级的“爆款”产品，而同期其他手机制造企业多数新品第一个月的好评率为95%—96%，因此逐渐消失在市场竞争的红海之中。

---

① 详见：http://news.sohu.com/a/538049366_121124569.

与小米手机同期取得巨大成功的是华为手机，其业务负责人余承东曾说，华为手机的考核指标是用户净推荐值（Net Promoter Score，NPS），也就是用户使用了华为手机，不仅是看用户是否喜欢，更要看用户是否愿意向身边人推荐，这才是华为终端业务成功的秘诀。换句话就是，华为手机不仅注重好评率，还注重用户体验感，更注重口口相传，要达到这步，就需要华为手机不仅要有好看的外观、先进的功能，还要有优秀的顾客体验，最直观的顾客体验就是手机在众多软件同时运行下使用的流畅程度。这意味着硬件的性能要远超软件占用的内存，也就是手机新品推出节奏要符合安迪比尔定律。

该定律描述了硬件生产商和软件生产商之间的关系。根据摩尔定律，计算机处理器的速度、内存和硬盘的容量虽然每 18 个月会翻一番，但是手机的操作系统等应用软件也会越做越大，对硬件的要求将越来越高。即使现在的计算机运算速度比 10 年前快了 100 倍，但运行软件的速度并没有快 100 倍。如果不更新计算机硬件，很多新的软件就用不了，或者速度很慢，体验很差；如果只是更新硬件，不更新软件，许多功能就用不了。二者相互作用的结果就是，运行的软件一直在更新，功能越来越多，界面也越来越华丽，导致手机的 APP 越来越大，占用的内存越来越多，反过来需要不断地升级手机硬件。手机操作系统也一样，旧的手机使用新的软件和操作系统，体验会很差，导致手机的更换频率显著高于其他电子产品，全世界的手机平均更换频率是 21 个月。

同时，手机制造业也应符合反摩尔定律。反摩尔定律是由谷歌的前 CEO 埃里克·施密特提出的，内容是：如果反过来看摩尔定律，一个 IT 公司今天和 18 个月前卖出同样数量的、相同的产品，它的营业额就要降低一半。换种说法就是：计算机和新科技公司的产品，每 18 个月价值就会降低一半。在 4G 网络普及以后，智能手机技术快速发展的过程中，一个产品很快就会被市场淘汰，价格快速下降，任何时候买都要后悔。在竞争更加激烈、发展节奏更快的互联网行业，一个功能不变的产品，每 18 个月价格就会降低一半。手机制造企业就需要不断推出运行速度更快的型号，原因不仅在于要在消费者对使用的手机运行速度感到不耐烦之前推出新的型号产品，避免被消费者所淘汰，也在于推出新品以提高销售价格，进而提升企业利润。

自 20 世纪 90 年代末以来，新上市的爆款手机销售价格的绝对数值一直没有太大变化。从 1999 年 11 月上市的诺基亚爆款手机 8810，到 2023 年华为推出的 Meta60 手机。一个手机型号上市以后，价格就是一个不断下跌的过程，企业要提高单位售价和企业效益，就需要不断推出运行速度更快、用户体验更好的型号，不能根据安迪比尔定律及时推出运行速度更快的手机的企业，就会逐渐消失在市场的红海之中。

然而，在市场上也存在时尚化、轻奢、酷炫的小众手机品牌，以彰显持有者不同的身份标签；也有手机制造企业通过生产时尚化、轻奢、酷炫的手机来提高产品的单价，但这一切都是建立在手机运行速度满足顾客需要的基础之上。

数字产品制造业的安迪比尔定律，为初创企业指出了发展路径。虽然现有市场中成熟的巨头公司占有了很大的市场份额和客户，但是革命性、颠覆性的创新和技术的快速发展，会给创新型企业发展的机会，特别是在手机领域。苹果在 2007 年推出的 iPhone 手机，就是一个全新理念的全屏幕无键盘手机产品，苹果凭借该款手机颠覆了当时众多手机巨头，成为新的行业领导者。小米在智能机刚出来的时候切入手机领域，通过消费者参与的“共同设计”，加快了研发速度和顾客反馈改进节奏，提高研发进度；其利用摩尔定律，把握了部分元器件的价格不断下降的趋势，成为我国手机领域的后起之秀。华为利用自身强大的研发能力，顺应安迪比尔定律的开发节奏，进入手机制造业，实现弯道超车，成为世界手机巨头。但是，这些手机品牌，都是按照安迪比尔定律的节奏，通过不断推出新型号来保持自身的市场地位。20 多年来，特别是智能手机兴起以来，安迪比尔定律决定了手机制造企业的盈亏数量级，左右了手机制造企业的存亡。

第三节 讲究成本领先的光伏组件制造业

2021 年国家统计局划分数字经济分类时，将光伏组件制造业划分在数字产品制造业序列。光伏组件是近几年我国出口异军突起的“新三样”，是我国经济新的增长极，光伏组件生产量和出口量连年增加，光伏企业自 2020 年以来赚得盆满钵满，部分光伏企业的实控人成为了企业所在地的首富。然而，我国光伏组件第一代的代表性企业无锡尚德，原实控人施正荣在短暂成为我国首富以后，迅速从富人排行榜中消失，无锡尚德已几经易手，至今依旧在苦苦挣扎的泥潭之中，与之相似的还有江西赛维、汉能太阳能等企业。

与以上企业形成鲜明对比的是，近几年快速崛起的通威、隆基绿能、天合光能等光伏企业。《2021 胡润百富榜》显示，时任中国民主建国会中央委员会企业委员会主任、通威集团董事长刘汉元以 1250 亿元身家，结束了新希望集团董事长刘永好 20 多年的“垄断”，成为新任四川首富。仅一年时间，刘汉元主任的个人财富增长了约 620 亿元，原因在于通威集团的光伏业务板块每年取得了数百亿元的盈利，带来了财富的快速增长。虽然通威集团的销售收入和资产总额都低于新希望集团，但是财富的增值将刘汉元主任送上了四川首富的宝座，并蝉联至今。

通威集团是 2004 年 9 月受让了永祥树脂 50% 的股份，2006

年 12 月才宣布进军多晶硅产业，2007 年 5 月与乐山市政府签署协议，与四川巨星集团在乐山设立四川永祥股份。2008 年光伏行业受到重挫时，刘汉元主任也受到不小影响，不少工程被迫停滞。2011 年美国启动了对中国光伏产品的“反倾销、反补贴”调查，2012 年欧盟也加入了该行列。当时的光伏龙头无锡尚德、江西赛维相继破产重组。危机之时，刘汉元主任靠饲料行业的利润挺了下来；同时，他带领企业在中下游寻找机会，建立光伏电站，收购企业，并开创了渔光一体的发展模式，即水下养鱼和水面光伏发电。到 2015 年，随着行业复苏，煎熬了数年的刘汉元主任终于挺了过来。这一年，他重新启动四氯化硅冷氢化技改项目，并在年底宣布多晶硅年产能突破 7 万吨。不久后，他又在包头投资建设了年产 5 万吨高纯晶硅及配套新能源项目，多晶硅年产能达到 12 万吨，跃居世界第一位。

2015 年之后，单晶硅因为成本优势和政策优势后来居上，刘汉元主任再与单晶硅龙头隆基股份及天合光能组建合资公司，共同投资单晶硅棒项目。根据通威股份公布的消息，单晶料占比已达到 98%。通威股份是全球硅片大户，光伏产业只是通威股份的双主业之一，水产饲料业仍是其大力发展且有稳定现金流的当家产业。抓住光伏的发展机遇后，虽然企业销售收入和资产总额均低于新希望集团，但财富升值让刘汉元主任问鼎了“四川首富”。

2023 年伊始，各个光伏企业产品降价的消息此起彼伏，不仅是通威股份在硅料和硅片价格暴跌的背景下，再次降价 20%；更为重要的是从全球来看，光伏发电最低中标价不断下探。据中国光伏行业协会（CPIA）统计，2021 年全球光伏发电最低中标电价 1.04 美分/kW · h，折合人民币约 6.7 分/kW · h，较 2020 年最低中标电价下降 21.2%。2022 年 12 月 28 日，在 2022 年中国上市公司投资价值峰会上，通威股份董事会秘书严轲表示，目前我国光伏发电成本已降至 0.3 元/kW · h，预计“十四五”期间降到 0.25元/kW・h 以下,低于绝大部分煤电。但事实是，到 2023 年中，光伏的发电成本已低于 0.20 元/kW・h;到 2023 年底，部分光照好的区域，光伏的发电成本已低于 0.10 元/kW・h。甘肃省政府公布的白天上网电价是 0.159 元/kW・h,就是源于光伏发电成本急剧下降。

2023 年，隆基绿能创始人、总裁李振国接受媒体采访时算过一笔账，每一瓦光伏组件的生产大约耗电 0.4 度，其全生命周期中可产生大约 45 度绿电，能源产出是消耗的 100 倍以上，光伏是清洁能源的“放大器”和“搬运工”。近年来，我国光伏在经济效益、社会效益都显著的情况下，得到快速发展，不仅将集中式光伏项目做到应建尽建，而且各省（市、自治区）将分布式光伏的潜力进行了充分挖掘。

但是，我国光伏最早的产业化企业——无锡尚德几经易手，依旧在苦苦挣扎，同时期的江西赛维、汉能太阳能等企业已经消失在历史的长河中，中途入场的部分企业的控制人已经易主。它们抓住了行业发展的先机，但没有随行业的发展通过技术的快速迭代等手段实现持续降低生产成本和运营的度电成本，导致企业没能挺过行业周期的波动，最后在市场爆发、行业高速发展的前夜，消失在历史的长河中。

施正荣在 2000 年创办了无锡尚德，短短数年，到 2005 年施正荣就成为了中国首富。可惜的是没有围绕“成本领先”这个行业本质持续开展技术创新和生产管理，在 2011 年美国对我国光伏开展“双反”调查时，企业陷入经营困境，到 2013 年无锡尚德被破产重整，施正荣只能辞去了无锡尚德董事长职务。随后，顺风光电将世界第一大光伏制造商无锡尚德收入囊中，其股价从 1.16 港元（2013 年 7 月）飙升至 12 港元（2014 年 5 月），涨了 10 倍。

但是，顺风光电没有对无锡尚德做根本性的“成本领先”改造，自2016年起，公司连续净利润为负，2021年中报显示其资产负债率高达99.55%，股价只有0.081港元。拯救尚德电力于危难之际的顺风光电也被拉入漩涡。2020年10月，顺风光电再引入泰州、淄博的国资，试图拯救无锡尚德。但其依旧没有基于成本领先对尚德做根本性的改造，泰州和淄博的国资的加持，仅仅延缓了无锡尚德破产清算的时间，到2023年底其连换了几任董事长企图力挽危局。

我国第一代光伏企业，无论是无锡尚德，还是江西赛维、英利等，都在第二代光伏企业崛起后倒下，原因在于没有随光伏技术的发展保持成本领先。同时期，国外的光伏企业也在2011年前后纷纷倒闭，核心问题也是成本竞争不过中国企业。虽然欧美对我国光伏产品开展了“双反”调查，提高了关税，但是我国的技术进步更快，不仅实现了光伏发电平价上网，而且技术发展让我国光伏成本全球领先，最后使得欧美不得不放弃对我国光伏产品的“双反”调查，让我国光伏产品在世界市场的占有率超过70%；2023年全球光伏企业20强中，18家是中国企业，只有韩国和美国各有1家入围，分别位列第13和第19。

2024年1月26日，国家能源局发布的2023年全国电力工业统计数据显示，截至12月底，全国累计发电装机容量约29.2亿千瓦，同比增长13.9%。其中，太阳能发电装机容量约610GW，正式超越水电约420GW的装机规模，成为全国装机量第二大电源形式。其中，2023年光伏新增装机同比增速高达55.2%，增量为216.88GW，相当于2019—2022年国内光伏新增装机量的总和，也接近2023年全球其他国家和地区光伏新增装机量的总和。

但是，2023年，国内光伏组件出货量第一的位置易主。根据Solarbe统计数据，2023年，晶科能源光伏组件销售超过75GW，市场占有率为14.5%—15%，组件出货量不仅位居我国第一，也位居全球第一。能够打破隆基绿能连续多年稳居第一的位置，原因在于晶科能源在新一代光伏 N 型电池技术出现时，选择了“成本领先”的 TOPCon 技术路线。

2016 年以后，从市场占有率近 90% 的铝背场（BSF）电池，到被 P 型电池迅速替代，再到 N 型电池占据主流，基本都是每隔几年基于“成本领先”进行的技术迭代。在 N 型电池出现时，以通威股份为代表的企业选择了投资成本最高的 HJT 电池技术路线，隆基绿能等企业选择了生产难度大、技术要求高的 BC 电池技术路线；但晶科能源选择了“效率上限高、低成本产业化”的 TOPCon 路线，且全力聚焦 TOPCon 电池技术路线开展研发工作，随即进行全产业链转移。到 2021 年 11 月，晶科能源就推出了应用 TOPCon 技术的 Tiger Neo 系列组件。在 2023 年 TOPCon 技术路线成为行业大势所趋，进行前瞻布局且一直聚焦的晶科能源，在 TOPCon 旗舰价位段拥有约 45GW 销量，约占市场销量的 40%，成为 N 型组件销量第一，也成为 2023 年光伏组件出货量第一的光伏组件生产企业。晶科能源 2023 年的营收也位居江西省民营企业的第一，创始人李仙德因此新晋为江西省首富。

进入 2024 年，光伏组件制造行业的价格战延续，市场一致认为是晶科能源发起的，但是晶科能源认为自身仅占 15% 的市场份额，无法左右市场价格。但是，晶科能源是以成本领先驱动下发起的价格战，导致其他市场主体不得不在市场的驱动下被动参与这轮价格战，导致行业性“内卷”加剧。

光伏企业要在行业中保持竞争优势，就需要在包括生产成本和度电成本等方面持续领先，才能在激烈的市场厮杀中生存下来。过去是这样，未来一段时间依旧会是这样。

2024 年一季报显示，晶科能源归母净利润 11.76 亿元，出货量依旧为中国第一；隆基绿能归母净利润为 -23.50 亿元，出货量位居中国第四；通威股份归母净利润为 -7.87 亿元，出货量位居中国第五；而同时采用三种技术路线的天合光能的归母净利润为5.16亿元，出货量位居中国第二。根据2024年半年快报，2024年上半年隆基绿能亏损48亿—55亿元，通威股份亏损30亿—33亿元。决定光伏组件制造企业在2024年上半年盈亏数量级的是在2022年前选择的N型单晶硅的技术路线是否基于行业本质。

诚然，现在多晶硅和单晶硅的光伏转换效率接近理论极限，钙钛矿成为大家着眼的下一个光伏技术，但始终都是基于“成本领先”这个行业本质开展的，因为，光伏组件企业在行业中是否成本领先，决定企业盈亏数量级，左右企业存亡。

第五章　数字产品服务业

数字产品服务业是指以数字技术为基础，提供数字产品（货物或服务）的行业，包括电信、广播电视和卫星传输服务，以及互联网相关服务，包括数字产品批发、数字产品零售、数字产品租赁、数字产品维修、其他数字产品服务业。基本上对应《国民经济行业分类》（GB/T 4754－2017）中的批发和零售业、租赁和商务服务、居民服务修理和其他服务业等门类中的部分小类。

随着科技的飞速发展，数字产品服务业已成为现代经济的重要组成部分。近年来，数字产品服务业呈现出快速迭代的发展态势，对经济社会发展起到了积极的推动作用。随着云计算和大数据的应用越来越广泛，其为数字产品服务业提供了强大的技术支持。移动互联网的普及推动了数字产品服务业的发展。通过 VR 技术和 AR 技术，数字产品服务能够提供更加沉浸式的体验，为用户带来更加真实、直观的感受。近年来，快速迭代发展的人工智能技术，也对数字产品服务业产生了深远的影响。通过人工智能技术，数字产品服务可以实现更加智能化的服务，如线上的智能客服、电商的智能推荐等，极大地提高数字产品服务的效率和质量，为用户提供更加便捷、优质的服务。

数字产品服务业的发展呈现以下主要特征：第一，数字产品服务业具有高度的创新性，不断有新的产品和新的服务形式涌现；第二，该行业具有轻资产的特点，企业可以通过互联网等渠道快速拓展市场；第三，数字产品服务业具有较强的融合性，能够与其他产业结合产生新的商业模式，这就让数字产品服务业符合了一些数字经济的定律，也具有显著的经济规律。

第一节　算力租赁行业与吉尔德定律

随着科技的飞速发展，算力已经成为数字经济的基础资源。算力租赁行业作为一种新型的计算资源分配方式，逐渐受到广泛关注。近年来，随着人工智能技术的飞速发展，全球算力需求显著增长。特别是2023年ChatGPT大模型的发布，使全球众多科技巨头纷纷加入大模型开发竞赛，众多创业公司也企图在大模型热潮中逆袭，从而导致全球算力需求的显著提升。

算力也就是计算能力。有了大数据和算法之后，人工智能需要运用算力进行不断地训练，以提高人工智能的智慧程度。算力为人工智能提供了基本的计算能力支撑，本质上就是一种基础设施。算力可分为通用算力、智能算力和超算算力。

算力租赁业的发展史是伴随计算机技术进步发展起来的，源于20世纪末至21世纪初云计算技术的兴起和普及。云计算的实质是通过网络将大量计算资源集中起来，提供给用户按需使用。这一概念的萌芽可以追溯到20世纪60年代的“时间共享”系统，当时是多个用户通过终端共享一个大型计算机的计算资源。

进入21世纪，随着互联网技术的迅速发展和数据中心技术的成熟，云计算开始成为企业IT基础设施的主流模式。在此背景下，算力租赁业开始孕育并逐步发展。2006年，亚马逊推出了Amazon Web Services（AWS），标志着云计算和算力租赁服务商业化时代的开启。AWS的推出使得企业和开发者能够通过网络租用计算资源，无须企业投资算力的硬件设施。2010年以后，随着云计算技术的不断成熟和普及，更多的企业开始进入这一市场，如谷歌的 Google Cloud Platform 和微软的 Azure 等。这些服务提供商不仅提供基础的计算、存储和网络服务，还提供更高级的服务，如机器学习平台、大数据处理工具和物联网服务等。

近 10 年，随着 5G、边缘计算、量子计算、大数据和人工智能技术的兴起，对更高速度、更大规模、更高效率的计算资源的需求持续增长，对计算资源的需求呈指数级增长，传统的 IT 基础设施已无法满足这种迅速增长的需求，这推动了算力租赁业的高速发展，共享算力就成多数企业的重要解决方案。企业可以根据自己的需求，灵活选择所需的计算能力、存储空间和网络带宽，有效地降低运营成本，提高运营效率。算力租赁市场规模不断扩大，全球算力租赁市场规模在 2019 年达到了 120 亿美元，预计到 2025 年将增长到 450 亿美元。

根据中国信息通信研究院发布的《中国算力发展指数白皮书》测算数据，预计 2025 年全球算力规模将达到 3300 每秒百亿亿次浮点运算（EFLOPS），2021—2025 年复合年均增长率（CAGR）达 52.2%。根据互联网数据中心（IDC）数据，2021 年中国智能算力规模达 155.2EFlops，2022 年智能算力规模将达到 268.0 EFLOPS，预计到 2026 年智能算力规模将达到 1271.4 EFLOPS。智能算力规模和增速远超通用算力，预计中国智能算力规模年复合增长率达 52.3%，同期通用算力规模年复合增长率达到 18.5%。算力租赁成为新兴的高速增长的市场。

根据艾瑞咨询的报告，2020 年中国 AI 算力租赁市场规模约为 30 亿元，预计 2025 年将达到 300 亿元，年复合增长率超过 60%。其中，2022 年为 77 亿元，2023 年为 122 亿元。

根据《数字中国发展报告（2022 年）》数据，2022 年我国算力核心产业规模达到 1.8 万亿元，算力总规模位居世界第二。2018 年以来，我国数据中心机架数量年复合增长率超过 30%，截至 2022 年底，在用标准机架超过 650 万架，算力总规模达 180EFLOPS，仅次于美国，存力总规模超过 1000EB（1 万亿 GB），形成了巨大的算力租赁市场。

科技创新日新月异，芯片制造业在摩尔定律作用下带来算力基础设施价格的快速降低，使得算力租赁行业呈现出吉尔德定律的特征，也就是尽可能使用价格最低的资源节约和保护更昂贵的资源。使用算力的企业尽量不自建数据中心，而是租赁专业数据中心的算力资源；而专业数据中心，则通过选择电价更便宜、常年气温更低、离中心城市更近的地方建设算力中心，以尽量在降低运营成本的同时，减少反应时间，以便在市场竞争中获得比较优势。

算力租赁业的发展逻辑是使用价格更低的资源节省价格更高的资源。如同脸书和微软使用便宜的算力，以节约相对更贵的人力资源。这种模式使得谷歌和微软的人均产出和利润都处于世界前列。现在随着大语言模型的兴起，物联网时代的来临，将会有更多的设备上网，算力租赁市场的规模将进一步扩大，但是建设算力中心时，也需要基于吉尔德定律，使自身的运营成本更低，只有这样在市场竞争中的优势才能更明显。

第二节　计算机分销业与马太效应

随着科技的飞速发展，计算机已经成为人们日常生活中不可或缺的一部分。计算机分销业作为连接上游厂商和下游消费者的重要环节，在计算机产业链中扮演着至关重要的角色。作为计算机销售的主要渠道，计算机分销业经历了从无到有、从小到大的发展历程；作为计算机产业链中至关重要的一环，其发展变化和未来趋势备受关注。市场竞争加剧后，渠道为王成为行业共识，大的批发商开始出现，零售商集中到电脑城，呈现出强者愈强的马太效应。

随着4G网络普及和2010年以后电商平台发展壮大，线上分销成了计算机销售的重要渠道，更集中到少数电商平台的少数旗舰店和专卖店，体现出更为明显的强者愈强的马太效应。我国计算机分销业从出现至今，走过了以下几个阶段。

（1）萌芽阶段（20世纪80年代中期至90年代初）。在这一阶段，计算机技术刚刚起步，计算机批发零售业主要以销售单片机和小型计算机为主。由于技术限制，计算机性能较低，主要用于科研和教学领域。分销主要集中的一二线城市。随着技术的不断进步，计算机开始逐渐应用于商业领域，计算机批发零售业也随之兴起，专卖店开始出现。

（2）成长阶段（20世纪90年初至90年代中期）。在这一阶段，计算机技术迅速发展，个人计算机开始进入家庭，计算机批发零售业开始进入二三线城市，通过专卖店、商场的店中店，以及电子产品一条街的专业门店等进行销售，部分一线城市出现电脑一条街、电脑城，销售渠道得到极大的拓展。

（3）发展阶段（20世纪90年代中后期至21世纪初）。在这一阶段，计算机技术取得了飞速发展，高性能的计算机、笔记本电脑、平板电脑等产品不断涌现。与此同时，互联网的普及使得计算机批发零售业迎来了全新的发展机遇。一方面，电子商务平台的出现使得销售成本降低，销售渠道更加多元化；另一方面，网络广告的兴起为计算机提供了更多宣传途径，进一步促进电脑城在全国各级城市兴起，电脑城成为计算机分销的主要集散地，比如，北京的中关村、深圳的华强北、重庆电脑城等。

（4）成熟阶段（21世纪初至今）。在这一阶段，计算机技术持续创新，智能手机的出现使得移动互联网迅速普及。特别是4G网络出现以后，电商平台得到巨大的发展，在大部分消费者的眼里，相较传统的电子卖场，3C 电商在价格透明度、购买便捷性上都具有相对优势，线上购买计算机逐步成为一种潮流。同时，计算机普及以后，计算机市场总体销售规模趋于稳定，电脑城逐渐走向衰落。最明显的就是北京中关村一带出现了几个电脑城。

具有革命性的是，4G 网络普及以后，手游取代了主机游戏，平板和智能手机取代了高性能电脑。智能手机分销，线下以品牌店和代理店为主，线上以旗舰店和专卖店为主，降低了电脑城在分销中的载体作用，以中关村、华强北为代表的线下电脑城生意逐渐萎缩。更为主要的是 2010 年以后，我国电脑销量不再明显增长了，但电脑城的规模却没有缩小，反而不断有新的分销商进入，市场出现供过于求；特别是 2014 年，4G 网络普及以后，电商快速发展，导致线下销售逐年降低，一些电脑城不得不转变经营内容：从 IT 卖场转变为体验式营销，从事线上无法做到的产品体验服务。

计算机分销业从过去的临街散布型，逐步聚集在电脑城，再到网上销售的异军突起，大型企业和中小企业之间的差距不断拉大，马太效应越来越明显。对中小企业来说，未来或者从传统分销转向体验式营销，持续增加智能产品线，或者转向销售与售后一体，做好售前、售中和售后服务，或者就及时转型，不再分销计算机，而是分销其他产品或者进入其他行业，及时止损。对大企业来说，需要一鼓作气，持续强化自身的优势，巩固已取得的市场地位，只有做到强者更强，才能够持久保持自身在市场中的优势地位。

第三节 影视制品租赁与协同效应

20 世纪 90 年代以来，我国影视逐渐走上了商业化、娱乐化的大众路线，随后发行的 VCD、DVD 等一系列音像产品随着影片的大受欢迎而成为音像制品的主力军。我国影视制品朝着以规模扩张、结构调整、市场整合为主要特征，并以民营影视企业为主导的方向发展。

在计算机互联网普及之后，人们越来越倾向于从互联网上下载和观看自己喜爱的影视节目，线上影视网站的兴起，而影视制品的传统线下租赁市场急剧下滑，体现了一降一升的发展态势。无论线下的影视制品租赁店，还是线上影视网站，虽然都存在一定程度的长尾效应，但要经营好一家线下租赁店，或者影视网站，更需要重视协同效应。特别是网上的虚拟空间，几乎是无限的，前所未有地增强了协同效应，只有上架的影视制品越多，通过爆款影视产品和长尾产品的组合，发挥协同效应才能带来更好的经济效益。

中研普华发布的《2020—2025 年中国影视剧制作行业供需市场调研分析及投资战略研究咨询报告》显示，2015—2018 年，我国每年备案的电视剧基本在 1100—1200 部，备案集数则在 4.3 万—4.8 万集；电影是在 1000 部左右。国家广播电视总局公布的数据显示，2018 年，我国备案电视剧 1231 部，4.83 万集；2019 年备案 905 部，3.44 万集；2020 年全国拍摄制作备案电视剧共 670 部，2.35 万集，电视节目制作时间值为 95403 小时。但是，国家广播电视总局发布的《2021 年全国广播电视行业统计公报》显示，2021 年全国制作发行电视剧 194 部，6736 集，制作影视剧类电视节目时间 7.52 万小时。国家广播电视总局发布的《2022 年全国广播电视行业统计公报》显示，2022 年全国制作发行电视剧 160 部，5283 集，影视剧类电视节目制作时间 6.07 万小时。

以上数据说明，我国拍摄的多数影视剧都未能在电影院和电视台播出。据统计，能够上映的电影不到总数的 30%，而其中票房能够超过 5 亿元的电影则更少，远低于能够在映的 10%；能够在电视台播出的电视剧也不到总数的 30%，高收视率的电视剧不到能够在电视台播出的10%。大量的影视剧在拍摄出来以后就不得不进入影视制品租赁渠道。影视制品租赁渠道成为影视投资回收的渠道之一。这种情况不仅存在于我国，欧美等主要发达国家也是这样。

影视制品租赁业的兴起可以追溯到20世纪80年代，随着录像机的普及，人们对于影视制品的需求逐渐增加。影视制品租赁业作为一种新型的商业模式，满足了消费者在家中观看电影、电视内容的需求，从而迅速崛起。

20世纪80年代，影视制品租赁业迅速崛起，成为一个新兴的朝阳产业。当时，影视制品的生产和销售都处于初级阶段，而租赁业的出现弥补了市场空白。据统计，1985年，美国的影视制品租赁市场规模仅为1亿美元，而到了1990年，这一数字已经增长到了50亿美元。到了20世纪90年代初，随着激光视盘和DVD的出现，影视制品租赁业迎来了发展的黄金时期。消费者对于高品质影视制品的需求推动了影视制品租赁业的繁荣。但进入21世纪以后，随着网络技术的飞速发展和数字娱乐的兴起，线下影视制品租赁业开始走向衰落。越来越多的消费者选择在线观看电影、电视内容，而非去实体店租赁。据统计，早在2010年，美国的影视制品租赁市场规模就下降到仅为10亿美元，较1990年下降了80%。

科技进步是影响影视制品租赁业发展的关键因素。从录像机到激光视盘、DVD，再到网络技术和数字娱乐，科技的每一次飞跃都给影视制品租赁业带来了巨大的影响。科技的进步使得消费者对于影视制品的需求也发生了变化，从而影响了影视制品租赁业的发展。人们生活节奏的加快和娱乐需求的多样化，使消费者更加倾向于选择便捷、多样化的娱乐方式。消费者需求的变化对影视制品租赁业产生了深远的影响。在行业繁荣时期，大量的企业涌入这个规模并不是很大的市场，导致竞争激烈，叠加数字娱乐的兴起使得线下影视制品租赁业面临着巨大的竞争压力，不少线下门店不得不关门大吉。

回顾影视制品租赁业的发展历史，我们可以发现行业发展与科技进步、消费者需求和市场竞争密切相关；但在同期经营中，品类越丰富，观众选择越多的影视制品租赁企业，协同效应体现得越明显，经营效益也就越好。

虽然，随着数字技术的普及和网络的快速发展，影视制品租赁业面临着前所未有的挑战，但这并不是说影视制品租赁就会完全没有了市场。影视制品租赁业可以通过增加互动体验，以满足消费者的体验式需求；与数字技术结合，提供在线租赁服务，以适应数字化趋势；也可以与数字技术结合完成数字化转型。

影视租赁企业转型最成功的企业非奈飞（Netflix）莫属。1997年，亚马逊凭借卖书上市，轰动了整个美国。里德·哈斯廷斯和马克·兰多夫受到启发，成立 Netflix 开始出租 DVD。随着 DVD 逐渐替代了录像带，Netflix 的用户数和收入虽然一路飙升，但一直处于亏损状态。

2003 年开始，Netflix 通过算法为用户提供观看建议，该算法分析了三个因素来提出建议：Netflix 的电影目录、订阅用户对他们已经观看过的电影的评级，以及根据所有 Netflix 订阅用户的评级对特定电影的评级。到 2006 年，Netflix 才实现盈利。

2005 年，YouTube 等视频平台开始崛起。哈斯廷斯嗅到了新的变局，开始转战流媒体领域。2007 年，Netflix 推出在线流媒体服务 Watch Now。该服务推出时有 1000 个内容，免费包含在 Netflix 每月 5.99 美元的实体 DVD 订阅包中。2010 年，Netflix 大量收购内容，并与很多工作室和媒体出版商达成合作，积累了大量的内容和顾客数据。2013 年，Netflix 依据目标观众的群体特征、观影偏好、剧情对情绪的影响等数据，推出了政治剧《纸牌屋》，进入原创节目的市场。Netflix 从此一发不可收拾，依据目标观众的喜好数据，有针对性地创作影视剧，到 2016 年，Netflix 同时在全球 130 个国家上线，从一家美国影视制品租赁公司转变为一家全球媒体公司。

Netflix 的成功可以归结为以下几个关键因素：首先，其对用户需求的精准把握、海量数据的收集和内容策略的有效执行，使得其在全球范围内积累了大量忠实用户；其次，持续的技术创新和大数据分析能力，使得 Netflix 能够提供个性化的观影体验，进一步提升用户满意度；最后，其独特的市场策略和商业模式，使得 Netflix 能够在竞争激烈的市场中脱颖而出，实现持续增长。

Netflix 的成功离不开其在技术创新方面的投入和大数据分析能力，虽然 Netflix 的技术平台采用了云计算和内容分发网络（CDN）等先进的技术，这些技术可以保证视频流畅、稳定，并具有较高的画质；Netflix 还利用人工智能和机器学习等技术，为用户提供了个性化的推荐服务，这可以帮助用户更好地发现自己喜欢的内容；但核心基础还是 Netflix 具有海量的影视内容，满足了各种用户的不同需求。Netflix 利用大数据分析用户行为，为用户提供个性化推荐，提升了用户满意度。据统计，Netflix 的推荐系统已使其保留率提高了 70% 以上。

哈佛商学院教授本·埃德尔曼（Ben Edelman）表示，“Netflix 的成功在于其对用户需求的深度理解和技术创新能力的提升。通过提供个性化的内容和流畅的观影体验，Netflix 成功吸引了全球范围内的用户。”截至 2020 年第一季度，Netflix 在全球范围内拥有 1.83 亿付费会员，较上年同期增长 27%。这一数据充分证明了 Netflix 市场策略和商业模式的成功。

Netflix 的成功可以归结为对用户需求的精准把握、技术创新能力的提升、市场策略和商业模式的创新，但核心还是 Netflix 具有海量的内容和数据，这些海量的内容和数据形成的协同效应，为 Netflix 在全球范围内的成功奠定了基础。

近两年，国内主要视频平台加大了对优质、精品内容的争夺，鼓励和扶持头部内容。这在规则相对透明的网络电影板块表现得尤为明显。比如优酷、腾讯视频均发布了对优质内容的激励政策。其中，腾讯视频对在其平台上线的纯分账独播网络电影，按照首月票房排列，第一名奖励800万元，第二名和第三名各奖励500万元；爱奇艺对网络电影合作模式进行了更新，评级较高的优质内容，不仅可以获得用户点播分成，还可以获得平台联合营销资源，头部内容的收益空间明显拓宽。但是，在扶持优质内容的同时，还需要积累海量的内容和用户数据，形成协同效应，才能像Netflix一样使用这些海量数据完成数字化转型。

无论是线下的影视租赁企业，还是线上的影视网站，在提供热门大片的同时，也需要数量更多的长尾影视作品，形成协同效应，相互促进，甚至像Netflix一样进行二次开发，提升效益。

第六章　数字技术应用业

数字技术应用业是指以数字技术为核心，将数字化、网络化、智能化等技术手段应用于各行各业，以提高生产效率、提升服务质量、创新商业模式等为目标的新兴产业。近年来，数字技术应用业在全球范围内取得了显著发展，已成为推动经济增长、产业结构升级和创新发展的重要力量。随着云计算、大数据、人工智能等新一代信息技术的快速发展，数字技术应用业加速向智能化、个性化、定制化方向演进。各国政府纷纷加大对数字技术应用业的政策扶持力度，为数字技术创新发展提供了良好的政策环境。

在技术创新、市场需求和政策支持的共同推动下，数字技术应用业成为全球经济发展的新引擎。一方面，新技术的不断涌现将为数字技术应用业带来更多创新机遇；另一方面，传统产业的数字化转型将为数字技术应用业提供广阔的市场空间。数字技术应用业具有创新性强、产业关联度高、市场前景广阔等特征。

首先是创新性强。数字技术应用业具有极强的创新性，主要表现在两个方面：一是数字技术本身具有快速更新迭代的特点，不断推动着行业的创新发展，包括现在热门的文生图片、文生视频等。二是数字技术应用业在商业模式、产品形态等方面呈现出不断创新的趋势，为企业带来了更多的发展可能，包括现在热门的各种大模型。

其次是产业关联度高。数字技术应用业与众多行业领域紧密相连，具有较高的产业关联度。通过数字技术的应用，可以实现不同行业间的跨界融合，形成新的商业模式和新的产业生态。例如，在智能制造领域，通过将数字技术与传统制造业相结合，可实现生产过程的自动化、智能化，提高生产效率。数字技术还可以广泛应用于教育、医疗、交通等领域，推动行业跨界融合，形成新的产业生态。

最后是市场前景广阔。随着产业数字化转型的深入，数字技术应用业的市场前景日益广阔。根据赛迪顾问发布的《2020年中国数字技术应用业发展研究报告》，2019年中国数字技术应用业规模达到16.9万亿元，同比增长15.5%，预计未来几年仍将保持较快增长。在数字经济时代，企业的数字化转型已成为必然趋势，为数字技术应用业的发展提供强大动力。

数字经济已经成为我国经济发展的新引擎，随着数字化转型的加速，数字技术应用业将在未来呈现出更加明显的行业跨界融合趋势，在社会经济生活中必将发挥更大的作用。

第一节 商用软件的基础是开放的语言和技术标准

国家互联网信息办公室发布的《数字中国发展报告（2022年）》显示，2022年我国软件业务收入达10.81万亿元，同比增长11.2%，占我国121万亿元GDP的9%左右。

根据工业和信息化部发布的数据，2023年1—10月，我国软件业务收入98191亿元，同比增长13.7%；软件业利润总额11426亿元，同比增长13.8%。两项指标都显著高于我国同期的GDP增速。从分区域来看，2023年1—10月，我国东部地区完成软件业务收入 81097 亿元，同比增长 13.9%；中部地区完成软件业务收入 5029 亿元，同比增长 17.8%；西部地区完成软件业务收入 9889 亿元，同比增长 10.2%；东北地区完成软件业务收入 2176 亿元，同比增长 13.6%。上述四个地区软件业务收入在全国总收入中的占比分别为 82.6%、5.1%、10.1% 和 2.2%。

2023 年 1—10 月，我国软件业务收入中的 82.6% 来自东部沿海地区。其中，京津冀地区完成软件业务收入 23971 亿元，同比增长 17.5%；长三角地区完成软件业务收入 28554 亿元，同比增长 10.6%。这两个地区软件业务收入在全国总收入中的占比分别为 24.4%、29.1%。软件业务收入居前 5 名的省（市）中，北京市、广东省、江苏省、山东省、上海市软件收入分别为 21201 亿元、16510 亿元、11517 亿元、10742 亿元和 8963 亿元，分别增长 17.7%、14.1%、9.3%、16.3% 和 19.1%，五省（市）合计软件业务收入 68933 亿元，占全国的比重为 70.2%；我国软件业体现出明显的区域特征，并符合二八法则，即北京市、广东省、江苏省、山东省、上海市和浙江省的软件收入，占我国软件业收入的 80% 左右。

软件是一系列按照特定顺序组织的计算机数据和指令的集合。国标中对软件的定义为：与计算机系统操作有关的计算机程序、规程、规则，以及可能有的文件、文档及数据。软件被划分为系统软件、应用软件和介于这两者之间的中间件。软件并不只是包括可以在计算机（这里的计算机是指广义的计算机）上运行的电脑程序，与这些电脑程序相关的文档一般也被认为是软件的一部分。软件就是程序和文档的集合体。

软件按照用途不同，分为服务器软件和客户端软件等，分别运行在服务器端，以及安装在用户的个人计算机中；也可以分为开源软件和商业软件，开源软件是指源代码对公众开放，任何人可以查看、使用、修改和分发的软件，如 Linux，商业软件是指为了盈利而设计开发的软件，如 Word、3ds Max、AI、PR 等软件。本部分主要分析商用软件。

自计算机问世以来，软件就开始扮演着越来越重要的角色。现在，无论是智能手机、在线教育平台、电子商务平台、网络约车平台，还是自动驾驶汽车，都需要用到软件，软件的重要性不言而喻。进入数字经济时代，软件更是无处不在，成为系统运行的中枢神经；软件业在国家 GDP 中的份额越来越高。

软件业从欧美兴起以后，逐步传到我国，我国商用软件开发企业的发展在很大程度上得益于开放的软件语言和技术标准。软件只有在同一语言基础和技术标准之上才能做到兼容和互联互通。技术标准是指在一定范围内获得最佳秩序的活动或结果的文件；通常由具有专业知识的组织或专家制定，用以确保产品、过程和服务的质量和兼容性。在民用软件开发业中，技术标准可以分为编程语言标准、数据交换标准、接口标准等。

商用软件的语言和技术标准在软件开发中的主要作用包括：第一，保证软件质量。技术标准为软件开发者提供了统一的规范和指南，有助于确保软件产品的质量、可靠性和兼容性。第二，提高开发效率。遵循公认的技术标准可以减少开发过程中的沟通成本和错误率，从而提高开发效率。第三，促进跨团队和跨企业的合作。公认的技术标准为不同团队和企业间的合作提供了通用的语言和基础，有助于实现协同开发和资源共享。

商用软件的语言和技术标准在软件开发过程中具体有以下几个应用：第一，编程语言标准。例如，Java、Python 和 C++ 等编程语言都有相应的标准。这些标准规定了编程语言的语法、数据类型、控制结构等核心要素，为开发者提供了统一的编程规范，软件开发企业需要在这些规范基础上开发软件，才能与其他软件兼容，达到开发软件的目的。第二，数据交换标准。例如，XML 和 JSON 等数据交换格式已成为网络数据传输的公认标准。它们为不同系统间的数据交换提供了通用的格式，有助于实现数据的无缝对接，不仅能提高效率，还保证了数据的交换的质量，防止数据丢失、错乱等。第三，接口标准。例如，RESTful API 和 SOAP 等接口标准为 Web 服务的开发者提供了统一的接口设计规范。遵循这些标准可以确保接口的兼容性和可重用性。

商用软件开放的语言和技术标准对软件开发业发展的推动作用有以下几个：第一，促进技术创新。技术标准为软件开发提供了稳定的基础，使开发者有统一的语言标准，进而可以更加专注于技术创新和产品优化。第二，降低行业进入门槛。遵循公认的技术标准可以降低新进入者的学习成本和开发难度，有利于行业的快速发展。第三，促进行业标准化。技术标准为软件开发业的发展提供了标准化的基础，有助于实现行业的规范化和规模化发展。

基于同样的软件语言，技术标准为软件开发提供了统一的规范和指南，有助于确保软件产品的质量和可靠性，提高开发效率，促进跨团队和跨企业的合作。开放的技术标准在编程语言、数据交换和接口等方面的具体应用，为软件开发业的发展提供了坚实的基础。因此，商用软件业的基础是开放的语言和技术标准。

中国科学院大学数字经济与商业模式研究团队基于数字化平台竞合战略的研究于 2024 年 1 月在管理学领域的国际权威期刊 *Journal of Business Research* 上发表了 *Digital platform compatibility strategies in platform co - opetition*[①]。这一研究对数字化平台竞合中的软件兼容战略开展系统分析。研究发现，许多数字化平台公司在开发平台的同时开发具有互补功能的应用程序产品，竞争中数字化平台之间通过应用程序产品的兼容实现合作。以微软公司和

---

① 详见：https：//doi. org/10. 1016/j. jbusres. 2023. 114489.

苹果公司为例，微软公司开发数字化平台 Windows 操作系统和应用程序产品 Office 办公套件，苹果公司开发数字化平台 iOS 操作系统和 iWork 办公套件。两家公司的产品在操作系统市场和应用程序市场上均存在竞争关系，但同时在对应用程序商店上架，据市场调查，微软公司的 Office 办公套件在功能上要优于苹果公司的 iWork 办公套件。在这组竞争平台公司之间，微软公司使其强大的 Office 办公套件可兼容其竞争对手苹果公司的 iOS 操作系统，推出了 Office for iOS 版本，即使其优质产品 Office 办公套件可兼容两个平台，本书将其称为单向优质兼容。这一兼容使得苹果公司能够依托 Office 办公套件的优势卖出更多的 iOS 操作系统，也使得微软公司能够卖出更多的 Office 办公套件，但同时也削弱了对应公司没有实现兼容的组件的竞争力，也就是说，原来因为喜欢 Office 办公套件而购买 Windows 系统的人可能会去购买 iOS 系统。反之，单向劣质兼容，即弱势产品的 iWork for Windows 版本并没有出现。

研究结论为：单向优质兼容优于单向劣质兼容。这一结论跟苹果公司和微软公司之间的竞合案例是相吻合的，即使优质产品兼容于对手平台，即 Office for iOS 选项好于 iWork for Windows 选项。竞争中的平台与对手平台的互补产品兼容，可以壮大自身平台生态系统。该研究说明了，开发的语言和技术标准，不仅促进了行业发展，也促进了自身壮大。

与上述研究结论相似的是，由于软件业在不同城市兴起的时间不同，会看到一个有趣现象，即在北京、深圳和杭州等城市，使用的主流计算机语言不相同。例如，在北京的企业大量使用新语言，比如 Go、Rust；在深圳的企业主要使用 C++ 语言；在杭州的企业则主要使用 Java 语言。

计算机语言出现以上地域特色的基础就是不同城市最早的互联网大企业使用了不同的计算机语言。大部分人换工作都在同一个城市，而这些年软件业发展非常快，因此人们不需要换城市就可以很容易地找到工作，流向社会的人才大多来自当地的互联网大企业。因此，在当地的互联网大企业选用的计算机语言，就决定了该城市使用计算机语言的主流人群，从而奠定了一个城市的技术架构流派。例如，北京是以百度、360 为首的 PHP 派，深圳是以腾讯为首的 C++ 派，杭州是以阿里为首的 Java 派。在北京创业的互联网企业比较多，新成立的也比较多，因此北京也是最先使用新的计算机语言的城市。

从结果上看，PHP 加 C++ 与 Java 都能完整、较好地实现所有业务功能，且在开发效率与性能上达到一个平衡。而 Go 的出现，则进一步蚕食了 C++ 的地位，其具有接近 Java/PHP 的开发效率，接近 Java/C++ 的运行效率的特点，因此各主要互联网企业又引入 Go。比如，字节跳动成立时间比较晚，在底层架构选择上没有历史包袱，而且字节跳动的软件开发人员大多来自北京的企业，如百度、美团、滴滴、360 等，本身就是 PHP/C++ 的背景，选择“PHP/Python + Go”作为主力技术栈就是自然而然的事。Rust 可以用来实现很多新业务的底层模块，比如，飞书的通信层就是 Rust 的架构。因此，北京的企业一般会较早采用最新的语言。

在软件业中还有一类特殊的软件，就是工业软件。工业软件（Industrial Software）是指在工业领域里应用的软件，包括系统、应用、中间件、嵌入式等。一般来讲，工业软件被划分为编程语言、系统软件、应用软件和介于这两者之间的中间件。因此，工业软件可能是服务器软件，也可能是客户端软件，还可能是开源软件和商业软件，需要根据该工业软件的用途和开发者的开发思路来确定。

工业发达国家一般也是工业软件业发达的国家，如美国、德国、日本。美国是全球工业软件销售收入最高的国家，美国最大的工业软件公司不是微软、谷歌，更不是苹果，而是洛克希德·马丁公司。与美国不同，德国最大的工业软件企业不是西门子、大众、奔驰、宝马、蒂森克虏伯，而是 SAP SE（思爱普）。虽然 SAP SE 是一家软件公司，但其引领了德国工业 4.0 国家战略。虽然它在世界 500 强中的排名靠后，但世界 500 强中 80% 以上的公司是它的客户。著名的 SAP（System Applications and Products）软件就是这家公司的产品，它是 ERP（Enterprise - wide Resource Planning）解决方案的先驱，也是全世界排名第一的 ERP 软件。SAP 软件被全球 100 多个国家，数十万家企业采用。

日本作为全球第四大经济体，软件销售收入仅次于美国，其嵌入式软件能力突出。日本的软件产品与服务在全球排名中没有特别靠前，是因为日本 IT 公司大多分布于软件密集度较低的行业。日本企业注重嵌入式软件的开发，包括数控机床、智能机器人和汽车，它们是日本嵌入式软件的三大载体。日本绝大部分带有数字接口的设备，比如手表、微波炉、手机、数字电视、汽车等都使用了嵌入式系统，并且嵌入式软件涉及的领域非常广泛，让日本在某些软件领域颇有建树。

虽然工业软件要使用不同的计算机语言和标准，与商用软件业相比具有很大的不同，但这是其商业属性所决定的。同样是 ERP 软件，Oracle ERP 是用 Oracle Forms 开发工具进行开发，使用的是 PL/SQL 语言；SAP 是用 SAP 自己的专有编程语言 ABAP（Advanced Business Application Programming）开发；用友软件主要采用 Java 和 . NET 语言进行开发；金蝶 ERP 是采用 C++ 语言开发。

Symbian（塞班）曾是一款非常经典的智能手机系统，但是无论是比亚迪的创始人王传福，还是其他一些业界大佬，都认为导致诺基亚倒闭的核心原因是市场主流手机型号开始普遍使用开放的安卓系统时，诺基亚依旧坚持在其自己封闭的塞班系统上开发诺基亚手机的应用软件，导致诺基亚手机在全球 40% 市场占有率的高点上迅速陨落。

随着我国 5G、智慧城市、自动驾驶、大数据、芯片技术、IOT 物联网等新兴领域的急速发展，商用软件业会持续高速增长，商用软件开发企业不仅需要采用开放的语言和技术标准，而且其技术架构还需要基于该城市的技术流派，这决定了企业运行的成本和收益，最后决定企业盈亏的数量级，左右企业的存亡。

第二节 元宇宙的本质是新一代互联网技术

2023 年 8 月，元宇宙第一股 Roblox 发布二季度财报后股价在一天内大跌 21%，徘徊在 30 美元附近，市值剩 180 亿美元左右。2021 年，Roblox 作为元宇宙第一股，股价疯狂上涨，创下 141 美元的高点，市值突破 700 亿美元，超过动视暴雪。然而到 2022 年，随着元宇宙在美国从狂热逐渐归于平静以后，Roblox 股价一路下跌，一度跌到 21 美元。2023 年上半年，随着美国科技股，尤其 AI 概念股在 ChatGPT 的带领下大涨，Roblox 股价有所反弹，但此次大跌导致之前的上涨幅度基本被抵消。

Roblox2023 年第二季度营收 6.81 亿美元，同比增加 15.15%；但净亏损 2.85 亿美元，同比扩大了 59.37%。亏损大增的主要原因是研发投入增加。2023 年第二季度 Roblox 的研发费用为 3.15 亿美元，比上年同期增长 49%，占营收的比重为 46%，而同期苹果和谷歌的研发投入占营收的比重分别为 9% 和 12.9%。整个 2023 年上半年，Roblox 的研发费用为 5.9 亿美元，同比增幅为 52%，占营收的比重为 44%。而其研发的增长则主要来自人员成本的增长。

作为本轮元宇宙狂欢热潮的始作俑者——美国脸书公司，在

2022 年 11 月就宣布将裁员 1.1 万人，约占员工总数的 13%①。美国福里斯特研究公司分析师 J. P. 高恩德分析，除了宏观经济因素，脸书公司还面临与其他社交平台竞争加剧的挑战，而其投入巨资打造的虚拟现实体系“元宇宙”距离实现仍然遥遥无期。按照脸书公司 CEO 扎克伯格的说法，公司已着手全方位削减成本，除了裁员，还把冻结招聘期延长至 2023 年第一季度。脸书公司还打算推行“工位共享”措施，缩减办公场地。他说，“未来几个月还将推出更多成本削减措施。”外界认为这是全球经济增长整体放缓的背景下，作为脸书公司最主要收入来源的在线广告业务前景低迷，使其陷入财务困境导致的。

2022 年出版的《投资新思路：左右存亡的行业本质》一书中提出元宇宙的行业本质是公认的技术标准。“左右存亡的行业本质”微信公众号于 2022 年 12 月发表《Meta 大裁员的原因是违反了行业本质》一文，认为脸书在元宇宙行业的技术标准还没有确定之前，大幅招人，增加了“只出不入”的财务压力，违背了元宇宙的行业本质下的发展规律。在脸书大幅招人刚过一年的时间开始大幅裁员，就在情理之中了。

到 2023 年 3 月，脸书公司 CEO 扎克伯格再次公布，将在 2023 年 5 月底之前完成第二轮万人大裁员，并在 5 月底开启公司内部重组计划。经过两轮万人大裁员后，脸书公司累计裁员约 21000 人，占裁员前公司员工总数的四分之一。

《投资新思路：左右存亡的行业本质》一书中的《技术标准左右我国未来元宇宙的发展》一文，预见到了现在元宇宙的落寞，认为“在元宇宙的技术标准没有确定之前，大幅招人，增加了企业的财务支出，却没有收入来源支撑。几年以后，这一切都将是一地鸡毛。”因为，元宇宙实现的条件是所有企业产品在同

① 详见：http：//finance.sina.com.cn/roll/2022－11－11/doc－imqqsmrp5702165.shtml.

一技术标准基础上的互联互通。未来能够参与制定技术标准的只有少数企业，现在如此之多的企业、政府、基金涉足元宇宙，就决定了未来多数人的投资会打水漂。

脸书公司近年在经营社交媒体平台之外，大力拓展虚拟现实技术等业务，2020 年扩招数万人。2021 年，脸书公司开启了全球的元宇宙概念狂欢，涉及元宇宙概念的上市公司股价连续大涨一二十个交易日，不少公司的股价翻了数倍，甚至我国部分地方政府也跟风，成立了元宇宙产业园区和元宇宙产业基金，支持元宇宙的投资和创业。上海、郑州等城市宣布成立百亿元规模的元宇宙产业投资基金，国内 40 多个地方政府发布了超百份元宇宙发展规划文件，超 10 个地区成立元宇宙产业基金，仅上海、北京、郑州、青岛、广州、杭州、武汉等地，就宣布成立总规模超 500 亿元的政府元宇宙投资基金①。

鉴于以上乱象，笔者紧急向国家有关部门提交了《规范发展元宇宙的建议》，认为，元宇宙只是新一代互联网技术，是一种工具和技术手段，多数情况下需要和其他产业结合才能产生社会效益和经济效益，在元宇宙技术标准没有统一的情况下，贸然大干快上，势必和 2015 年前后兴起的 AR/VR 一样，只是昙花一现。

元宇宙作为新一代互联网技术在全球刚开始起步，在我国处于研究探索的起步阶段，受上一代互联网红利的影响，不少地方政府在没有弄清楚元宇宙是什么的情况下，就成立百亿元规模的产业投资基金，不仅会浪费本已紧张的地方财政资金，还会影响元宇宙产业的健康发展。为此，笔者向有关部门建议如下。

（1）约束地方政府用国有资本成立元宇宙产业发展基金，基于统一大市场原则制定元宇宙产业准入制度，严禁各种形式的地

---

① 详见：https：//www. henan. gov. cn/2023/08 – 15/2797138. html.

方壁垒，探索建立标准化组织机构，对元宇宙的技术标准进行研究，对基本知识进行科学普及、示范推广和教育培训，制定元宇宙产业基础通用技术标准、生态应用标准，规范元宇宙相关扶持政策，助力元宇宙产业健康发展。

（2）组织国家力量研究元宇宙的底层技术标准，尽早统一行业标准。通过对元宇宙技术发展的不断跟踪，对元宇宙的概念和定位进行明晰，关注前沿技术发展的最新动态，组建高层次应用型研究组织，构建元宇宙统一的技术标准及原则，重视基础技术和底层技术的研发，在重点领域开展项目试点和概念证明，推动元宇宙应用实践，不断对元宇宙技术进行迭代创新，构建产业良性发展秩序。

（3）组织研究不同行业的行业本质，促进元宇宙技术和各行业的有效结合。积极探索元宇宙的各种应用情景，形成一批可复制、可推广的应用模式，引导产业发展；基于元宇宙基础技术、应用场景及运行管理标准，构建元宇宙在各个产业领域的需求模型，加强行业治理和行业协作，推动元宇宙产业上下游各环节、各主体协同发展，形成完整产业链以及成熟商业模式，促进产业群的发展，建立元宇宙产业园区，为打造数字中国找到方向和路径。

（4）制定对元宇宙产业发展的统一监管规范，逐步探索和建立以元宇宙为代表的数字虚拟市场的监管模式。基于元宇宙产业的特点，推进线上线下一体化管理、多部门协同监管、跨区域一体化的元宇宙数字虚拟市场监管共治体系，加强监管信息化建设，实现对元宇宙产业的即时、动态化监管，出台相应的规章制度对元宇宙产业兴起伴随的“虚拟资产”属性与权利、元宇宙资产交易与现实化等进行明确规定，制约数据随意抓取、数据滥用、数据泄露等问题，实现对元宇宙产业的有效监管，促使元宇宙产业健康有序发展。

《投资新思路：左右存亡的行业本质》一书认为，元宇宙能够真正成功的条件是所有企业产品在同一技术标准基础上的互联互通。而目前元宇宙还没有通行认可的技术标准，未来能够参与制定技术标准的只有少数企业，现在如此之多的企业、政府、基金涉足元宇宙，就决定了未来多数人的投资会打水漂。

回头看，脸书母公司 Meta，2021 年第四季财报首次披露了其现实实验室（Reality Labs）部门的财务状况。该部门的使命是致力于完成扎克伯格的元宇宙愿景。现实实验室报告了巨大的、不断增长的亏损：2019 年净亏损 45 亿美元，2020 年净亏损 66.2 亿美元，2021 年亏损超过了 100 亿美元，2023 年初，脸书公司财报显示 2022 年元宇宙部门亏损扩大至 137.2 亿美元，四年亏损超过 340 亿美元。在 Meta 高管们表示要完全实现其最初的愿景可能需要花费长达 15 年的时间后，Meta 盘后股价暴跌了 20% 以上。当然，相较于大多数借元宇宙炒作套现的人而言，扎克伯格的确投入了大量资金用于研发，具有破釜沉舟的魄力。

根据《华尔街日报》2022 年 10 月 15 日报道，Horizon Worlds 的月活跃用户不到 20 万，与 Meta 最初的目标，即在 2022 年底达到 50 万的月活跃用户相差甚远；而且大多数用户在使用一个月后没有再返回平台，且只有 9% 的“世界”被 50 名以上用户访问过，大部分的“世界”无人问津。由于漏洞太多，连 Meta 内部的员工也不愿使用它。根据网站 The Verge 获得的一份 9 月 15 日的 Meta 内部备忘录，Meta 的 Metaverse 副总裁 Vishal Shah 表示，“目前来自创作者、用户、游戏测试者和我们团队中的许多人的反馈是，稳定性问题和程序错误让我们的社区很难体会 Horizon Worlds 的魔力。”据称，Meta 针对 Horizon Worlds 进行重大改造，以留住 13—17 岁的目标群体，而 2023 年 1 月 Horizon Worlds 的每周用户留存率仅为 11%。元宇宙的热度快速降温，“上了头”的 Meta 也渐渐冷静了下来。

2023年1月5日，The Information报道，Meta停止了为VR/AR设备打造的操作系统XROS项目的开发工作，打响了缩减元宇宙支出的第一枪。在技术标准没有确定之前就大规模招人做应用，违背了行业本质，最后被行业本质所惩罚，企业费用大幅上升，利润大幅下滑；只有回归行业本质来经营，经营效益才会回归。

《投资新思路：左右存亡的行业本质》一书认为，在2015年前后，虚拟现实（Virtual Reality，VR）和增强现实（Augmented Reality，AR）火爆时，就有不少公司涉足其中，最后结果都不尽如人意。今天再提到元宇宙，在技术还没有取得突破性进展的前提下，就是8年前VR和AR的升级。元宇宙未来最大的应用场景是在游戏领域，要建立一个完全的虚拟世界，就需要各个参与公司的产品统一在同一个技术标准之下，如同安卓文件无法在苹果操作系统上运行一样，还需要在世界范围内建立统一的技术标准，这不仅需要时间，更需要龙头企业投入大量的资源搭建基础技术平台，并得到其他同行的认可。只有掌握了标准，才能掌握未来元宇宙的主动权，这就注定了元宇宙发展初期是一场竞争激烈的技术标准之间的角逐，不仅在于人力资源投入，更在于技术标准的提前研发。因此，此阶段参与元宇宙的企业，就需要围绕技术标准的制定开展相关工作，才容易在最后取得成功。

我国通信行业经历了“1G空白、2G跟随、3G突破、4G同步、5G引领”的艰辛历程。在2G时代，我们跟随欧美技术，国内相关产业得到快速发展；3G时代，我们在部分标准上实现突破；4G时代，我们能够和欧美同步研发；5G时代，我们走到了欧美的前面。现在又迎来6G的新挑战：针对6G后续研究乃至标准化，虽然我国相继发布了面向2030+系列白皮书，提出了“数字孪生，智慧泛在”的6G愿景、6G网络六大特征、“三层四面”6G网络逻辑架构；中国移动还积极推动构建6G产学研协同创新平台，但未来如何，还需要看我国相关企业能够取得标准制定权以后是否掌握了在产业链上的主导权，以及产业体系的整体竞争优势。如果只是参与了标准制定，没有掌握产业链的主导权，没有产业体系的整体竞争优势，还是会被“卡脖子”“断芯片”。

元宇宙与芯片相比，有过之而无不及，未来我国元宇宙发展要取得比较竞争优势，不仅要参与技术标准的制定，还得要确保整个产业链的安全，才能完全掌握行业标准制定的主动权，并维护产业体系的安全。根据现在业界对元宇宙发展和应用的畅想，笔者预测未来元宇宙的技术标准之争、产业体系主导权之争、产业体系的安全之争，会比现在的5G产业更为激烈。那么，现在和未来没有标准制定能力的企业能否承担这样的竞争后果呢?

在20世纪90年代初期，日本的IT产业领先于美国的IT产业，但是随着美国后起IT公司的发展，其逐渐主导了世界IT行业标准的制定，世界其他国家的IT公司先后接受了美国的IT技术标准，让美国的IT行业得到快速发展；而日本部分IT公司由于采纳的标准不同于美国IT公司，就逐渐走向衰落。今天我们能够知道美国众多知名的IT公司，但是日本知名的IT公司已经寥寥无几，或者说是日落西山。这就是过去30年来IT行业的本质是跟随美国技术标准的结果。日本创立的技术标准，没有被世界其他国家采纳，最后就是“起了个大早，赶了个晚集”。

依据元宇宙的特性，其依旧是IT技术，以后我国的元宇宙产业是否会遇到像5G产业一样的激烈竞争情形，就要看我们在元宇宙的技术标准制定上能否有足够的话语权，是否足够早地建立起了安全的元宇宙产业体系，否则未来必然就又是一场恶仗。现在参与元宇宙产业，就是在与时间赛跑，就是在比拼研发能力和资金实力，更是在比拼元宇宙的产业体系能力。因此，我国现阶段更合适从事元宇宙基础研究的企业是腾讯、阿里巴巴、字节跳动、百度这样的互联网大厂，以及华为这样具有强研发能力的科技型企业，中小企业更适合做一些应用开发，当未来行业的技术标准确定以后，才能够迅速在新的行业标准基础上开发新的应用。地方政府没有华为、腾讯、阿里巴巴这样的强技术企业支撑，参与元宇宙投资，更多的只是引导，投资效果如何，具有高度不确定性。

20 世纪 90 年代，曾经一度占全国销量 1/3 以上的彩电大王长虹，在彩电有背投和液晶技术路线之分时，选择了当时画面显示质量更高的背投技术，背投彩电可显示没有闪烁的稳定图像，观众长时间看电视不会有视觉疲劳，但是彩电行业其他多数企业选择跟随韩国液晶电视技术线路，导致长虹在产业链组织、市场销售等方面受约束，让长虹错过了液晶时代，至今都未能恢复当年的市场地位。这 20 年来影响长虹彩电经营绩效的不是产品质量，不是生产组织，不是技术领先程度，更不是销售能力和管理能力，而是在选择技术路线时是否选择了和行业多数厂家一样的液晶技术线路。

方兴东和钟祥铭[①]认为，作为一个科幻小说创造的名词，“元宇宙”背后存在不可调和与逆转的头脚倒置的方向性错误。其根本问题在于它使真正自下而上的技术创新逻辑和将具体高度抽象化的数字化本质的背离，以及对作为现实世界中介的技术进化规律和基本商业逻辑的违背。在科技战和大国博弈背景下，元宇宙带来的浮躁和炒作将极大地干扰强化国家战略科技力量的主方向。而学术界在学理和理性上的脱离，则使元宇宙丧失了创新的科学基础。因此，对元宇宙热潮的反思刻不容缓，其巨大的负面

① 方兴东，钟祥铭．元宇宙批判——以技术创新和数字化的本质与初心为视角[J]．社会科学辑刊，2023（3）：227－236.

影响值得警惕。

在美国、欧洲和中国等全球核心区域遭遇反垄断浪潮的互联网巨头以及围绕比特币、区块链等衍生的生态圈亟须一个新的突围口时，元宇宙提供了一个新的空间，而此空间中以 ChatGPT 为代表的人工智能革命正在如火如荼地展开。ChatGPT 的成功和元宇宙的虚热，都是对中国没有潜心专注原创性技术的研究创新以及浮躁的创新文化的极大警示。元宇宙热潮将会随着时间推移而进一步消退，但是，留给我们的反思才刚刚开始。

《投资新思路：左右存亡的行业本质》一书认为，面对元宇宙热潮，普通投资人最好就是冷静观察。现在参与元宇宙投资，多数人的投资大概率会打水漂；对我国元宇宙行业来说，现在就是一场与美国同行在争夺技术和应用标准制定权的竞赛，哪个国家能够先建立起来完整的元宇宙技术标准、应用场景和安全的产业体系，哪个国家才有可能在未来的标准竞争中处于有利地位，也才能够引领未来元宇宙产业的发展。

2024 年 1 月 19 日，工业和信息化部公布了《工业和信息化部元宇宙标准化工作组筹建方案》，公示了元宇宙标准化工作组委员名单，以征求社会意见反馈。根据《工业和信息化部元宇宙标准化工作组筹建方案》，工业和信息化部元宇宙标准化工作组工作范围包括：研究分析元宇宙领域标准化需求方向，建设和维护元宇宙行业标准体系，提出元宇宙领域行业标准，制修订项目建议；开展元宇宙领域行业标准的制修订工作；预研元宇宙在工业制造、通信等领域应用标准，以及数字身份、虚拟数字人等相关领域关键技术标准；开展元宇宙领域的标准宣贯、应用推广以及人才培训等工作；积极对接元宇宙国际标准化组织，适时提出、参与元宇宙国际标准的制修订工作。

第三节　虚拟货币本质上是法定货币的竞争对手

2023 年 11 月 22 日，全球最大的加密货币交易所币安及其首席执行官赵长鹏与美国司法部达成协议，同意对刑事和民事指控认罪，这一交易可能会保留该公司继续运营的能力。媒体称这是继 FTX 创始人萨姆·班克曼－弗里德（SBF）被判欺诈罪和共谋罪之后，又一位币圈领军人物的急速坠落。

赵长鹏认罪后以 1.75 亿美元保释，并被允许保释期间返回阿联酋；币安也将承认一项刑事指控，并同意支付总计 43 亿美元的罚款，其中包括用于解决监管机构提出的民事指控的款项。但 2023 年 12 月 7 日，美国西雅图地区法院法官 Richard Jones 裁定，赵长鹏在法庭宣判前不得返回在阿联酋的住所。这项裁决推翻了美国地方法院上个月允许赵长鹏返回阿联酋的决定。12 月 18 日，美国商品期货交易委员会宣布对加密货币交易所币安及赵长鹏实施 28.5 亿美元（约合人民币 204 亿元）的罚款；12 月 29 日，赵长鹏再次被美国法官禁止出境旅行，留在美国等待对其违反银行法案件的判决。

根据美国司法部的说法，赵长鹏和其他人因未能实施有效的反洗钱计划而违反了《银行保密法》，并故意违反了美国的经济制裁，涉及的罪名包括洗钱、银行欺诈、违反制裁等。

币安成立于 2017 年，该公司声称没有总部，员工遍布世界各地。几乎所有地方的交易者都能访问币安的全球网站，但随着其业务在许多国家被禁，这一数字正在下降。在欧洲，许多国家正在关闭该交易所的大门。在 FTX 交易所倒闭后，币安的市场份额最初有所增长，但刑事调查却给该公司蒙上了阴影。

对币安和赵长鹏的起诉，类似于早先对 BitMEX 高管提起诉讼的案件，BitMEX 是一家总部位于塞舌尔共和国的加密衍生品交易所。该公司前首席执行官 Arthur Hayes 承认违反了反洗钱法，后来被判处两年缓刑。美国 SEC 在 2023 年 6 月起诉了币安和赵长鹏，称其违反了《美国投资者保护法》。虽然币安等主要加密货币交易所声称它们可以证明加密货币不符合 SEC 监管的投资类型；但 SEC 坚持认为，币安和 Coinbase 在其平台上提供的一些代币，比如 Solana 的 SOL、Cardano 的 ADA 和 Polygon 的 MATIC，都是应该在该机构注册的证券。SEC 主席根斯勒此前在一份声明中表示，赵长鹏及币安实体参与了广泛的欺诈交易、利益冲突、缺乏披露和蓄意规避法律的活动。

美国商品期货交易委员会（CFTC）也在 2023 年 3 月起诉币安和赵长鹏，并要求“永久禁止其注册和交易”。币安计划支付的 43 亿美元罚款，就包括解决 CFTC 和财政部等机构提出的索赔。CFTC 声称，币安多年来没有一个防止和检测恐怖主义融资和洗钱的计划。它还说，币安让美国人有机会获得期货或掉期等衍生品交易，这些衍生品交易只有在受监管的平台上才能提供。

2017 年，全球数字货币价格“疯涨”，吸引了越来越多的投资者加入，不断上演着一夜暴富的剧情。面对巨大的财富诱惑，赵长鹏在上海创立了币安。币安自称其商业模式非常简单，即用户可以在平台上交易多种虚拟货币，并且可以将其兑换为美元或者比特币，而币安主要靠收取交易手续费盈利。短短半年，币安凭借每秒 140 万次的交易能力，吸引到了 600 万用户。一举跃升至行业第一，成为全球最大加密货币交易所，也创造了加密货币行业的新神话。

但 2017 年 9 月 4 日，人民银行七部门联合发布《关于防范代币发行融资风险的公告》，明确代币发行融资活动为“非法金融活动”，所有相关交易平台都需要在月底前清理，关闭交易。赵长鹏先是带着服务器和币安员工迁往东京，仅三个月后，日本金融厅下达“逐客令”，其再次开始流浪。由于未能在任何国家取得合法牌照，赵长鹏决定不再给币安确定一个工作总部。

没有合法身份的币安以一种独特的方式存在，即不仅没有总部，也没有办公室。赵长鹏在线上管理着全球 3000 名员工。这种公司形态，似乎十分契合比特币领域“去中心化”的精神。但币安仍然在使用 OKR 和 KPI 的考核体系，这也是中心化公司极具代表性的考核管理方法。

在现实生活中，SEC 找不到赵长鹏在哪儿，因此无法递交法律文件。最终 SEC 请求法院批准以“替代方式”传递文件，也就是由币安和赵长鹏的代表律师接收文件。赵长鹏曾在日本、马耳他、新加坡、迪拜等多国停留，行程飘忽不定；但当赵长鹏现身西雅图联邦法院，并在认罪协议上签字时，标志着加密货币行业已被纳入中心化的监管范畴内，而他本人也被迫褪去了“神秘”的面纱。

对币安来说，赵长鹏认罪或许意味着公司可以向着他期待的“合规”方向更近一步。币安的前全球区域市场总负责人 Richard Teng 将接任赵长鹏成为新 CEO，他的主要任务是保障币安业务正常运作，同时在反洗钱、打击金融犯罪等领域加强与监管机构的合作。

与虚拟货币交易平台一体的就是虚拟货币。2022 年 11 月 14 日，网易新闻以《轰然倒塌，投资归零！币圈雷曼时刻来了》为题进行了报道①，报道称红杉资本（Sequoia Capital）在社交媒体向投资人发布提示，其已经将在加密货币交易所 FTX 的投资全部价值减计为零。该消息一出直接引爆了币圈，一众知名风投成了

① 轰然倒塌，投资归零！币圈雷曼时刻来了［EB/OL］. 网易新闻，https：//www. 163. com/dy/article/HM5E6QF70519QIKK. html.

被收割的对象，纷纷清仓虚拟货币资产。报道称，红杉资本旗下两只基金共计向 FTX 及 FTX US 投资 2.135 亿美元。

红杉资本创立于硅谷，《2022 年中胡润全球创投机构》显示，其已成为全球最成功的创投机构之一，仅 2022 年上半年就投资了全球 328 家独角兽和瞪羚企业。本次红杉资本“壮士断腕”，也令许多业内人士愈发关注，还有哪些风投机构会血本无归？据行业分析师 Frank Chaparro 在社交媒体上整理的一份 FTX 早期投资者名单，人们能找到不少耳熟能详的名字：贝莱德、安大略省教师养老基金、红杉资本、Paradigm、老虎环球、软银、Circle、Ribbit Capital、艾伦·霍华德、Multicoin、VanEck、淡马锡。

该报道还称，FTX 危机正在拖垮整个币圈，让比特币价格接连跌破五道整数关口，一度跌至 2020 年 10 月以来的最低点 15465.7 美元，这意味着一周时间比特币最大跌幅超过 26%。数据显示，仅一日内，虚拟货币市场就有超 32.8 万人爆仓，超 6 亿美元资金蒸发。业内人士指出，对于币圈投资者而言，连 FTX 这样的头部交易平台都能“一夜崩溃”，变为面临信任和资产流失危机的公司，那么整个行业的稳定性可以说是不堪一击。

2021 年 4 月 6 日，我的博士研究生导师、中国科学院教授汪寿阳和清华大学关大博作为共同通讯作者，在全球顶级杂志《自然》子刊——《自然通讯》（Nature Communications）期刊发表了题为 *Policy Assessments for the Carbon Emission Flows and Sustainability of Bitcoin Blockchain Operation in China* 的研究论文。该研究发现，中国与比特币挖矿相关的能耗和碳排放正在快速增长。如果不进行更为严格的监管和政策调整，这些影响或将威胁到全球为可持续发展付出的努力。

该研究论文模拟的碳排放模型，追踪了中国比特币区块链操作的碳排放流。根据当前的比特币挖矿潮流，估计区块链操作的能耗会在 2024 年达到约 297 万亿瓦时的峰值，并将产生约 1.3 亿公吨的碳排放。这个数值超过了欧洲全部中等国家（如意大利或捷克共和国）的全年温室气体排放量，同时也在全国182个地级市和42个主要工业部门年碳排放排名中位居前10。剑桥大学此前一项研究结果指出，如果把比特币看作是一个国家，“挖矿”耗电量足以排进全球前30。

该研究文章发表后，不仅特斯拉汽车创始人马斯克立即改变之前支持虚拟货币的态度，发文认可虚拟货币增加了碳排放，并不再支持用虚拟货币购买特斯拉汽车①。比特币价格迅速从6万多美元跌至3万多美元，后来虽然又拉升到6万美元以上，并于2021年11月10日创下历史最高值68928.9美元，但中间波动幅度非常之大，一度跌至16000美元以下。

有人认为，比特币的危害绝不仅是在环保领域，它所声称的这些虚假的“无国界”“私密性”“去中心化”“自治”可以骗到很多没有独立思考能力的人，尤其是没有接受过像样的教育的人（跟学历无关）。

参与虚拟货币是投机，不是投资！这是由其竞争对手是法定货币的属性所决定的，这个属性也决定了虚拟货币的价格必然经常大幅波动。

2021年9月15日，人民银行、网信办、最高人民法院、最高人民检察院、工业和信息化部、公安部、市场监管总局、银保监会、证监会、外汇局十部门联合印发《关于进一步防范和处置虚拟货币交易炒作风险的通知》，指出虚拟货币不具有与法定货币等同的法律地位。比特币、以太币、泰达币等虚拟货币具有非货币当局发行、使用加密技术及分布式账户或类似技术、以数字化形式存在等主要特点，不具有法偿性，不应且不能作为货币在

---

① 详见：http：//finance.sina.com.cn/roll/2021-05-13/doc-ikmyaawc5058277.shtml.

市场上流通使用。虚拟货币相关业务活动属于非法金融活动。国家将严厉打击涉虚拟货币犯罪活动。公安部部署全国公安机关继续深入开展“打击洗钱犯罪专项行动”“打击跨境赌博专项行动”“断卡行动”，依法严厉打击虚拟货币相关业务活动中的非法经营、金融诈骗等犯罪活动，利用虚拟货币实施的洗钱、赌博等犯罪活动和以虚拟货币为噱头的非法集资、传销等犯罪活动。

此前，2021 年 5 月 18 日中国互联网金融协会、中国银行业协会、中国支付清算协会发布《关于防范虚拟货币交易炒作风险的公告》；5 月 21 日国务院金融稳定发展委员会在第 51 次会议上强调“打击比特币挖矿和交易行为”，均指出虚拟货币不具有与法定货币等同的法律地位，金融机构和非银行支付机构不得为虚拟货币相关业务活动提供服务，以及要严厉打击涉虚拟货币犯罪活动。

2021 年 9 月 24 日，国家发改委、中央网信办等 11 部门联合发布《关于整治虚拟货币“挖矿”活动的通知》，指出虚拟货币“挖矿”活动通过专用“矿机”计算生产虚拟货币的过程，能源消耗和碳排放量大，对国民经济贡献度低，对产业发展、科技进步等的带动作用有限，加之虚拟货币生产、交易环节衍生的风险越发突出，其盲目无序发展对推动经济社会高质量发展和节能减排会带来不利影响。整治虚拟货币“挖矿”活动对促进我国产业结构优化、推动节能减排、如期实现碳达峰碳中和目标具有重要意义。该通知要求，全面梳理排查虚拟货币“挖矿”项目，严禁新增虚拟货币“挖矿”项目，加快存量项目有序退出，促进产业结构优化和助力碳达峰碳中和目标如期实现。全面禁止与虚拟货币结算和提供交易者信息有关的服务。从事非法金融活动将被追究刑事责任。境外虚拟货币交易所通过互联网向中国境内居民提供服务同样属于被禁行列，相关部门将强化对与之相关的一切行为的监控。

2021年9月30日，国家发展改革委、中央宣传部等11个部门联合印发《关于整治虚拟货币“挖矿”活动的通知》（发改运行〔2021〕1283号），提出将虚拟货币“挖矿”活动增补列入《产业结构调整指导目录（2019年本）》“淘汰类”。2021年10月8日，国家发展改革委就《市场准入负面清单（2021年版）》向社会公开征求意见，其中提到对《产业结构调整指导目录（2019年本）》有关措施的修订，拟将虚拟货币“挖矿”活动纳入淘汰类产业。

至此，国内各地纷纷开始清退、关停虚拟货币“矿场”，国内矿场开始向境外转移。

2021年11月13日，中央纪委国家监委网站发布消息，江西省政协原党组成员、副主席肖毅被“双开”。值得注意的是，对肖毅的通报中有着罕见之处。通报指出，肖毅违背新发展理念，滥用职权引进和支持企业从事不符合国家产业政策要求的虚拟货币“挖矿”活动。这是首次有省部级领导因涉及虚拟货币“挖矿”活动而受到严肃处理，标志着我国政府对打击虚拟货币“挖矿”呈现高压态势。

对于比特币，以及“区块链”炒作衍生出的各种虚拟货币，支持者声称其“无国界”“安全私密”“去中心化”“自治”；这些年哪怕是反对这种金融骗局的人，也很少能够驳斥这几项“发明创造”；比特币平台也声称“不跟FBI配合”以保障用户的“隐私”，因为“交易中双方的身份都是加密的”。言下之意，数字加密技术是严谨的、可靠的，即使美国联邦调查局的警员也不能查到数字币是如何流动以及进了谁的账户。

然而，神奇的是，这种很难证明或证伪的宣称，居然被他们自己揭露了！比特币平台竟然可以轻松查到25000个与俄罗斯有关联的账户，这里的“有关联”不仅是指属于俄罗斯，也包括“跟俄罗斯人交易过”的账户。账户的隐私、交易的痕迹和记录，平台都知道，而且，还可以用这些私密信息进行追溯。

紧接着，美国司法部于2022年2月8日宣布，一件价值高达45亿美元的比特币案件取得进展，一对“雌雄大盗”被捕，缴获价值36亿美元的比特币。美国司法部副部长莉萨·莫纳科说，这是美国司法部查获的最大一笔赃款。该案件发生于2016年，虚拟货币交易平台比特币交易所系统遭黑客袭击，丢失12万枚比特币，当时价值7100万美元，如今已超过45亿美元。该事件再次彻底打破虚拟币匿名、隐匿、去中心化、自治、绝对安全等过去宣传的核心理念。

2022年4月30日，在2022年伯克希尔·哈撒韦公司年度股东大会上，91岁的沃伦·巴菲特和98岁的查理·芒格这对“黄金搭档”再度登上舞台，他们再次表达对比特币等虚拟货币的反对意见。巴菲特长期以来一直在批评比特币，伯克希尔·哈撒韦公司副董事长芒格也表达了同样的观点。在2021年5月他们说“我不欢迎对绑架者和勒索者如此有用的货币。我认为（加密货币的）整个发展是该死的且令人厌恶的，违背了文明的利益”。2021年5月21日，诺贝尔经济学奖获得者保罗·克鲁格曼在推特上转发了一篇其发表在《纽约时报》上对比特币的评论文章，在其评论文章中克鲁格曼表示，比特币之类的加密货币资产是一个庞氏骗局。他认为，过去12年以来，比特币在正常的经济活动中几乎不起作用。

比特币从诞生开始，不少人一直持怀疑态度，因为虚拟货币的竞争对手是政府的法定货币，政府作为竞争对手，在理论上是不可能允许虚拟货币长时期、大规模、高金额地存在。货币的本质是国家背书的信用中介，货币自身并不产生新的财富。那么炒作没有国家信用背书的虚拟货币必然就是投机。

有人说比特币等虚拟货币的价值来源于共识，只要大家信任就有价值；而且随着挖矿成本的提高，虚拟货币的成本不断抬升，就内含了一定的经济价值。但是随着运行的矿机越来越多，需要的能耗越来越高，不仅不符合国家“碳达峰碳中和”目标，而且会减少社会总体福利，虚拟货币必然就会逐步被限制。

虚拟货币的竞争对手是国家法定货币，其必然会受到国家约束，无论是在我国，还是其他国家。作为区块链的应用实践，国家会允许其小规模存在，当发展壮大后，必然就会受到严格限制。诚然，有人说有国家将比特币作为了法定交易货币，但是2022 年 2 月 9 日，惠誉将萨尔瓦多的评级进一步下调至垃圾级，理由是该国去年采用比特币作为法定货币存在风险①。萨尔瓦多是全球首个将比特币作为法定货币的国家。2021 年 9 月 7 日，在布克尔总统的积极推动下，萨尔瓦多成为全球首个正式将比特币作为法定货币的国家。惠誉表示，将萨尔瓦多评级从 B - 下调至 CCC 的决定，归因于萨尔瓦多总统布克尔（Nayib Bukele）的非正统政策，从罢黜最高法院法官到用公款在手机上交易比特币，都加大了投资者和评级机构眼中的风险。惠誉表示，“机构的弱化和总统权力的集中增加了政策的不可预测性，而比特币作为法定货币的采用，增加了 IMF 计划在 2022—2023 年启动融资的可能性的不确定性。穆迪投资者服务公司（Moodys Investors Service，以下简称“穆迪”）2022 年下调了该国的评级，并对比特币的使用表达了担忧。这是穆迪在去年下调了萨尔瓦多的评级，并对该国比特币的使用表达了担忧后，继续下调萨尔瓦多的评级和表达对使用比特币的担忧。

诚然，虚拟货币作为跨国洗钱和打破国际金融制裁的工具，有其存在的理由，但这个用途是多数政府不愿意接受的。说到底虚拟数字货币是有投机资本背书的游戏币，割韭菜的工具。既然是电脑游戏中的币，其本身确实是可以用于现实交易和炒作，就

---

① 详见：https：//fund. eastmoney. com/a/202202122274765235. html.

像当年荷兰人炒作郁金香，中国人炒作君子兰一样；当一个概念被炒上了天，就会吸引很多没有判断力的人跟风投机，而他们往往是受害最深的。

方兴东和钟祥铭记[①]认为，以比特币为核心的“叙事经济学”成了又一个最佳的“思想”载体。它寄托了无数人发财致富甚至一夜暴富的期望，就连自然科学和社会科学领域的专家学者都难以真正把握的区块链技术，显得更加妙不可言。随着比特币完成了十年的阶段性游戏，除了少数人真正暴富外，绝大多数人获得了人财两空的结局。

进入2023年，红杉等投资机构在虚拟货币投资上开始“认栽”，原因在于虚拟货币作为一种数字技术的应用，本质上是法定货币的竞争对手，注定了其不可能取代法定货币，其自身也不可能得到大的发展，只是部分国家从发展数字技术的角度允许其尝试性地存在，不可能允许其大规模地存在，过程中必然存在和法定货币发行人之间的各种冲突。只有把握行业本质，才能认清行业未来。

① 方兴东，钟祥铭．元宇宙批判——以技术创新和数字化的本质与初心为视角［J］．社会科学辑刊，2023（3）：227－236.

第七章　数据要素驱动业

数据要素驱动业是指那些依赖于数据资源，通过数据分析和挖掘来提供产品和服务的行业，包括互联网平台、互联网批发零售、互联网金融、数字内容与媒体、信息基础设施建设、数据资源与产权交易、其他数字要素驱动业。对应《国民经济行业分类》（GB/T 4754－2017）中的信息传输、软件和信息技术服务业、批发和零售业、金融业、文化体育和娱乐业、建筑业、租赁和商务服务业、科学研究和技术服务业门类中的部分小类或小类中的一部分。

随着科技的飞速发展，数据已经成为现代社会的重要资源，对于各行各业的发展都产生了深远的影响。数据要素驱动业的发展具有创新性、高度集聚、跨界融合、平台化和安全风险等特征。

第一，数据要素驱动业具有强烈的创新性。随着大数据技术的不断进步，越来越多的企业开始重视数据资源的价值，并尝试将数据应用到各个业务环节，进行商业模式和业态的创新，使得数据要素驱动业在产品和服务创新方面具有巨大的潜力。例如互联网金融领域，金融机构通过大数据分析，可更准确地评估客户的信用状况，从而为客户提供更加个性化的贷款服务，提升了小额贷款的可达性。

第二，数据要素驱动业具有高度集聚的特征。由于数据资源的获取和处理需要大量的技术资源和人力资源，数据要素驱动业往往在一些具有优势的地区和行业率先形成集聚。例如，美国硅谷和中国中关村等地区，由于拥有丰富的科技资源和人才优势，成为了数据要素驱动业发展的高地。

第三，数据要素驱动业具有跨界融合的特征。数据资源的应用不仅可以促进同一行业内的企业合作，还可以推动不同行业之间的深度融合。例如，电商平台可以通过数据分析，为线下零售企业提供精准的客户画像，帮助其实现精准营销。这种跨界融合的趋势，使得数据要素驱动业的发展具有更广泛的市场空间。

第四，数据要素驱动业具有平台化的特征。随着互联网技术的普及，企业通过构建数据运营来提高数据资源的利用效率，头部企业逐步平台化。例如，阿里巴巴、京东、美团等互联网巨头，都通过相关业务构建了大数据平台，为各类企业提供交易、数据存储、处理和分析等服务，推动了数据要素驱动业的快速发展。

第五，数据要素驱动业面临着安全风险的挑战。随着数据资源的价值日益凸显，不仅数据泄露、滥用等问题逐渐暴露出来，而且大数据杀熟等平台的问题也随之出现。如何在保护个人隐私和数据安全的前提下，充分发挥数据资源的价值，成为数据要素驱动业发展的重要课题。

数据要素驱动业以上特征，既为数据要素驱动业的发展提供了广阔的空间，也对其提出了更高的要求，但数据要素驱动业符合经济发展的一般规律，因此只有基于行业本质经营，才能在竞争加剧的市场环境中获得成功。

第一节　运营成本需要低于线下经营成本的电商

2022 年 10 月 24 日，《投资新思路》丛书通过了三审三校，在等待出版期间，拼多多的股价跌破 40 美元，笔者立即建议身边人购买拼多多股票。但是不少人认为马上“双十一”了，平台相互杀价，拼多多的股价还得再跌。笔者根据在写《投资新思路》丛书时，依据公开信息对三大电商公司的对比分析，认为未来几年拼多多的增长率会高于阿里巴巴和京东；此时，拼多多股票的价格已经低于其价值，可以立即购买。彼时，中概股在美国股市下跌幅度比较大，引发不少朋友的吐槽，但笔者仍建议他们买入或者换仓买入拼多多股票。果然不到半个月，阿里巴巴、京东和拼多多先后公布财报，拼多多营收、利润、GMV 等各项主要财务指标的增长率都是前两家的数倍或数十倍，拼多多的股价在不到一个月内上涨超过 90 美元，2023 年 12 月 19 日，拼多多的股价一度超过了 150 美元，总市值超过阿里巴巴，是京东的四倍多。

2023 年 11 月 28 日，拼多多发布了截至 9 月 30 日的 2023 年第三季度财报。财报显示，拼多多 2023 年第三季度营收为 688.4 亿元，较上年同期增长 94%；净利润 155.37 亿元，较上年同期增长 47%，净利润率为 22.6%。而 2022 年第三季度，拼多多营收为 355 亿元，同比增长 65.1%；利润 104.37 亿元（约 14.67 亿美元），较 2021 年同期的 21.39 亿元增长 388%。

按照 2023 年前三季度 1588 亿元的总营收计算，拼多多员工前三季度人均创收 1222 万元，是同期京东的 7.07 倍，阿里巴巴的 4.17 倍；人均经营利润是京东的 55.8 倍，阿里巴巴的 5.8 倍。截至 2023 年 9 月底，拼多多员工人数为 1.3 万人左右，大约是阿里巴巴的 1/20、京东的 1/40。经测算，2021 年、2022 年，拼多多人均创造经营利润分别是阿里巴巴的 2.6 倍、5.4 倍，京东的 71 倍、58.5 倍。2023 年前三季度，拼多多的经营利润率是阿里巴巴的 1.4 倍，京东的 7 倍。

拼多多经历了连续数年的高速增长，在 2023 年第三季度的增长率远超阿里巴巴的4%，引来阿里巴巴内部的热烈讨论。2023年11月29日，阿里巴巴创始人马云以“合伙人马云”为落款在阿里巴巴内网发声，针对阿里巴巴员工关于拼多多与阿里巴巴市值差异，以及运营建议等问题进行回应。马云表示，“我更坚信阿里巴巴会变，阿里巴巴会改。所有伟大的公司都诞生在冬天里。AI电商时代刚刚开始，对谁都是机会，也是挑战。要祝贺PDD过去几年的决策、执行和努力。”

拼多多从成立之日起就毁誉参半，但从成立到上市仅间隔三年时间，是消费互联网创业的后起之秀。消费互联网是我国近20年以来财富来得最快、最多的行业，也是数据要素驱动最成功，让大众接受数字经济最快的行业。不少消费互联网创业者迅速跻身“富豪榜”，带动了不少创业者想在某个领域实现“+互联网”，其中“卖货”无疑是这20年来最容易切入的行业；特别是在电商红利时期，引流成本低，只要做到线上运营成本低于线下经营成本，就能取得相较于线下实体店的比较优势。特别是在2010年以后，线下门店租金不断上涨，人工费用不断上升，物流等配套设施越来越完备，智能手机越来越普及，网速越来越快，电商购物因此越来越被大众所接受，使得不少电商创业者在这个数字要素驱动的行业获得了成功。

我国电商起步于互联网的兴起和普及，电商购物的爆发源于移动互联网的普及，技术进步让消费者随时随地都能够用手机下单购物。在我国电商发展的几个典型时期，都可以看到电商是随我国基础网络的发展而快速壮大，并呈现几个明显的发展阶段，电商高速发展的阶段都是电商运营成本低于同类商品的线下经营成本的时期。

第一阶段，1998—2003年，属于电商起步阶段。随着互联网进入我国，诞生于美国的电子商务于1998年前后开始在我国出现，在此期间诞生了第一代电商公司，如阿里巴巴、当当网、卓越网等。这段时期的探索和启蒙，为我国电商的大发展打下了市场基础、顾客基础和社会基础。1998 年 3 月，我国第一笔互联网网上交易成功。1998 年 7 月，中国商品交易市场正式宣告成立，被称为“永不闭幕的广交会”。

在这一阶段，我国物质总体比较缺乏，只要能够生产出来的东西基本都能够找到市场并被卖掉，商品从工厂到最终消费者手上的环节多，流转时间长，占用各环节的资金重，因此工厂在制定销售价格体系时，会给分销的各个环节和各级经销商都留有一定的价差空间，这就为电商的发展提供了足够的利润空间。此阶段的电商直接跨越了过去线下销售建立的多层经销商体系，将中间的批零价差全部留在了电商环节。在此阶段虽然电商平台竞争惨烈，多数商家没能存活下来，但运营电商比线下经营更低的运营成本为商家留下的高毛利空间，吸引了不少商家入驻电商平台，为后来电商的大发展提供了商家基础和社会共识。

第二阶段，2003—2008 年。我国 2001 年加入世界贸易组织后，我国经济迎来了高速增长的时期，我国政府实行的“三金工程”逐渐产生社会效益和经济效益，不仅使互联网基础设施建设得到跨越式的投入和快速普及，而且各项政策和配套也快速出台落地，在政治和经济层面为电商的快速发展提供了良好的土壤。电商在这个时期得以快速发展，阿里巴巴陆续推出淘宝网和支付宝。国家相继出台法规，如《电子商务发展“十一五”规划》等支持电商规范发展。

随着我国个人电脑的普及，电商销售量逐年增长，壮大了电商购物的顾客群体，培养了网上购物的习惯，促进了与电商配套的物流、信息技术、仓储等基础设施的投资和发展。“从网上买更便宜”逐渐成为消费者的共识。在线下门店选好型号和尺寸，再到网上下单，逐渐成为不少消费者的购物方式。同样的商品网上更便宜，原因在于线上销售减少了中间几层批发环节，线上运营成本更低，因此能够让利于消费者。

第三阶段，2009—2018 年。2008 年美国的金融危机席卷全球，我国为挽救经济，进行了“四万亿”投资，除了传统的“铁公基”外，也投资了网络基础设施，网速得到极大提高，4G 网络迅速遍及城乡，让 4G 手机迅速普及，我国网络用户数量飞速增长，与电子商务所连接的快递行业在此阶段也得到迅猛发展。在这个时期，智能手机得到极大的普及，电商从 PC 端发展到了移动端。虽然各电商公司之间竞争激烈，市场逐渐被几大电商巨头瓜分，电商平台出现寡头垄断格局，但是电商发展的红利期，每家电商公司都获得了迅速的发展。

在这个阶段，电商公司热衷于制造各种购物节，推动电商发展，“双十一”就是从 2009 年开始的，引发了全民的购物狂欢。“电商造节”的实质就是告诉消费者当天购物的价格是近期最低，甚至是全年最低，以吸引大家下单购物。也就是在这个时期，电商体现出对线下销售渠道的极度挤压，“让世界没有难做的生意”变成了“让世界的生意都难做”。而在这个阶段线下运营的人工费、房租、仓储等经营费用刚性上涨，逐渐开始丧失了与线上电商竞争的能力。在 4G 移动互联网的加持下，电商的顾客数量得到了指数级的增长。这段时间是电商销售数量和销售金额提高最快的时期，被称为电商发展的流量红利期。

第四阶段，2019 年至今。2019 年以来，依托于大数据的算法技术被广泛运用于各大社交平台，电子商务由此衍生出社交电商的概念，利用用户的社交网络扩展商品的传播渠道，而且利用消费者的消费习惯和偏好，通过算法向消费者精准推荐产品，刺激消费者下单购买。不仅是社交电商，社区电商和直播带货也都有了快速发展；不仅是传统电商，如京东、天猫和拼多多开始直播，短视频平台，如抖音和快手也开通“卖货直播”，成就了李佳琦、罗永浩等直播达人。利用直播卖货，本从事出国考试培训的北京新东方孵化出“东方甄选”直播电商品牌和独立 APP。

在以上四个阶段，电商能够得到快速的发展，不仅是因为消费者从线上购买比线下购买更便宜、更方便，售后更便利，更主要的是电商经营者在线上的运营成本，低于线下经营者的运营成本，让销售方有足够的价差空间让利给消费者。特别是在第四阶段，各平台和“大 V”直播都不仅要求是全网最低价，而且要求比线下渠道价格低，让这几年以“大 V”直播为代表的网络带货销售迅速崛起。罗永浩创业手机留下的数亿元债务，通过直播带货迅速还清的“真还传”，成为激发各路明星、“大 V”和普通民众投身直播的澎湃动力来源，这样也将电商的销售价格降至最低，让线下渠道基本丧失了与电商竞争的能力。

在 2018 年以前的电商红利期，不仅电商平台得到急速的发展，比如阿里巴巴、京东、拼多多等，在电商平台销售货物的商家也赚得盆满钵满。但是 2018 年以后，电商时代逐步改变，电商红利开始消退，流量变得越来越贵，获客成本越来越高，电商“内卷”加剧，此时再切入电商卖货行业，就难以获得比较优势。如果线上的运营成本还高于线下经营成本，就必亏无疑；即使坚持亏损经营，最终也未必能够赢得和线下经营的竞争，比如当时红火的一二线城市社区生鲜团购。

现阶段一二线城市社区生鲜团购的线上运营成本高于线下经营成本，导致其盈利模式不成立，注定未来是一地鸡毛。对于传统的阿里巴巴、京东等电商平台，由于其商业模式决定了给平台自身的盈利年年增高，平台上的商家经营一年比一年吃力，从而导致这些传统电商平台增长率下降，自身运营成本更低的新电商平台快速崛起。

2022 年 8 月 29 日，拼多多发布的 2022 年第二季度财报①显

① 详见：https：//xueqiu. com/S/PDD？from = status_stock_match.

示，拼多多2022年第二季度总营收为314.4亿元，与上年同期的230.462亿元相比增长36%。归属于拼多多普通股股东的净利润为88.963亿元，与上年同期的24.146亿元相比增长268%。非通用会计准则（Non－GAAP），归属于拼多多普通股股东的净利润为107.763亿元，与上年同期的41.253亿元相比增长161%。拼多多2022年第二季度成本为79.62亿元，同比仅增长1%；运营费用为148亿元，费用占比短期内降至47%。而京东2022年8月23日公布的第二季度财报显示①，净收入为2676亿元人民币，同比增长5.4%；经营利润为38亿元人民币，非通用会计准则下经营利润为58亿元。阿里巴巴于2022年8月4日公布的2022年第二季度财报②显示，阿里巴巴的收入为2055.55亿元，与上年同期持平；第二季度净利润同比下降53%，至202.98亿元，经营性利润同比下降19%，为249.43亿元，是阿里巴巴上市之后幅度最大的下滑之一。

2022年11月28日，拼多多发布2022年第三季度业绩报告，拼多多2022年第三季度营收为355亿元，同比增长65.1%。其中，在线营销服务营收为284.26亿元（约39.96亿美元），较上年同期的179.47亿元增长58%；来自交易服务的营收为70.22亿元（约9.87亿美元），较上年同期的34.77亿元增长102%。拼多多2022年第三季度成本为74.14亿元（约10.42亿美元），较上年同期的65.59亿元增长13%。拼多多2022年第三季度费用为176.54亿元（约24.82亿美元），较上年同期的128亿元增长38%，占收入的比例从上年同期的59.6%下降至本季度的49.7%。其中，2022年第三季度销售与市场费用为140.49亿元，较上年同期的100.5亿元增长40%；管理费用为9.07亿元，较

① 详见：https：//www.sohu.com/a/579285258_120922996.

② 详见：https：//academy.sinoclick.com/article/1000000409.

上年同期的3.35亿元增长171%；研发费用为27亿元，较上年同期的24.22亿元增长11%。

拼多多2022年第三季度运营利润104.37亿元（约14.67亿美元），较上年同期的21.39亿元增长388%；运营利润率为29%，上年同期的运营利润率为10%。拼多多2022年第三季度非通用会计准则下运营利润为123亿元（约17.29亿美元），较上年同期的32.61亿元增长277%。归属于公司股东的净利润为105.89亿元（约14.89亿美元），较上年同期的16.4亿元增长546%；非通用会计准则下净利润为124.47亿元，较上年同期的31.5亿元增长295%。

虽然拼多多董事长兼首席执行官陈磊在业绩会上表示，当前行业竞争激烈，短期投资被动减少或影响平台长期竞争力。拼多多仍有很多不足的地方，公司将进一步加大科技创新投入，推动农业科技普惠与供给侧升级，踏实创造长期价值。拼多多财务副总裁刘珺也表示，“本季度账面利润临时增加，部分项目的投入有所延迟，不能完整反映公司的实际生产经营情况。我们将进一步加大投入，助力科技创新与供给侧升级，用技术创造长期价值。”但是，截至2022年9月30日，拼多多持有现金、现金等价物、短期投资为1378亿元（约194亿美元），而截至2021年12月31日拼多多持有现金、现金等价物、短期投资为929亿元，仅九个月的时间就多出了449亿元。

拼多多原本是从事农产品交易的电商平台，在阿里巴巴和京东等主流电商平台主推工业品的时间阶段，专做生鲜农产品电商交易。通过农产品电商发展起来后，2017年才进入工业产品的电商销售领域，2018年才大规模扩充工业产品的品类，成为我国近年电商平台的黑马。但是伴随拼多多的快速崛起，其“假货”问题在社会上越来越受到人们的诟病。其“假货”问题主要指在拼多多平台上销售的“假冒伪劣”工业品。拼多多以做农产品电商起家，为何在工业产品的电商上被诟病呢？在拼多多平台销售“假货”，是在之前就已经存在于下沉市场或者偏远地区或其他电商平台的现象，在拼多多低门槛的开店条件下，无推广费和价低排名靠前的推广模式，让这些“假冒伪劣”工业产品优先呈现在消费者的搜索页面，让消费者感到拼多多“假货泛滥”；由于拼多多的推算模式，在事实上又促进了工业产品的“假货”更多地到拼多多平台上架销售，这实质是拼多多平台低运营成本下的副产物。除开拼多多被人们广泛诟病的“假货”问题以外，拼多多快速崛起的原因是什么呢？

原因在于拼多多的运营成本不仅比线下经营低，而且还比京东、阿里巴巴这些传统电商巨头更低；相比其他的电商平台，拼多多的货币化率（营业收入/GMV，比值越高代表平台收费越高）仅为2.99%，阿里巴巴为4.32%，其他电商平台则更高。在拼多多上开店商家的运营成本远远低于在京东、阿里巴巴上开店的运营成本。低价优先展示的推广模式，主动为顾客关联推广展示，不仅让商家少投推广费，而且还降低了推广费用，引导商家让利于消费者，给消费者更低的购买价格，让更多的消费者使用拼多多。无论是在自身的运营成本上，还是商家的推广成本上，拼多多都远远低于京东和阿里巴巴。

在商家的推广费用方面，淘宝、天猫和京东均采用竞价排名的方式，导致商家之间的竞价推广费越来越高；而拼多多依据顾客偏好进行算法推广和价低优先的策略，让商家不需要投入太多的推广费，商家将价差让利给顾客，将销售价格降低，吸引顾客，形成良性循环。

拼多多能够在五年时间内让用户数超过阿里巴巴、市值超过京东，就在于其自身运营成本比阿里巴巴、京东更低，平台上商家的经营成本比在阿里巴巴、京东更低。拼多多是如何做到将自身平台运营费用和商家运营费用双双降低的呢？首先，在时机上，拼多多利用2015年国内4G网络普及带来的智能手机的大量应用，将社交流量转变为电商流量。其次，在方法上，拼多多成为专注于C2M拼团购物的第三方社交电商平台，购买方通过发起和朋友、家人、同事、熟人等的拼团可完成购买，达到更低的获客成本，以更低的价格拼购商品，提高销售量。换言之，就是凝聚更多的人，用更低的价格，获得更多的实惠。最后，通过分享形成的社交理念，形成了拼多多独特的社交电商模式，再利用算法，将价格低的同类产品自动呈现到消费者的手机页面前列，降低了商家的推广成本；为了将自家商品呈现在同类商品前列，商家就更有动力尽可能地降低商品价格，让利给消费者，最后形成良性循环。因此，拼多多的用户数和GMV连年快速增长，其用户数已经超过京东和天猫。

拼多多的技术优势和大数据分析能力也是其发展越来越好的关键因素。通过大数据分析，拼多多能够精准推送用户感兴趣的商品，提高了转化率。同时，拼多多的技术团队不断优化平台算法，提高了系统的稳定性和处理能力。曹磊表示，“拼多多的技术优势和大数据分析能力为其在竞争激烈的电商市场中赢得了先机。”不仅是拼多多的经营更加体现了电商的行业本质，而且在办理退店的时长上，笔者亲身经历，从申请退店到收到店铺向平台缴纳的保证金，拼多多仅需要不到1个月的时间，天猫需要6个月左右的时间，京东需要18个月以上的时间，在退店过程中京东会在不同环节不断冒出各种不知名的费用，需要店家先付清后才能进入退店的下一个环节；而在过程中，京东又会不断冒出各种人为的环节，延长退店时间，实质是增加了京东的经营成本。

但是，拼多多的这套降低获客成本的推荐算法产生了一个巨大的副作用，就是“假冒伪劣”商品由于标价低，就更容易展现在同类商品排名的前列，让大家感觉拼多多“假货”泛滥。最为典型的就是盗版图书，由于比正版图书的标价低，顾客搜索时展现的位置就处于正版图书的前面，叠加同样的书籍和内容，盗版价格更低，在不影响阅读体验的情况下，顾客就更容易选择盗版图书，这让正版图书的销售受到很大的影响。这是拼多多在后期的算法推荐中需要解决的问题，不仅是通过算法识别盗版图书后，不再展现在顾客搜索的页面，而且要通过算法系统识别盗版图书，让其自动下架；这是企业的社会责任和法律责任，也是拼多多自身和相关产业健康发展、行稳致远的基础。

2024 年 5 月 22 日，拼多多发布了 2024 年第一季度的财务报告，拼多多在第一季度营收为 868. 1 亿元，高于市场预期的 756 亿元，与上年同期的 376. 4 亿元相比，同比增长 131%；拼多多调整后的净利润为 306. 0 亿元，超过预期的 155. 3 亿元；归母净利润 279. 98 亿元，同比增长 246%。

2024 年 8 月 26 日，拼多多发布截至 6 月 30 日的 2024 年第二季度财报。财报显示，公司第二季度实现营收 970. 6 亿元，上年同期为 522. 81 亿元，增长 86%，归属于拼多多普通股股东的净利润为 320. 094 亿元，同比增长 144%；不按美国通用会计准则，归属于拼多多普通股股东的净利润为 344. 321 亿元，同比增长 125%。但是，拼多多管理层的负面表态导致股价跌破 90 美元以后，我再次主动建议持有美股账户的朋友买进拼多多股票，未曾想不到一个月的时间上涨至 135 美元之上。

第二节　社区生鲜团购的本质是电商

2023 年 12 月，每日优鲜由于之前的两份投资协议款未到账，宣布退市。2023 年 8 月 4 日，每日优鲜发布公告①称，与投资人

① 详见：https：//m. jrj. com. cn/madapter/finance/2023/08/19073137772402. shtml.

签署了两份股权并购协议，对方拟出资 2700 万美元（约合人民币 1.94 亿元），购买 54 亿股每日优鲜 B 类普通股，占每日优鲜发行股票总数的 88.1%。同时，公司以 1200 万美元（约合人民币 8631 万元）现金的价格，全资并购数字营销公司 Mejoy Infinite Limited。

根据年报，每日优鲜 2019 年、2020 年、2021 年营收分别为 60 亿元、61.3 亿元、69.52 亿元（约 10.9 亿美元）；净亏损分别为 29.09 亿元、16.49 亿元、38.5 亿元（约 6.04 亿美元）。截至 2022 年 9 月 30 日，公司员工仅 55 人；而 2019 年、2020 年、2021 年，每日优鲜分别拥有员工 1771 名、1335 名、1925 名。

宣布新融资的同时，每日优鲜终于披露了 2022 年年度业绩报告。财报显示，失去主营业务的每日优鲜，2022 年营收为 27.613 亿元，同比下降了 60.3%；净亏损为 15.236 亿元，流动负债总额为 16.815 亿元。截至 2022 年 12 月 31 日，每日优鲜的应付账款为 13.047 亿元，持有现金及现金等价物、受限制现金 4896 万元。就算将收购公司剩下的 1500 万美元和手头的现金及等价物全部用来还债，也无法填补债务窟窿。因此，在 2023 年 3 月，每日优鲜进行了业务调整，终止了智能生鲜市场业务以及零售云业务，专注于 2023 年 1 月推出的自有品牌产品零售业务。

自成立起，每日优鲜屡获资本垂青。上市前，每日优鲜在私募市场获得了 10 轮融资，投资方包括高盛、中金、腾讯等知名机构，累计募资约 110 亿元人民币。2021 年 6 月 25 日，每日优鲜于纳斯达克成功敲钟上市，拿下“生鲜电商第一股”称号。然而，上市仅一年，2022 年 7 月，每日优鲜被曝陷入经营危机，并在当月关闭了极速达业务，该业务在 2021 年为公司贡献了约 90% 的净收入。

滴滴在 2021 年第三季度确认对橙心优选 208 亿元净投资亏损。但是到 2023 年京东、拼多多和美团仍对一二线城市的社区生鲜团购不死心，特别是美团和京东分别宣布加大对社区生鲜团购的投入，希望占有其他竞争对手退出的一二线城市社区团购后留下的市场，笔者判断最后的结果，很大可能就只是京东和美团的一厢情愿。

就美团而言，2021 年包括美团优选在内的新业务累计亏损由 2020 年的 109 亿元扩大到 384 亿元，经营亏损率同比扩大 36.6%。作为亏损大户的美团优选，不得不将降本增效摆在了更加重要的位置，先是对美团电商和美团优选事业部进行了整合，并持续裁员调整，逐渐收缩战线而后又把品牌定位从“社区电商”转向了“明日达超市”，通过“超市化”手段，寻找新的增长路径。2022 年，美团新业务经营亏损额下降至 284 亿元。

新业务始终是美团亏损最大的业务板块，为了进一步推动社区团购业务发展，美团自 2023 年开始，对美团优选进行了调整。2023 年 4 月，美团优选取消了客户体验部，对区域经营、物流、商品经营、商业分析这四个部门负责人都进行了调整。5 月，美团优选确立省区制，代替过去的大区制，给予了省区负责人运营决策权，弱化了经营规划、商品、区域、平台运营等部门的管理权限，美团优选走向分散式管理，各个省区自负盈亏。6 月，美团优选宣布发起为期三个月的“夏季战役”，重新回到抢夺增长的赛道。

美团优选采取这一系列调整，主要原因是社区团购的“老玩家”相继退场，唯一能够与美团优选“掰手腕”的多多买菜，陆续裁撤多位负责社区团购业务的一级主管，将重心转向主站业务和跨境电商业务。美团优选认为迎来了反攻多多买菜的最佳时机。

在 2021 年，多多买菜 GMV 为 800 亿元，美团优选 GMV 为 1200 亿元。2022 年，多多买菜 GMV 为 1800 亿元，美团优选 GMV 为 1300 亿元，直接反超美团，位居行业第一。在 2022 年，美团优选撤出了青海、宁夏、甘肃和新疆四省，几乎放弃了整个西北市场；连北京的业务也曾被一度暂停。

多多买菜能够反超美团的原因在于拼多多采取的是分布式组织结构，由各个大区独立创新成长，谁跑出来，就将谁的模式复制到全国，这个大区的负责人，就成为整个业务的一把手。而美团是一个中心化的决策体系，以王兴为首的 S－Team 负责整个集团的战略方向，通过自己较强的重视基本功的文化保障了执行力和执行成果。

拼多多之前主打的是低价，当竞争对手们重拾低价策略时，拼多多开始专注增长质量，高质量的生态、高质量的消费体验、高质量的商家这三个核心。同时思考，能否给消费者提供足够丰富的品类、商品和消费体验。消费者体验，一直是拼多多所有指标中优先级最高的。比如，低价对消费者的体验很好，其便成为拼多多最开始的战略方向。

“砍营销，重研发”是拼多多 2021 年制定的战略，“重研发”体现在持续招聘更优秀的人才，同时投入百亿元做农研，拼多多进入了新阶段，拼多多从关注增长速度转变成关注增长质量，练好内功，给消费者带来更好体验。

拼多多总部虽然充分信任大区，但依然会看用户数和 GMV，目的是确认到底有多少用户愿意到平台消费，同时会看大区的财务模型，就是本地消费者服务是否支撑得了平台的投入，还会看消费者的投诉率。

拼多多的组织架构扁平，扁平化组织使得管理层、负责人更容易关注一线业务，离消费者更近，有专门的指标评估部门或负责人和消费者、业务的远近。离得越近，你越能有机会了解清楚经营数据，从而更有可能作出符合实际的逻辑决策。拼多多这种扁平的组织架构，容易打硬仗。

那么，美团这次绝地反击能成功吗？早在 2021 年 11 月 15

日，国家市场监管总局公布了对于人大代表李国伟“防止大型互联网公司利用网络团购形成市场垄断进入市县基层地区，严重影响群众利益”建议的复文。国家市场监管总局指出，随着各大互联网平台企业大举进入社区团购市场，规则不健全、秩序不合理、操作不合法等问题也日益显现，引起了社会各界的高度关注和强烈担忧。下一步，国家市场监管总局将加快推动《反垄断法》修订工作，完善相关配套立法，细化平台经济领域垄断行为规制规则。

2020 年“双十一”前，国家市场监管总局会同中央网信办、国家税务总局组织召开规范线上经济秩序行政指导会，督促企业依法经营，履行主体责任；2020 年 12 月，联合商务部组织召开规范社区团购秩序行政指导会；2021 年 4 月，会同中央网信办、国家税务总局召开平台企业行政指导会，分析指出平台企业强迫实施“二选一”等一系列问题，要求有关平台企业全面自查，逐项彻底整改。2021 年 3 月 3 日，国家市场监管总局依法对橙心优选、多多买菜、美团优选、十荟团、食享会五家企业的低价倾销、价格欺诈行为，共计处以罚款 650 万元；5 月 27 日，再次对社区团购平台十荟团的低价倾销、价格欺诈行为顶格处罚 150 万元，并责令其停业整改。2021 年 2 月，国务院反垄断委员会印发《关于平台经济领域的反垄断指南》，充分考虑平台经济领域特点，准确把握监管尺度和标准，针对社会各方面反映突出的“二选一”“算法共谋”“大数据杀熟”等问题作出系统规定，为市场主体明确底线，为行业发展建立规矩。同时，市场监管总局将持续强化平台经济监管执法，依法查处平台经济领域滥用市场支配地位排除限制竞争、低价倾销、价格欺诈等违法行为，有力维护市场公平竞争，保持创新动力和发展活力。

《投资新思路：左右存亡的行业本质》一书判断，一二线城市的社区生鲜团购将低价策略当成了行业本质，企图通过产品低价和小商贩竞争，占领市场；为维持高增长和提高渗透率，通过“烧钱”来维持流量，最后通过垄断市场来获取利润的这种模式一旦停止烧钱，企业经营基本就会终止。这是因为现阶段的社区生鲜团购行业本质是电商，不是低价策略。

蔬菜水果的买卖不是高壁垒的行业，虽然通过低价可以将小商贩挤出市场，但一旦行业毛利恢复，小商贩就会回来重操旧业，顾客依旧会选择同样水果蔬菜中销售价格低、性价比高的经销商。电商成功的前提是线上的运营成本要低于线下的经营成本。刘洋和刘精博①（2021）从恶性价格竞争难以持续和垄断触碰监管两个角度研究显示，社区团购从价格战转向垄断存在战略路线上的选择错误，通过价格战迫使线下商贩退出，市场垄断地位侵害消费者利益，以及供应商利益，就必然会受到监管部门的制止。

社区生鲜团购蓬勃发展时，有人说不该是一场赶尽杀绝式的资本掠夺。商业向善，才能持久。要有正向的社会价值，以伤害基层百姓的就业和利益为目标的企业都不会长久。无论是现在已经销声匿迹，但10年前火热的团购网站的“千团大战”，还是现在一二线城市社区生鲜团购。一二线城市社区生鲜团购从商业模式上讲是成立的，但是其盈利模式不成立。《投资新思路：左右存亡的行业本质》一书给出的理由如下。

第一，目前的社区生鲜团购替代的是小商贩，但小商贩是将工资当利润，他们要求的工资收入低于社区团购的年轻人要求的工资收入，因此在经营成本上目前的社区生鲜团购不占优势，社区团购的经营成本高于小商贩。例如，虽然阿里巴巴的淘菜菜以

① 刘洋，刘精博．社区团购发展战略批判——反垄断视角分析［J］．湖北工业大学学报，2021，36（6）：67－70.

数字赋能产业链上下游，缩短流通环节，将原有社区小店发展成为社区团购终端的模式，但社区小店的小商贩未来是阿里巴巴的员工还是合作伙伴的呢？如果是阿里巴巴的，阿里巴巴的运营成本必然上升，如何和小商贩在成本上竞争？如果是合作伙伴，仅是顾客多了一个可供选择的购买渠道，社区小店依旧会选择其他有优势的进货渠道，供顾客再选择，这实质上和阿里巴巴还是存在业务竞争，那么阿里巴巴的优势在哪里？除非向上游的种植端发展，建立自己的农产品品牌或者做特色农产品，但是这两个的市场规模会降低很多。20 年前在一线城市兴起的有机蔬菜配送，至今没有一个品牌突出重围成为全国品牌。

第二，总体上小商贩的责任心高于社区团购从业者的责任心。小商贩是在创业，社区生鲜团购从业者多数是就业，在对待工作的态度上社区生鲜团购不占优势，而生鲜是高损耗的品类，不仅需要高度的责任心，还需要灵活的营销手段，以及能够及时处理不良品的权限，这就提高了社区生鲜团购的管理难度。

第三，水果蔬菜的购买既有计划性，也有随机性，还有社会性。消费者去菜市场购买水果蔬菜，一般是有了计划之后才去，但是到市场后看到蔬菜水果的新鲜程度、备货情况、价格等因素，会促成临时改变部分计划。同时，出门买菜，是普通人，特别是居家老人走出家门的一个社会性需要，社区小店或者社区菜市场就成为一个社交场所和社区信息枢纽，这种社会属性就决定了社区团购并不能完全代替社区小店或者社区菜市场的线下社会性功能。

第四，目前社区团购主打的蔬菜水果保鲜期和保质期短，无法同时兼顾商品到家质量和合理损耗。我国有句俗话为“菜卖鲜粮卖干”，蔬菜水果需要新鲜时销售，考虑到蔬菜水果的保鲜期和保质期短的特性，在流通过程中的损耗比较大，需要尽可能地缩短中间环节，减少中间流通时间。公司化运作势必会增加内部控制环节，让运营成本和流转时间都难以降低到小商贩控制的程度，而且小商贩可以随时灵活处理尾菜和不是非常新鲜的蔬菜水果，公司化经营后这部分产品的处理势必需要经过一定的程序，必然让决策流程变长，时间变长，而且运营成本势必提高，无形中就降低了社区生鲜团购的竞争力。2022 年 3 月 17 日，北京市海淀区市场监管局对北京不姜就电子商务有限公司（叮咚买菜）总部相关负责人进行行政约谈，就《新京报》报道的死鱼冒充活鱼、“烂菜”换标签继续售卖情况，要求企业切实落实疫情防控和食品安全主体责任，指导企业对 124 个前置仓开展全面自查，主动发现风险、消除隐患[①]。

第五，现有的蔬菜水果流通渠道已经高度专业化，没有足够的利润空间支持互联网行业的高成本运营。前 10 年我国电商快速发展，基本都是在工业消费品领域，这是因为工业消费品保质期长，线上运营成本低于线下经营成本，存在利润空间；由于近两年电商竞争激烈，获客成本提高，推广费用增高，让不少电商企业陷入亏损。农产品经过几十年甚至几百年的市场化发展，建立起了完善的流通体系。比如，笔者曾经牵头投资的北京新发地，批发黄瓜的商贩只批发黄瓜，批发萝卜的只批发萝卜；做到了全国货源，全国分销，已经极大地减少了中间环节，做到了运营成本最低化。社区生鲜团购目前可以挖潜的只有最后一个零售环节，和小商贩来比拼运营成本和服务，显然目前的社区生鲜团购不具有这样的竞争优势。

第六，小商贩流通环节的中间库存，是社区应急灾备的救急库存。如果一味地消灭小商贩，一旦遇到突发的自然灾害，高效

① 叮咚买菜“死鱼冒充活鱼”等问题属实遭监管调查 公司股价应声下跌近 11%［EB/OL］. 央广网，https：//baijiahao. baidu. com/s? id = 1727621923997892420&wfr = spider&for = pc.

配送和订单配送的社区团购，会因缺乏必要的日常流转库存而存在断货的可能。更为重要的是，此时巨头们基于寡头垄断地位，很可能会涨价，就如同美国暴风雪中缺电的得克萨斯州，短期内让能源价格飙升；也如同 2021 年我国的煤炭，单价从年初的 600 元/吨，到 10 月超过 2000 元/吨，甚至部分地区达到 3000 元/吨。我国煤炭价格上涨不是因为供应减少了很多，而是煤矿整合后形成寡头垄断所致；寡头们一旦有了机会，就会非理性涨价；最后国家发改委出手，在一个月内将煤炭价格降到 1000 元/吨以内。社区生鲜团购形成寡头垄断，也将会出现这样的情形。事实上，2020 年初新冠疫情前期，2021 年郑州“7・20”特大暴雨灾害期间，都出现了电商平台无法保障供货等情况，当时以小商贩为主体的终端零售，基于熟人社区和人情社会，基本不会在危急时发社区居民的灾难财。

第七，我国农产品上游种植是极度分散的，如果流通环节被垄断，势必就会用信息优势和采购规模优势来压制农产品收购价格，获取垄断利润，这与“共同富裕”的时代潮流相违背。

第八，目前的社区生鲜团购，没有从降低运营成本的角度规划全产业链的经营，反而通过新建前置仓、中转仓等增加经营成本，导致其经营成本走高，违背“电商”的行业本质。现有的线下批发和零售环节，都在尽量减少中间环节。在北京新发地，蔬菜一级批发商在凌晨一点前将蔬菜运到新发地交易市场，就在卡车上交易，卖给二级批发商或者零售商，一般情况下在早上五六点交易完毕，到早上七八点时这些蔬菜就到达了北京各社区蔬菜销售网点，中途没有使用任何仓库进行中转，极大地减少了中间环节，降低了运营费用。这也就是北京的蔬菜价格比国内不少三四线城市都低的原因。水果基本也一样，只是多了一道一级批发商的中间仓环节。现有的社区生鲜团购，却多了几道中转仓，不仅增加了中间转运的人力成本和仓储成本，还增加了损耗。

在终端销售价格被管制、上游采购价格被约束、中间利润有限的情况下，与将工资当利润的底层百姓，在劳动密集型领域竞争的现阶段社区生鲜团购，其盈利模式势必就不成立。该行业的销售毛利也不支持互联网行业的高运营成本。胡阳等[①]（2022）发现现在的社区生鲜团购未建立起盈利屏障，是盈利模式缺乏可持续性的主要原因。

社区生鲜团购的未来在哪里？《投资新思路：左右存亡的行业本质》一书认为在本地生活服务 O2O。社区生鲜团购应该只是平台，将社区小店、小商贩和菜市场组织起来成为供应商，让顾客在平台下单后，由线下供应商或平台配送；就如同美团外卖一样，将线下餐厅组织成为供应商，在平台开店，美团做好推广和订单跟踪服务。社区团购将周边小店和菜市场摊贩组织起来，在社区团购平台上开店和配送，做成蔬菜水果优化供应链的服务平台，将小商贩组织起来，成为现有生鲜农产品分销渠道的补充，才有生存的可能；就如同现在的外卖商业模式一样，社区生鲜团购才有未来；而不是社区生鲜团购平台亲自下场做采购、物流和配送。2022 年 4 月初至 5 月底，上海因疫情封控期间，各个社区团长组织团购蔬菜水果等就是本地生活服务团购 O2O 的实践。

诚然，在劳动力成本和房租相对较低，生鲜蔬菜水果流通量不是足够大，部分品种菜的价格相对较高的三四线城市，社区生鲜团购目前会有一定的市场，但这是源于线上运营成本相对于线下经营成本更低，以后如何演变还将拭目以待。在一二线城市，通过非理性补贴的低价策略来拉人头维持流量，几年后，目前商业模式的社区生鲜团购大战一旦结束，必定是一地鸡毛。做蔬菜配送的“美菜网”，从成立至今一直在亏损，就是社区生鲜团购

① 胡阳，张萍萍，郑晓娜．社区团购可持续盈利模式问题与对策［J］．商业经济研究，2022（1）：77－80.

典型的案例。

美菜网刚成立时笔者就判断美菜网很难盈利，是因为笔者在2014年联合新华社策划和筹建了“亚洲餐饮联盟”，对生鲜这个行业做了调研，笔者从事过食品国际贸易，也牵头投资过北京新发地市场，熟悉这个行业的特点。2015年清华同学聚会遇到窝窝团创始人王赟明，他是笔者上清华大学研究生时的隔壁宿舍同学，才知道美菜网创始人刘传军跟他都是窝窝团的联合创始人，因此就请王赟明劝刘传军暂停美菜网经营或者转型。但笔者未曾料到的是后来美菜网成功融资几十亿元，支撑了美菜网连年亏损后的经营。现在，美菜网收缩了生鲜蔬菜的规模，逐步转型预制菜和粮油标品的销售。

由于未按照电商的行业本质经营，现阶段一二线城市的生鲜社区团购基本都无法实现盈利。曾经最为知名的以牺牲利润换销量的叮咚买菜，在最火热的2021年第三季度，营收为61.9亿元，相较上年第三季度同比增长111%；GMV为70.2亿元，同比增速高达107.7%；但此季度叮咚买菜净亏损为20.1亿元，上年同期的净亏损为8.29亿元；经调整净亏损为19.76亿元，上年同期的经调整净亏损为8.27亿元。

笔者在2014年牵头策划和组建了亚洲餐饮联盟，深知这个行业的痛点和难点。基于现阶段我国社会、经济、人口结构情况，资本现在切入新鲜蔬菜水果的社区分销，暂时还不是一个好生意。只有等到中国人口老龄化达到一定程度，并且城镇化的人口红利消失以后，才有切入的可能。

由于生鲜农产品的特性，目前的社区生鲜团购会有一定的市场，但是规模不会大于现有线下分销渠道的规模，会是现有线下分销渠道的补充，不会像保质期较长的工业消费品电商一样迅速替代线下门店。20年前出现的城市有机蔬菜种植和配送，就是现阶段社区生鲜团购创立自有品牌的雏形，但是至今没有出现全国性的知名品牌，这就实证说明了现在一二线城市的社区生鲜团购的商业模式成立，但盈利模式不成立。

第三节 我国互联网金融的本质是金融

基于4G网络的快速发展和网络普及，以及区块链技术带来的颠覆性创新遐想，新一代网络技术首先在金融领域得到了充分的应用。不少创业者和投资人进入互联网金融行业。从2010年开始发端，到2015年互联网金融的风生水起，再到2022年的回归理性，这是行业发展的必然。金融始终都是以实业作为存在的基础，对多数人来讲，从事互联网金融不是一个好的选择，过于“脱实向虚”，最终都会回归到“脱虚返实”。这段历史说明了全社会参与互联网金融的不可行性，为现在大家形成共识重新再重视制造业、重视硬科技，倡导经济脱虚向实提供了社会基础和经济基础，完成了国民教育。

互联网金融是我国近几年涉及人数最多、牵涉面最广、社会关注度最高、影响最深刻的经济转型尝试之一，自2010年在我国出现以后，2013年就在我国呈爆发式增长；到2015年，中国的互联网金融发展更是如火如荼，以P2P为代表的网络贷、以支付宝为代表的互联网支付、以借呗和花呗为代表的互联网小贷、以余额宝为代表的互联网理财等，借助4G网络的普及，发展得风生水起。但中国的互联网金融和日本、美国的互联网金融具有很大的不同，世界范围的互联网金融基本上是以这三个国家为主要模式。

日本的互联网金融以SBI控股为代表，是以互联网作为工具改造金融交易的方式，互联网是工具和手段；互联网金融就是在互联网上开展金融业务。日本SBI是世界最大的综合网络金融集团之一，是亚洲最大规模的风险投资、私募股权投资管理机构之一。日本SBI是日本软银集团的金融、投资和资产管理部门，以及其他软银集团内部与金融相关的业务和公司，单独成立的软银投资（Softbank Investment Corporation），于2005年7月更名为SBI控股；先后在日本东京和中国香港上市。日本SBI的业务领域涉及网络证券、网络银行、网络保险、网络外汇保证金交易平台、私设交易系统等金融服务业务，以及公募基金、风险投资基金、私募股权基金、不动产基金等资产管理业务①。

美国的互联网金融，更多地表现为互联网技术在金融业中的应用。在美国的互联网金融公司中有80%自认为是互联网公司，仅是介入了金融服务；只有20%的公司自认为是金融企业，持有牌照。在美国金融牌照的门槛不高，相对更开放，因此对互联网金融的概念不是很强。互联网金融在我国所扮演的角色就是打破金融管制的革命者和颠覆者的角色，与美国差异很大②。

国内的互联网金融公司更多地被认为是非金融机构利用互联网技术介入金融业务；既可以作为技术介入，也可以作为金融市场主体参与相关业务，本质是金融。由于对互联网金融的定义存在分歧，我们仅分析P2P、互联网支付、互联网小贷、互联网理财等具有显著互联网特征的互联网金融业务。在中国广泛使用的网上银行、网上证券交易等，不列入互联网金融范畴来讨论。

我国互联网金融兴起于2010年，爆发于2013年，以蚂蚁金服的余额宝和异军突起的P2P为代表，2015年就是互联网金融的巅峰之年，带动了互联网金融的快速发展；不仅包括P2P，还包括互联网小贷、互联网小额理财、第三方支付、众筹、数字货

① SBI中国. 网络金融生态圈：SBI集团发展历程［M］. 上海：复旦大学出版社，2014.

② 陈宇. 风吹江南之互联网金融［M］. 北京：东方出版社，2014.

币、大数据金融、金融门户等。让广大人民群众最快认识、了解互联网金融的就是兴旺于2015年的P2P，可谓是“其兴也勃焉，其亡也忽焉”；其爆雷惊天动地，2015年底的第一起是“e租宝”，涉案金额高达数百亿元。

P2P从2007年进入中国市场，自2011年开始进入大众视野，逐步发展到2013年成为互联网金融，在2015年达到顶峰后，2016年开始清理整顿，到现在已全部停业；最高峰时超过6000家企业从事P2P业务，经历了“其兴也勃焉，其亡也忽焉”的大起大落。核心就是我国P2P的行业本质决定了其商业模式不成立！

P2P网贷模式的雏形，是英国人理查德·杜瓦、詹姆斯·亚历山大、萨拉·马休斯和大卫·尼克尔森四位年轻人共同创造的。2005年3月，他们创办的全球第一家P2P网贷平台Zopa在伦敦上线运营，业务已扩至展意大利、美国和日本等国家。

在我国，最早的P2P网贷平台成立于2007年。在其后的几年间，国内的网贷平台还是凤毛麟角，鲜有创业人士涉足其中。直到2010年，网贷平台才被许多创业人士看中，开始陆续出现了一些冒险者，平台进入快速发展期，一批网贷平台踊跃上线。2012年我国网贷平台进入了爆发期，网贷平台如雨后春笋般成立，比较活跃的有400家左右。进入2013年，网贷平台更是蓬勃发展，以每天1—2家的速度快速增长，平台数量大幅增长所带来的资金供需失衡等现象开始逐步显现。

我国P2P产生的背景是2008年的金融危机后，金融体系遭受冲击，金融机构慎贷心理蔓延，实体经济信贷规模萎缩。对风险高度警惕的监管者，空前地加强了宏观审慎和微观审查监管，各项监管指标水涨船高。在对风险进行防范的同时，诞生了一个负作用，就是客观上加强了对金融的抑制，金融服务可获得性变低；中小企业获得金融机构的支持开始减少。造成一个现象：一方面，流动性过剩，甚至泛滥，央行不得不被动干预、疲于奔命，回笼流动性；另一方面，金融服务的结构性问题日益突出，大量对资金价格不敏感的国企和政府平台等占用了低价资金，而中小企业被加速挤出银行表内授信，这种挤出效应在2008年底开始的四万亿刺激经济计划中加速，为保证国企和政府平台的"刚需"，中小企业的融资更加困难。这导致了两个显性表现：一是货币"量价齐升"，一方面流动性充裕，另一方面资金价格高居不下。二是影子银行大行其道。由于正规金融的利率与信贷规模双管制，加之银行表内业务的监管成本提高，腾挪出表开始成为银行的必修课，通道业务层层加码，导致资金价格越来越高，获得的难度也越来越大。

P2P网贷的诞生，借助网络的优势，将这一部分压抑和蛰伏的金融需求激发出来。一方面，因为P2P尚未定性，处于监管真空，在中国严格的金融准入制度下，其成为民间资本进入金融领域的最便捷入口；另一方面，P2P将部分不能得到银行表内满足的信贷，包括符合信贷条件但需要出表的和本来就在银行服务之外的信贷需求，给予了一定的满足。P2P的快速发展是传统金融市场所无法解决的金融抑制所引发的。

从境外看，无论美国还是英国，其支持P2P发展的逻辑是高度一致的，即支持个人消费和中小企业发展，满足其信贷需求，从而提振经济活力，支持就业。但是P2P到我国以后就发生变形，主要原因就是我国征信体系不健全，很多信息都没有免费开放或者查询不到，在这种情况下，很多平台为了吸引更多的投资者和资金就不得不对借款人行为进行担保。这样的结果使国内的P2P很难成为一个相对独立的公共中介平台，这种加入自身信用的P2P模式，一旦出现问题，受损的不仅是出资人，还有平台本身和平台的所有人。我国的P2P和国外的P2P存在的差异主要体现在以下几方面。

第一，以欧美为代表的P2P更重视科技含量。他们称P2P为

“另类金融”“市场借贷”，是传统金融行业的一个补充；而我国的 P2P 更强调金融性，很多都是以小贷公司、担保公司或银行、传统金融背景进驻，科技含量不高。

第二，国外 P2P 强调用户信用记录，工作人员集风控与客服于一身，且占比非常大，而国内的风控和客服是不同岗位；且选择的用户往往是银行信用记录很好的，而我国客户的信用记录是很难查询的。

第三，国外 P2P 平台信息透明，是真正意义上的“点对点”。所有平台内借款客户都会知道出借人是谁，出借人也非常清楚自己的钱借给了谁。但在国内多数 P2P 平台形成了资金池，这一点就变得十分模糊，也成为 P2P 最大的雷。

我国的 P2P 与国外 P2P 具有本质的不同，我国 P2P 的本质是陌生人之间的高利贷，与金融的本质（信用）相冲突，就决定了该模式不同于国外 P2P 纯粹做撮合交易的科技属性，导致我国 P2P 的商业模式风险极大，盈利模式不成立。

接下来以一个笔者亲身经历的事件为案例进行论述。2013 年笔者回到北京工作不久，北京头部 P2P 企业 G 公司创始人 L 先生通过相关人员邀请笔者出任该公司总裁。该公司 2013 年放贷规模已经超过百亿元人民币。2014 年春节前，笔者应邀参加该公司在国贸酒店举办的上千人的公司年会后，就劝该创始人 L 先生迅速离开这个行业，当时他表示非常疑惑。

笔者告诉他，P2P 的商业模式在我国目前经济社会的发展阶段不成立，他说自己成立了“清收队”，他亲自带队清收，对待内部腐败是零容忍，处理非常坚决。笔者告诉他作用不大，希望他迅速转型，并告诉他现在这样运作，不仅他个人非常累，而且身体还容易出问题。说到此处，他轻轻地摘下帽子，面带羞涩、悠悠地对笔者说“我曾经也是一头秀发，现在却是头顶锃亮。以前跟古巴做国际贸易，每年只工作半年时间，赚钱比较轻松容易；到2010年看到P2P兴起，耐不住寂寞就成立该公司，现在每天睡眠不足4个小时，要盯上百个QQ工作群，及时跟进每个分子公司，三年时间头发全部掉完，就希望找个合适的人出任总裁，帮忙分担一些！”

笔者告诉L先生，以现在的流程和规模，创始人和主要管理者没有办法去盯每个项目，这是在用钱考验这些缺钱的年轻人，不仅是对企业不负责，也是对这些年轻人不负责。公司成立刚三年，负责清收的“金链子花膀子”员工在年会上就公开受到表彰，说明企业已经出事了。在金融行业靠“金链子花膀子”员工来支撑，就说明了商业模式不可行，未来发展不可持续。

L先生似有所思，淡然地对笔者说，从投资人募集的钱全部进入他个人银行卡内，再通过他个人账户借给贷款人，他对所有的借款提供了个人担保，并建立了上千万元的风险保证金账户，来保证投资人的出资安全。笔者告诉他这样操作只会使窟窿越来越大，如果现在已经还不上了，还有一个办法，快速转型建立一支有实业背景且有投资经历的投资团队，将募集的钱去买有前途的上市公司股票或者投资确实能够迅速IPO的项目，通过时间换空间，争取通过投资收益填补之前的窟窿。短期策略就是“快而致稳、大而不倒，迅速转型、力争永存”；在投资端转型后，企业顺势转变成一个规范的私募基金管理公司，合法经营，而且在2014年初，无论一级市场还是二级市场，都处于爆发的前夜，这样或许能规避未来的无妄之灾。

L先生面露尴尬，对笔者说他坚信通过他个人的“铁腕”能够保持企业健康发展。笔者确定不加入他公司后就和他基本没有联系，偶尔看他的微信朋友圈，G公司的放贷规模越做越大，甚至在国内发展了数百家分子公司，员工一度超过万人。笔者则继续劝说普通民众不要参与P2P投资，偶尔他私信笔者去他公司看看，并介绍他现在发展有多好。那时，已经不时有P2P企业跑路的消息；笔者没有关注他的公司，也没有询问他的运营情况，直到2020年8月的一天，突然翻看他的朋友圈，他朋友圈最后一条留言说："感恩一年多无薪坚守的员工，感恩长久支持信任的客户。"笔者这才确认他的经营确实已经出现严重问题！再用微信和电话联系L先生，已经联系不上。

我国P2P经过演变以后，不仅和日本、欧美具有很大的差异，而且行业本质逐步演变成陌生人间的借贷，导致其商业模式不成立，最后寿终正寝于兴盛之时。

第四节　具有双边市场效应的互联网支付

中国人民银行从2011年开始颁发第三方支付牌照，当时最多的业务内容是预付卡发行与受理业务，随着2012年以后4G网络的普及，第三方支付使用场景越来越多，才开始办理互联网支付牌照；到2013年合计颁发了第三方支付牌照250张；2014年发放19张；2015年全年仅在3月发放一张牌照。此后，直到2017年6月30日传化支付公布获得支付牌照，不过其获牌时间实际上为2015年12月8日，这成为迄今为止的最后一张支付牌照。在271张牌照中共有110家获得互联网支付资质。

随着电商在各行业的兴起，特别是在2015年停止新办第三方支付牌照以后，互联网支付牌照就成为市场上的稀缺资源。为了获得互联网支付的牌照，部分公司不惜重金收购具有互联网支付牌照的公司，让互联网支付牌照的交易价格在2015年以后水涨船高。据移动支付网发布的《十年激变——中国第三方支付牌照研究报告（2011—2021）》统计，从2012年1月京东收购网银在线开始算起，至今支付牌照相关的交易案例共62起，其中41

起都和互联网支付牌照有关。网银在线是在 2003 年成立，于 2011 年 5 月 3 日首批获得“支付业务许可证”，到 2012 年初被京东收购后，网银在线成为京东商城专属支付工具。2013 年，京东金融成立，网银在线更名为京东支付，网银钱包则更名为京东钱包。得益于京东的电商场景优势，网银在线在 C 端支付流量非常可观，并尝试走出京东体系参与市场竞争，京东成为第一家收购互联网支付牌照的电商企业。

到 2012 年 9 月，平安集团通过先后收购深圳市壹卡会科技服务有限公司（已更名为平安付科技服务有限公司）、上海捷银信息技术有限公司（已更名为平安付电子支付有限公司）获得了支付牌照，开创了大型金融集团收购支付牌照的先河。2013 年 12 月，海尔斥资 1.465 亿元收购快捷通支付服务有限公司来获得支付牌照，成为大型家电企业收购支付牌照的先例。2014 年 12 月，万达花了 3.15 亿美元收购快钱支付清算信息有限公司 68.7% 的股份来获得支付牌照，这是地产巨头收购支付牌照的案例。2015 年 7 月，小米花费大约 6 亿元收购捷付睿通股份有限公司来获得支付牌照，这是手机厂商收购支付牌照的案例。2016 年 5 月，新大陆花费 6.8 亿元收购福建国通星驿网络科技有限公司来获得支付牌照，这是 POS 终端厂商收购支付牌照的案例。2016 年 9 月，美团花费 13.5 亿元收购北京钱袋宝支付技术有限公司来获得支付牌照，这是外卖、生活服务企业收购支付牌照的案例。2017 年 12 月，滴滴收购北京一九付支付科技有限公司（已更名为北京滴滴支付技术有限公司）来获得支付牌照，这是出行企业收购支付牌照的案例。2019 年 9 月，PayPal 收购国付宝信息科技有限公司来获得支付牌照，这是外资企业收购支付牌照的案例。当支付牌照几乎成为大型互联网企业的标配时，作为炙手可热的“后起之秀”，字节跳动也没有缺席。2020 年 8 月，字节跳动收购（通过创始人张一鸣实际控制）武汉合众易宝科技有限公司来获得支付牌照，这是社交媒体、短视频企业收购支付牌照的案例。通过张一鸣实际控制支付牌照后，抖音很快便推出了抖音支付。2021 年 12 月，PingPong 控制浙江航天电子信息产业有限公司来获得支付牌照，这是跨境支付企业收购支付牌照的案例。

在以上的典型案例中仅有万达、海尔不是电商平台型企业，但两家企业随后都出售了其收购的互联网支付牌照。2022 年 6 月 24 日，小商品城发布《关于拟收购浙江海尔网络科技有限公司 100% 股权的进展》公告①，该公告指出，监管部门已经同意了快捷通关于变更实际控制人的批复，批复同意快捷通现有实际控制人海尔金控将所持海尔网络 100% 股权转让给公司。变更后，公司通过海尔网络间接持有快捷通 100% 股份，成为快捷通实际控制人，交易价格 4.493 亿元。早在 2020 年，市场便传闻京东以 16 亿元从万达金融手中收购了金融公司“快钱”，并已经提交至相关部门等待批复。

除了互联网支付牌照越来越集中到电商企业手中这个趋势以外，互联网支付牌照的交易价格从 2013 年以后水涨船高，到 2018 年达到顶峰以后，交易价格逐年降低。甚至一些没有实际开展业务，也没有找好买家的互联网支付牌照先后中止续展，或者被注销。北京商报 2022 年 6 月 26 日报道②，央行官网发布非银行支付机构“支付业务许可证”续展公示信息（2022 年 6 月第四批）。从续展结果来看，79 家参与续展的机构中，52 家支付机构完成续展工作，8 家支付机构中止续展，19 家支付机构牌照被注销。在 8 家中止续展的机构中，涉及 6 张互联网支付牌照。第

① 详见：https：//baijiahao. baidu. com/s? id = 1736755131537680869&wfr = spider&for = pc.

② 详见：https：//baijiahao. baidu. com/s? id = 1736704359247616102&wfr = spider&for = pc.

四批续展情况不如之前，特别是主动放弃申请或不予受理的支付机构达到了近四分之一，除了未提交续展申请主动退出的之外，支付牌照未能通过续展，主要是因为机构自身存在一些问题，比如存续期未实质上开展过支付业务、长期连续停止开展支付业务、存在较大风险隐患等，因不符合续展条件而不予续展。

2014 年滴滴与快的打车大战，不仅给普通老百姓普及了互联网支付，也巩固了阿里巴巴的支付宝和腾讯的财付通这两个互联网支付的市场寡头垄断地位，让其他互联网支付平台的市场空间被极度压缩。到 2022 年 6 月公告第四批续展审查注销 19 张后全国仅剩余 203 张支付牌照，其中还有处于中止续展状态的十余张。不仅是一般支付牌照，互联网支付牌照也从资本市场的香饽饽，到部分机构主动放弃申请续展，前后不到 5 年的时间，原因在于互联网支付成为电商平台的工具，具有显著的双边市场效应。

如果没有电商平台可以依附，在微信和支付宝这两大巨头已经渗透到社会经济的方方面面以后，互联网支付牌照除了自身体系顾客使用以外，就逐步失去了市场价值。统一的大市场就决定了未来互联网支付会逐步集中到少数几家主流的支付工具之上，原因在于互联网支付的两端都需要同步发展，不仅要有支付者，还得要有接受者，只有依附于互联网平台的互联网支付，才能得到好的发展；其被市场接受的程度和价值，是由自身所在平台的使用者数量所决定。这是受到了互联网支付的双边市场效应的影响。

第五节　利用长尾市场的互联网小贷

互联网小贷的特点是线上申请、线上审核、线上放贷，借助互联网的优势，足不出户就可完成贷款的全部流程；是“互联网 + 金融”的数字技术应用，服务贷款市场上具有小额贷款需求的长尾客户，是明显的长尾市场。

2010年3月25日，全国第一家互联网小贷公司浙江阿里巴巴小额贷款股份有限公司在浙江杭州正式成立，由此拉开我国互联网小贷行业的序幕。从互联网小贷公司发展趋势来看，2013年之前互联网小贷处于探索阶段，发展十分缓慢，数量较少，2014年以后由于各地陆续出台鼓励和扶持政策，互联网小贷进入高速发展轨道，特别是2016年互联网小贷公司数量急速增加，并达到了顶峰，共有47家互联网小贷公司成立，远超2015年互联网小贷公司总数，这主要与2016年各地互联网小贷鼓励政策密集出台和P2P网贷行业风险事件频发专项整治开始有关。到2017年3月底，合计有82家互联网小贷公司，但是这82家互联网小贷公司中有51家具有上市公司背景，是由上市公司直接或间接入股，其中有27家互联网小贷公司是由上市公司直接出资设立，占获互联网小贷牌照公司总数的33%，有24家互联网小贷公司是由上市公司间接入股设立，占获互联网小贷牌照公司总数的29%，体现了互联网小贷是“有钱人”参与的商业活动。

2015年4月17日，支付宝上线推出消费小贷产品——“借呗”，用户可以直接在支付宝上申请小额贷款。依据个人的信用评分，“借呗”芝麻分不低于600的用户有机会使用个人消费贷款，按照分数的不同，用户最高可以申请5万元的贷款，申请到的额度可转到支付宝余额。花呗也于2015年4月正式上线，主要用于在天猫、淘宝上购物。花呗上线半个月，天猫和淘宝就有超过150万户商户开通花呗。天猫数据显示，商户接入花呗分期后，成交转化率提升了40%。在2015年“双十一”期间，花呗全天共计支付6048万笔，占支付宝整体交易的8.5%。强调“个人化”“客户力量”以及“小利润大市场”，正是长尾市场的根本，互联网小贷在贷款市场的长尾效应逐步显现。

阿里巴巴的花呗和借呗兴起以后，京东开通了旗下的白条、腾讯开通了旗下的微粒贷、小米开通了旗下的小米贷款等，各主要互联网公司纷纷涉足互联网小贷，不仅是从互联网金融中分一杯羹，也是利用客户数量巨大的长尾市场，通过互联网小贷促进自身业务发展。据蚂蚁集团的招股书透露，花呗平均余额仅2000元，互联网小贷覆盖的长尾客户，主要是刚入职场的年轻人和大学生。特别是消费需求旺盛、没有经济收入来源、缺乏自律的大学生，互联网小贷成为其救急的来源。

2015年，中国人民大学信用管理研究中心与北京宜信至诚信用评估有限公司联合发布了一份涵盖全国252所高校近5万名大学生的《全国大学生信用认知调查报告》，该报告调查显示，23%的大学生经常感到经济紧张。当经济紧张时，经济来源主要是父母，8.77%的人使用贷款获取资金，其中小额信用贷款占比5.33%、网络贷款占比3.44%。在2009年，因为坏账率过高，银监会在实质上叫停了银行向学生发放信用卡。几乎在同时，中国开展消费金融试点，捷信作为首批试点引进的外资消费金融公司，开放了支持学生小额消费需求的业务通道。2013年，分期乐在深圳成立，开创了以互联网为手段做小微消费金融的模式。此后，京东白条、支付宝花呗相继上线，苏宁电器等电商也推出了针对校园市场的专项产品和服务。分期乐的示范效应带动了一大批创业公司进入，包括趣分期、优分期、爱学贷等。除此之外，还有数以千计的、或大或小的P2P平台，也将业务触角伸向了学生。校园贷异军突起，成为互联网小贷新热点，以及不少创业者切入互联网小贷的突破口。但是到2016年4月，教育部与银监会联合发布了《关于加强校园不良网络借贷风险防范和教育引导工作的通知》，明确要求对不良网贷平台进行整肃。这样就将没有大平台可依靠的、不合规的、社会效益不好的互联网小贷公司逐渐清理出市场。

与P2P不同，互联网小贷不将向普通个人融资作为资金来源，而是以股东自有资金，或者将借款人的债权通过资本市场发行 ABS 筹集资金，再放贷给小额借款人。据重庆市时任市长黄奇帆称，2017 年蚂蚁金服通过在重庆的两家互联网小贷公司重庆市蚂蚁小微小额贷款有限公司和重庆市蚂蚁商城小额贷款有限公司，将 38 亿元资本金，通过 1∶2 的比例从银行拆借 60 亿元的贷款，从而形成了合计约 90 亿元的网上小额贷款，然后通过资本市场循环发行 ABS，循环发了 40 次，形成 3600 亿元的贷款，杠杆曾达到上百倍。根据蚂蚁金服招股书透露，截至 2020 年 6 月末，以上两家小贷公司发放贷款和贷款余额总计 362 亿元，而蚂蚁集团当时共有 21540 亿元信贷规模，其中 98% 的资金来自合作银行和发行 ABS；蚂蚁“花呗 + 借呗”的消费信贷余额总计 1.73 万亿元，其中 98% 的信贷余额均由金融机构合作伙伴实际进行贷款发放，或已经完成证券化。这意味着，蚂蚁金服以 160 亿元的注册资本金撬动了近 2 万亿元的贷款规模。2017 年 11 月 21 日，互联网金融风险专项工作领导小组办公室发布《关于立即暂停批设互联网小贷公司的通知》，决定各级小额贷款公司监管部门一律不得新批设网络（互联网）小贷公司，禁止新增批小贷公司跨省（区、市）开展小额贷款业务。

2020 年 11 月 2 日，银保监会和中国人民银行共同发布《网络小额贷款业务管理暂行办法（征求意见稿)》，要求在单笔联合贷款中，经营网络小额贷款业务的小额贷款公司的出资比例不得低于 30%，以及互联网小贷注册资本不低于 10 亿元，跨省经营互联网小贷不低于 50 亿元。对自然人的单户网络小额贷款余额原则上不得超过 30 万元，不得超过其最近三年年均收入的 1/3，该两项金额中的较低者为贷款金额最高限额。这意味着，虽然像蚂蚁金服两家小贷公司这样的以较少资本金撬动高额贷款规模的高杠杆玩法将不会再出现，但互联网小贷公司的经营门槛和跨省经营门槛明显提高，让能够参与该项投资的创业主体受到限制。

叠加最高法下调民间借贷利率保护上限的压力传导效应，互联网小贷行业中的多数业务发展会受到影响，行业的马太效应会出现，多数小贷公司将成为小贷市场上的长尾部分。

互联网小贷公司利用了贷款市场中大量小额贷款需求的长尾市场，不仅在互联网小贷中得到充分体现，也逐渐挤占线下贷款市场中的长尾部分，导致线下小贷公司数量快速减少。2022 年 7 月 27 日中国人民银行发布的《2022 年二季度小额贷款公司统计数据报告》显示，截至 2022 年 6 月末，全国共有小额贷款公司 6150 家，对比之前发布的截至 2022 年 3 月末，全国共有小额贷款公司 6232 家，小贷机构数量在 2022 年第二季度总体减少 82 家。再根据之前中国人民银行公布的数据，截至 2021 年末，全国共有小额贷款公司 6453 家，能够计算出 2022 年上半年 6 个月减少了 303 家。到 2023 年 6 月末，全国共有小额贷款公司 5688 家，一年内减少 462 家；贷款余额 8270 亿元，2023 年上半年就减少 837 亿元。至 2023 年 9 月末，全国共有小额贷款公司 5604 家，贷款余额 7856 亿元，三个季度减少 1251 亿元；至 2023 年 12 月末，全国共有小额贷款公司 5500 家，贷款余额 7629 亿元，单季度减少 160 余家，贷款余额减少 227 亿元；体现了线下小贷公司和贷款余额均快速下降。2015 年，国内小额贷款机构曾高达 8910 家，从业人员更是突破 11 万人，8 年时间小贷公司少了 3306 家，超过 1/3，从业人员则在此期间锐减 5 万多人，减少过半。

在线下小贷公司快速减少的过程中，互联网小贷行业呈现出马太效应。到 2023 年底，字节跳动旗下深圳市中融小额贷款有限公司注册资本由 90 亿元增加至 190 亿元，是国内第三家注册资本达百亿元的网络小贷公司，这一数额超越了腾讯旗下注册资本 105. 26 亿元的财付通小贷和蚂蚁金服旗下注册资本 120 亿元的蚂蚁小贷。2023 年，京东旗下的京东小贷、字节跳动旗下的中融小贷、滴滴旗下的西岸小贷等多家小贷公司均增资至 50 亿元，并在满足跨省经营标准之后继续增资。这些小贷公司频繁增资的原因是业务发展较快，外部融资较多，接近净资产的 4 倍，必须通过增加注册资本金提高净资产，以保证业务合法合规开展。

2024 年 2 月，国家企业信用信息公示系统显示，浙江阿里巴巴小额贷款股份有限公司（以下简称“阿里小贷”）进入清算注销程序。至于此番清算注销，网商银行相关负责人对外回应称，阿里小贷的业务已由网商银行全部承接，作为网商银行成立前的过渡公司，阿里小贷于 2022 年 11 月已无实际运营业务，因此注销阿里小贷对阿里巴巴集团无实质性影响，标志着为解决电商中小卖家贷款难问题的小贷公司已完成使命，在监管指导下退出历史舞台，阿里小贷按流程进入清算收尾工作。

在有实力的互联网小贷公司增资扩张或转型为银行之时，更多的区域性的互联网小贷公司加速离场。截至 2022 年 8 月，据不完全统计[①]，市场中的存量网络小贷牌照在 280 家左右，至少注销了 27 家；到 2023 年底，存量网络小贷牌照减少至 250 家左右，这说明小贷市场在互联网消除了区域限制的作用下，能充分发掘利用长尾市场的互联网小贷公司，逐步具有了马太效应，头部企业越来越强，多数互联网小贷公司和线下小贷公司逐步成为小贷市场上的长尾部分。

第六节　具有马太效应的互联网理财

中国互联网络信息中心发布第 52 次《中国互联网络发展状况统计报告》显示，截至 2023 年 6 月，我国网民规模达 10.79 亿

① 详见：http：//news. sohu. com/a/578075395_121123899.

人，较2022年12月增长1109万人，互联网普及率达76.4%。互联网的便捷性让不少有理财需求的普通投资人选择互联网理财。相对于传统理财的资金门槛，互联网理财几乎没有门槛，100元即可出资，这让互联网理财更倾向于大众化路线。互联网理财的便利性不仅促进了城市居民选择互联网理财，而且显著促进了农户家庭金融资产配置①。

互联网理财投资就成为财富管理市场的重要参与者，主要依赖两类平台的渠道来达成理财产品的销售和购买：第一类是大型金融集团推出的互联网服务平台。最典型的是券商理财平台、银行理财平台和基金公司平台，通过这些平台的渠道销售自己发行的理财产品。第二类是第三方平台。这类平台只是起到中介作用，不吸收资金，也不放贷，它们只是负责提供信息服务。典型的例子有阿里巴巴的支付宝、腾讯的理财通、京东金融、苏宁金融等。

2023年8月4日，银行业理财登记托管中心发布《中国银行业理财市场半年报告（2023年上）》。该报告显示，2023年上半年，持有理财产品的投资者数量达1.04亿个，理财产品累计为投资者创造收益3310亿元，全国共有265家银行机构和30家理财公司有存续的理财产品，共存续产品3.71万只，较年初增长6.88%；存续规模25.34万亿元。分机构类型来看，理财公司存续产品数量和金额均最多，存续产品数为1.62万只，存续规模20.67万亿元，占全市场的比例达到81.55%（见图7-1）。

① 喻言，徐鑫．互联网使用对农户家庭金融资产配置的影响——基于风险偏好的调节作用［J/OL］．调研世界，https：//doi.org/10.13778/j.cnki.11-3705/c.2022.07.006.

机构类型	机构数量（家）	存续产品数量（只）	存续规模（亿元）	存续规模同比（%）
全市场总量	295	37062	253397	-13.07
大型银行	6	694	7624	-29.43
股份制银行	11	913	6543	-84.37
城商行	105	9257	21755	-37.29
农村金融机构	131	8058	10039	-16.54
理财公司	30	16202	206652	7.99
其他机构	12	1938	784	5.95

图 7－1　2023 年 6 月末各类机构理财产品存续情况

资料来源：银行业理财登记托管中心。

通过第二类平台渠道销售的主要是各个基金公司发行的理财产品，其中最有代表性的就是余额宝。从 2013 年余额宝诞生起，其就被普遍认为是开创了互联网理财元年，余额宝成为了互联网理财最典型的代表。余额宝上线一年后，它不仅让数千万从来没接触过理财的人萌发了理财意识，激活了金融行业的技术与创新，并推动了市场利率化的进程。华夏银行发展研究部研究员杨驰表示，余额宝的出现，满足了居民日益增长的资产配置需求，对现有的投资产品是一个很好的补充，不仅提高了理财收益，降低了理财门槛，更唤醒了公众的理财意识。中国人民大学金融与证券研究所所长吴晓求表示，余额宝的核心贡献在于实现了余额资金的财富化，确立了市场化利率的大致刻度，有利于推动利率市场化进程。

由于余额宝的横空出世，拓展了大众理财的渠道，在余额宝强大的资金聚拢效应影响下，不仅各大银行纷纷推出类似余额宝的产品以应对挑战，比如平安银行的“平安盈”、民生银行的“如意宝”、中信银行连同信诚基金的“薪金煲”、兴业银行的“兴业宝”和“掌柜钱包”等，这些银行系“宝宝军团”多为银行与基金公司合作的货币基金；而且京东、腾讯、苏宁等互联网平台和基金公司合作也不断推出各种理财产品。这些“宝宝军团”和理财产品的出现，并未影响余额宝的中国第一大货币基金地位。天弘基金公布的2015年年报显示，余额宝在2015年净利润为231.31亿元，余额宝份额净值收益率达3.6686%，同期业绩比较基准收益率为1.3781%。在2015年利润排名前五位的基金中，天弘余额宝排名榜首，其他分别为广发聚丰、中邮核心成长、易方达瑞惠灵活配置混合、添富均衡。排名后四位的基金年利润没有一家超过百亿元，余额宝就成为当之无愧的互联网理财代表。

到2017年第一季度余额宝余额就超过万亿元，到2018年6月底，余额宝六只货币基金的合计规模达到1.8万亿元；但自2017年8月与余额宝“同门”的余利宝诞生以后，叠加2018年货币基金纳入监管，以及腾讯、京东、苏宁、小米等第三方平台上理财产品增多以后，余额宝就开始不断“瘦身”，到2021年第一季度末其规模就跌破万亿元大关。但是从2019年中开始，余额宝的第一大持有人，一直是一位持有2.2亿份的个人投资者，到2021年12月末都未曾变化，明显与余额宝的小额理财定位不同。

据天弘余额宝年报披露，截至2021年末，余额宝规模为7491.17亿元，同比下降37.09%，自2017年达到1.58万亿元后，首次跌破万亿元大关。余额宝2021年户均持有的基金份额同比下降超过40%，仅为1022.33份，而2017年该数据为3329.57份（每份基金份额面值为1.00元）。由于投资金额小，因此大众投资人更倾向于选择互联网理财。尽管余额宝整体规模及利润都在下降，但余额宝持有人户数却仍在上升，2021年同比增长6.15%，首次突破7亿户，达到7.33亿户，相当于每两个中国人中就有一个余额宝用户。截至2022年3月31日，过去9年间，余额宝累计为投资者赚取收益超3000亿元。余额宝和余利宝属于典型的依赖支付宝这个第二类渠道的互联网理财产品。截至 2023 年 12 月 31 日，天弘余额宝的规模为 7022.53 亿元，全年实现利润 32.47 亿元。

根据腾讯 2019 年财报[①]，基于 2018 年腾讯财报公布的理财通用户数突破 1 亿人，管理规模突破 6000 亿元，按照公布的增长率推测理财通 2019 的用户超过 2 亿人，管理规模破万亿元。虽然在以后的年报中腾讯未再单独列出理财通的相关数据，但是我们基本可以判断，基于微信用户数的持续上涨，理财通的管理规模应该在万亿元以上。

无论是银行系理财产品，还是非银金融机构的理财产品，都依赖分销渠道，特别是第三方平台的分销渠道。只有跟微信和支付宝这样具有强分销能力和影响力的第三方渠道合作，才能够扩大理财产品的销售量。少数具有强大分销网络的平台占据了互联网理财的多数份额，总体呈现出头部集中的趋势，让互联网理财呈现出明显的马太效应。

---

① 详见：https：//xw. qq. com/cmsid/20200320A0NZZ800.

第三篇

产业数字化

产业数字化是传统产业利用数字技术对业务进行升级，进而提升生产效率和效益的过程。产业数字化转型的结果，不仅是效率的提升，还是生产成本的降低和效益的提高；产业数字化就是将数据作为生产要素进行创新性配置，发展新质生产力。

新华社2019年9月20日发表了《我国是全世界唯一拥有全部工业门类的国家》，该篇文章认为，依照联合国产业分类的定义，“全部工业门类”意味着拥有41个工业大类、207个工业中类、666个工业小类，我国是全世界唯一拥有联合国产业分类中所列全部工业门类的国家。体系结合产能，标志着我国已经成为当之无愧的“世界工厂”。我国制造业实现了从百年前尚停留在“一穷二白”的窘境，到如今则牢牢占据全球制造业年产值的第一位，占比接近三成，约等于排名第二名至第四名的美国、日本与德国之和的转变。中华人民共和国成立70周年时，我国工业增加值增长超970倍，形成了独立、完整的现代工业体系，是全世界唯一拥有联合国产业分类中所列全部工业门类的国家，用几十年走过发达国家几百年的工业化历程。

现在我国产业走到数字化转型的十字路口，不少产业的数字化转型没有了其他国家可以参考的样板，没有可以模仿的模范企业，我国产业数字化转型该如何进行呢？《中国数字经济发展研究报告（2023 年）》数据显示，2022 年我国产业数字化规模已达 41 万亿元，占数字经济比重为 81.7%，占 GDP 比重为 33.9%，产业数字化规模同比增长 10.3%。

传统产业要进行数字化转型提升效率，涉及转型的方向选择，是以效率优先，还是以成本优先、技术优先等；不同的方向选择会带来不同的转型效果。2023 年笔者作为民建中央课题调研组成员到全国各地调研后发现，产业数字化转型顺从行业本质，事半功倍；产业数字化转型违背行业本质，事倍功半。

产业数字化的核心要素不是数字化工具，而是运用数字化工具做数字化管理，让数据说话，发展新质生产力，进而提升企业的竞争力。未能基于行业本质进行数字化转型，是我国产业数字化转型成功率低于 10%，失败率高于 80% 的核心原因。

产业数字化成功与否，关系到数字中国建设能否成功。只有认清行业本质，基于行业本质进行数字化转型，才能提高产业数字化转型的成功率，也才能将数据这个生产要素进行创新性配置，发展新质生产力。

第八章　数字化效率提升业

依据国家统计局发布的《数字经济及其核心产业统计分类(2021)》，数字化效率提升业是指应用数字技术和数据资源为传统产业带来产出增加和效率提升的行业，包括农林牧渔业、制造业、建筑业、交通运输仓储和邮政业、住宿和餐饮业、金融业、房地产业、租赁和商务服务业、科学研究和技术服务业、水利环境和公共设施管理业、居民服务修理和其他服务业等。

数字化效率提升业，就是产业数字化，是将数据作为生产要素进行创新性配置，催生新质生产力。产业数字化主要包括以下内容。

(1) 数据化。将模拟信息数字化，生成大数据，形成产业数字化转型的资源基础。通过对信息的收集、监测、传输、整理、分类等手段生成备用数据。

(2) 共享化。构建信息系统，实现不同系统之间的数据互联互通、交换共享。通过互联网将不同系统产生的数据连接到一起，实现系统间的数据流通、交换和共享。

(3) 融合化。将不同系统、不同科技之间的数据进行融合创新，形成 $1+1>2$ 的效应。例如，服装制造业与大数据、养殖业与大数据、人工智能与大数据的结合等，能够产生效率倍增的效应。

(4) 创新化。在数字化转型基础上产生新产业、新业态和新模式，包括共享经济、数字化农业等新产业，SHEIN（希音）、7-11 便利店等新业态，文生图片、文生视频等新模式。

（5）协同化。数字化带来组织变革，实现跨界融合、协同工作；不仅打破部门之间的壁垒，还通过网络化的协同工作机制，顺畅信息传递，提高决策效率。

（6）智能化。在收集的大数据的基础上，利用共享的数据进行分析，使用人工智能等技术手段进行数据挖掘、归纳总结、知识发现、智能决策等，产生智能化的效果。

（7）社会化。在数字社会中，用户从消费者也可以跃升为共创者，参与产品设计、知识生成和创新创意。在数字社会中，普通人可以容易地实现一个好的商业创意，"知识 + 信息"的整合式创新将成为未来一段时间创业的主流。

产业数字化的本质是利用数字工具、手段和平台，对信息、知识、产业、组织与管理等进行变革，在技术上启用新技术，在产业上形成新产业，在管理上优化协同，在社会上扩展参与，实现社会工作与生活的整体性的革新与迭代，实现生产要素的创新性配置，催生出新质生产力。

产业数字化转型的核心是数据化、智能化和融合创新，其影响几乎覆盖社会生产和生活的各个方面。肖旭和戚聿东[①]认为传统产业的数字化转型是我国经济转向高质量发展阶段的重要任务之一；产业数字化转型的价值维度体现在驱动产业效率提升、推动产业跨界融合、重构产业组织的竞争模式以及赋能产业升级四个方面，改变了传统的商业逻辑，为产业发展注入了新的活力。

陈金丹和王晶晶[②]实证检验了产业数字化及其与本土市场规

① 肖旭，戚聿东．产业数字化转型的价值维度与理论逻［J］．改革，2019，306（8）：61－70．

② 陈金丹，王晶晶．产业数字化、本土市场规模与技术创新［J］．现代经济探讨，2021（4）：97－107．

模交互项对技术创新的影响。研究发现，产业数字化显著促进了技术创新的数量增加和质量提升，具有创新增量效应和提质效应；我国的本土市场规模优势将强化提质效应；出口对提质效应和增量效应的作用方向与本土市场需求一致。因此，我国应该加快产业数字化转型，释放数字经济与本土超大市场规模的乘数效应，助力中国制造业的创新发展。

第一节　产业数字化需要基于行业本质

近年来，我国在产业数字化的工具设计方面取得了巨大的进步，例如，操作机器人、自动化流水线、无人工厂、黑灯工厂等，数字化转型在企业经营的效率和效益等方面的成果显著。数字经济也得到长足的发展，但是产业数字化的核心要素不是数字化工具，而是运用数字化工具做数字化管理，让数据产生价值，将数据作为生产要素进行创新性配置，提高企业的效率和效益。

我国经历过“金融 + 数字化”的 P2P 等互联网金融、“信用 + 数字化”的虚拟货币、“生鲜销售 + 数字化”的一二线社区生鲜团购、“XXX + 数字化”的部分共享经济等行业性、系统性的数字化转型失败案例，不仅造成数万亿元的社会财富损失，还影响了其他行业的融资，间接导致我国股权投资行业进入低潮期。

2023 年 2 月 27 日，中共中央、国务院印发《数字中国建设整体布局规划》，指出建设数字中国是数字时代推进中国式现代化的重要引擎。2023 年 6 月 12 日，财政部和工信部联合发布《关于开展中小企业数字化转型城市试点工作的通知》；随后中共北京市委、北京市人民政府发布《关于更好发挥数据要素作用进一步加快发展数字经济的实施意见》；各地推动数字化转型和数字经济建设如火如荼。

产业数字化是将产业和数字技术相结合，数字化只是手段，产业才是基础。仅强调产业数字化转型，而在没有认清行业本质的前提下，贸然发力产业的数字化转型，效果可能低于预期，甚至适得其反。在行业本质不适合数字化转型的行业，或者现在不适合数字化转型的行业推行数字化，就会再次出现像P2P、虚拟货币、一二线社区生鲜团购等这样的系统性的数字化转型风险，不仅浪费了社会财富，也打击了数字化转型的信心，还影响了其他产业的融资发展；在适合数字化转型的行业，如果不是基于行业本质进行转型，也难以达到转型的目标。

在适合做产业数字化转型的行业，认清行业本质以后，按照行业本质设计数字化转型的方向和路径，才能够提高转型成功概率，降低转型成本，带来转型效率和效益的双提升。例如，服装行业的行业本质是周转率，在服装行业做数字化转型，就需要紧紧围绕如何缩短整个产业流程的周转时间，提高周转率，才能达到事半功倍的转型效果。SHEIN（希音）能够迅速崛起的核心原因就是基于“周转率”做数字化转型，将产品的周转时间从世界快时尚品牌ZARA的20—25天缩短到10—12天，企业对内、对外的考核指标90%以上都跟周转时间相关，凭借此SHEIN迅速成为我国，乃至全球估值最高的服装企业，也是我国目前估值超过4000亿元人民币的四家未上市的互联网企业之一。

与SHEIN相对应的是“中国版ZARA”拉夏贝尔，其由于数字化转型未基于行业本质，因此在三年内就从巅峰走向困境。拉夏贝尔数字化转型是以扩大企业销售收入为出发点，企图通过不断新开门店，增加曝光次数，从而增加顾客总数量，及时满足顾客的各种需求，进而提升总的销售收入。但是，在这个转型方向上，与服装的行业本质相悖，导致拉夏贝尔的库存量快速增加，周转率快速降低，仅三年时间，就使用时19年从零起步成为A+

H 股的我国女装第一品牌陷入困境。

SHEIN 和拉夏贝尔这两家我国几乎同时期做数字化转型的女装企业案例，验证了行业本质理论：行业本质决定企业盈亏数量级，左右企业存亡。但是，在中华人民共和国成立之前，我国服装业的行业本质不是周转率，而是成本领先，如果能够低成本地生产出服装，就能够在服装行业胜出；在纺织行业出现革命性技术改进以后，生产成本极大降低，行业的生产成本趋同，成本就不再是服装行业的本质，基于设计、成本、生产、渠道、营销等方面的同质化后，通过行业内的竞争，服装行业的本质就衍生成为周转率。

近 10 年，养猪业大起大落，每轮猪周期都至少有一家上市的养猪企业走向破产，无论是 2018 年的雏鹰农牧，还是 2022 年的正邦科技。但是，雏鹰农牧和正邦科技走向破产的原因都不是养殖技术、猪种、成本、营销、管理等与企业经营直接相关的生产要素出现异常，而是企业在生产经营节奏上未顺应"猪周期"这个行业本质，导致企业在一两年内不仅将过去一二十年的盈利全部亏光，而且最后面临资不抵债。

养猪企业能否掌握猪周期呢？是完全能够的。因为猪周期有一个先导性指标——能繁母猪存栏量，农业农村部定期会公布这个数字。当能繁母猪存栏量高于先导指标时，预示 10 个月后猪价会下跌，养猪业进入行业性亏损期；当能繁母猪存栏量低于先导指标时，预示 10 个月后猪价会上涨，养猪业进入行业性盈利期。

因此，在改革开放之前，我国养猪业的行业本质不是猪周期，而是养殖技术；只要通过养殖技术缩短养殖周期，提高料肉比，就能够在养猪业中胜出。这就是在 20 世纪八九十年代从事饲料生产的企业都赚了大钱的缘故，至今不少省份的首富都是通过饲料行业起家的。但是现在养殖技术趋同、猪种趋同、饲料配方趋同、养殖成本趋同，销售市场完全统一，由养猪企业之间的竞争形成的猪周期就成为了养猪业的行业本质。

解析一个行业的本质需要根据技术、市场竞争状态的变化而进行调整，行业本质是随市场环境和技术进步的变化而变化；在行业的不同发展阶段，由于行业内竞争态势不同，消费者期望不一样，行业本质会随之变化。但是，企业务必要顺应行业本质进行经营，只有这样才能取得事半功倍的经营效果。企业的数字化转型只有顺应行业本质才能取得成功。

近几年，光伏组件生产行业的发展如日中天，《投资新思路：左右存亡的行业本质》一书研究发现，光伏组件制造业的行业本质不是规模领先，也不是技术领先，而是成本领先，只有紧紧以“成本领先”为基础来布局技术、生产、市场和工厂选址，才能在激烈的市场竞争中突围，没有坚持做到生产和使用“成本领先”的无锡尚德、江西赛维、汉能、英利等第一代、第二代光伏组件生产企业都已经更换了实际控制人或者倒闭了。现在，光伏组件生产进入“贴身肉搏”拼价格的阶段，企业做数字化转型更要基于行业本质，才能在未来激烈的市场竞争中站稳脚跟，也才能在未来的研发、技术、生产、工艺、选址等方面明确工作方向。否则，就有可能重蹈现在部分汽车生产企业的覆辙，集数字化技术之大成的生产线刚建好就面临被废弃的窘境。

当前，我们都在强调产业数字化转型，但在没有认清行业本质的前提下，贸然发力产业的数字化转型，效果很大可能低于预期，甚至适得其反。这就是 2023 年调研时得到的反馈，产业数字化转型成功率低于 10%，失败率高于 80% 以上的核心原因。产业数字化需要顺应行业本质，只有认清行业本质，才能确定产业数字化的方向和路径；只有顺应行业本质，产业数字化转型才能成功。应基于行业本质，提高产业数字化转型的成功率。

第二节　数字化方向基于提高周转率的 SHEIN

《福布斯》发布“2023 中国内地富豪榜名单”，39 岁的许仰天以新人身份超越了美团的王兴、京东的刘强东，排在第 25 位，他的财富值达到了 100 亿美元。不少人惊叹谁是许仰天？他是干什么的？许仰天能成为富豪，是因为他经营着一家跨境电商女装品牌 SHEIN（希音），这家公司目前在国内没有做任何销售，以至国内多数人都不知道这家企业，却在国外干得“风生水起”，估值超过 4000 亿元人民币，成为国内估值超过 4000 亿元人民币且没有上市的四家互联网企业之一。SHEIN 连续五年盈利，2023 年的利润超过 20 亿美元。

这几年来，SHEIN 的估值一直以火箭般的速度上涨。在 2020 年 SHEIN 完成 E 轮融资时，其估值约为 150 亿美元；2021 年 6 月，SHEIN 的估值超过 400 亿美元；胡润研究院发布的《2022 年中全球独角兽榜》中，SHEIN 以 4000 亿元人民币的估值位列全球第五大独角兽企业，仅次于抖音、SpaceX、蚂蚁集团、Stripe。胡润百富公布的《2023 全球独角兽榜》中，SHEIN 以 4500 亿元人民币估值排名全球第四，成为估值增长最快的独角兽企业之一。

由美国知名权威咨询公司 Morning Consult 发布的《全美十大增长最快品牌调查报告》显示，SHEIN 为“2023 年十大增长最快品牌总榜”第四名，与 ChatGPT、Zelle、OpenAI、Facebook、CocaCola 等众多国际知名品牌齐名，成为唯一入选上述榜单的中国品牌（见图 8－1）。

图 8－1　2023 年十大增长最快品牌

SHEIN 还同时入选“2023 年千禧一代中十大增长最快品牌”第二名，成为全美千禧一代（1981—1996 年出生）年轻人最喜爱的品牌之一（见图 8－2）。

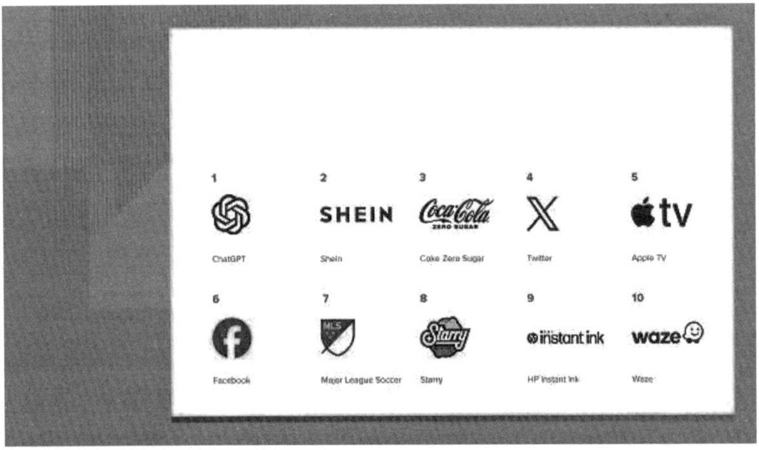

图 8－2　2023 年千禧一代中十大增长最快品牌

对所有参与调查的消费者而言，SHEIN、亚马逊药店、e. l. f. 和倩碧，都是该榜单上的知名品牌和零售商。报告分析显示，年长消费者、X 世代、婴儿潮一代以及千禧一代，对 SHEIN 的购买兴趣度增长较快，其中千禧一代增速最为明显，SHEIN 在 Z 世代（18—25 岁）核心受众中占据主导地位。

2022 年，SHEIN 排名最受 Z 世代女性欢迎品牌的第八名，与 YouTube、谷歌等 20 余个国际知名品牌一同登上 2022 年最受 Z 世代喜爱品牌榜单。仅过一年，2023 年 SHEIN 的排名就上升至第二名；在 2023 年火爆全球的大语言模型 ChatGPT 是“千禧一代中十大增长最快品牌”的第一名，SHEIN 紧跟其后，是榜单的第二名，深受美国年轻消费者的欢迎和喜爱；其中，Z 世代女性对 SHEIN 的好感度，相比 Z 世代男性高出 29. 26 个百分点。

金融服务机构 Piper Sandler 在 2023 年秋季的一项调研显示，SHEIN 斩获了 Piper Sandler 美国年轻人最受欢迎的购物网站第二位，Piper Sandler 美国年轻人最受欢迎的服装品牌第四位；与 Nike 同时入选这两大榜单，成为最受美国年轻人欢迎的服装品牌。

清华大学战略性新兴产业研究中心副主任胡麒牧认为，SHEIN 崛起的背后是其不断用技术帮助供应商持续优化实现数字化制造的结果，在这过程中助力我国服装制造业转型升级，通过数字化的工具让供应链更加高效，做更加个性化服装；小单快反的同时，能够系统化地降本增效，这是典型的品牌和创新驱动。

SHEIN 的创始人李仰天精于算法的梳理、排列和组合。SHEIN 发明了一套针对女装流行数据进行实时捕捉的系统，该系统可以对各种服装销售网站的产品进行数据抓取并总结，从而预测出未来一段时间的流行趋势。SHEIN 建立了数量巨大的消费者体态、体型、偏好、尺码、价位、颜色、搭配、面料、风格组合等庞大的终端数据库，精化出了一整套算法，任何一个指标的变动，会带来服装设计的变化，这就给设计师一个方便的入口，能够迅速组合提出一系列新的创意，这样无穷的创意组合，给了SHEIN理论上无穷的SKU——每天上新数千款女装，每周上新数万款女装。

SHEIN创始人许仰天早期工作是做SEO（搜索引擎优化），熟悉电商搜索逻辑，了解流量分配逻辑。SHEIN是Google在中国最大的客户之一，从一开始就对这一搜索引擎巨头进行投入，直到今天；SHEIN也是我国最早在抖音投流的商家。这样的好处非常明显，SHEIN通过打造一套强大的供应链信息系统，接入各大浏览器，探查时下任意地区的流行趋势，通过该系统收集信息提供给SHEIN，以此指导设计师设计产品，对消费者偏好作出即时反应。设计师在接收到顾客的偏好数据后，一般数小时就可以设计出样图，随即向配套体系中的服装加工企业发出订单，服装加工企业生产出样品，通常此时生产的样品就是几件或者十来件，经过检验合格后就上架试销，有了销售以后，才开始正式向工厂下定单，一般首单只有100—300件，在数据验证畅销之后再不断翻单补货，甚至在一天之内根据销量多次下单，以确保足够低的库存和足够高的周转率。

以衬衫产品举例，设计师根据搜索形成的顾客画像，在数小时内设计完成后，SHEIN立即通过内部系统向配套的各工厂下达订单，工厂业务部根据生产排期决定接单后，计算完成本，通过SHEIN的系统向专门的面料商下单，数小时或者十个小时后面料到工厂，工厂在24小时内作出样本给SHEIN确认，即使遇到供应链异常，从设计到生产全流程也不超过7天。鼎盛时期的Zara完成这一过程至少需要15—20天。因此，市场分析人士纷纷将SHEIN的成功总结为高效地利用了中国市场的供应链能力，即“小单快反+优质供给”。但这只是生产的组织形式，SHEIN经营的核心底层逻辑是“周转率”。

SHEIN成了周转率最高的快时尚品牌，其商业逻辑是，借助热词搜索，进行顾客画像，预测最新潮流趋势，通过严控供应链时间，将打样到生产流程的周期缩短至极致，通过极尽可能地缩短周转时间，提高周转率，以达到库存最少，半存品最少，占用资金量最少的最佳经营状态，从而实现企业高增长率和经营效益。SHEIN 的每款商品起始都只生产数十件，根据销量不断增加下单量，即使是爆款，也不会大量下单，都是根据销量逐步下单，保持最低的库存。如果一个小微厂家不能保证供应，就向生产能力更大的厂家下订单，甚至同时分配给数家，或数十家企业同时生产，从而发挥我国供应链的优势，满足爆款产品在短时间内市场需求的急剧扩大，规避生产周期过长带来的服装过季形成库存。

快时尚鼻祖 ZARA 的设计灵感来自设计师和线下门店每天的反馈，SHEIN 的设计灵感则是来自 SHEIN 网站、各大社交平台和主流网站的点击率、停留时间和复购率等。这让 SHEIN 的上新率冠绝全球，每天上新数千款，每周上新数万款，这都源于 SHEIN 对供应链上全流程、全环节的极致数字化改造转型。

SHEIN 不仅注重自身的数字化转型，也注重供应链上配套企业的数字化转型。SHEIN 直接出资帮助供应链上的生产企业完成数字化转型，不是入股，也不是投资，而是出钱帮助工厂升级，从面料厂到成衣厂，让整个供应链条上的企业都能够匹配 SHEIN 的快速响应系统。用 SHEIN 的订单和信用与工厂合作，通过自身的小投入撬动了整个供应链条上的大变革，既保持了供应链体系的灵活性，又让相关配套企业有危机感。接受 SHEIN 的升级配套，就意味着企业融入了 SHEIN 的供应链体系，无论是产能、质量与速度都要达到 SHEIN 的要求；一旦质量或者产能达不到 SHEIN 的要求，就会被淘汰出 SHEIN 的供应链体系。SHEIN 的结款周期是半个月，甚至是周结，这是其他任何零售品牌、跨境平台，以及国内大电商平台和采购商都不能比拟的，这也是供应链体系上的企业全力以赴的动力所在。

为保证供应链体系数字化转型成功，SHEIN 建造了精益培训道场，分为四个主题——车缝道场、质检道场、精益道场以及面料检验道场。供应链体系上的配套企业输送人才到这里接受 5—10 天的培训，得到 SHEIN 颁发的合格证书后才能回工厂上岗。在汽车领域的精益生产模式，又称准时制生产模式，即：只在需要的时候，按需要的量，按时生产出所需的产品；追求一种零库存，或库存最小的生产组织形式。SHEIN 做好了精益生产后，分享给供应链上的配套企业，大家一起提高效率，降低成本，减少损耗，挖掘潜力，降低周转时间，最后提升整个供应链的效益。生产流水线的流程被简化到不能再简化为止。比如折叠衣服，通过总结提炼，要从什么地方开始，什么地方结束，低于多少时长才合格，都有一套数据来量化。

SHEIN 对生产线不仅有“点”的优化，工序的优化，还有“线”的整合。精益道场是一条完整的模拟生产线，包括了车缝、运输、打包、质检等流程的模拟。在生产线旁边，SHEIN 安排了一张圆桌，包括厂长、车工、烫工、质检、包装等角色，每人分到一张物料卡，计算整个流程流转的节拍、等待下一个流程的时间等，在这里观察生产现场布局是否紧凑，是否还有提升的空间，通过布局的调整减少整个生产线上的任何浪费，特别是尽可能地减少生产流程中的时间浪费，提高生产节奏，缩短生产时间，提高周转效率。

SHEIN 对生产线进行优化的同时，也对生产工具进行优化。SHEIN 设备工具研发部的主要工作就是改造机器，不管是自动验布机还是裁剪机，就是为了提升工厂的生产效率，缩短生产时间。例如，开发生产服装夹具的机器，配合原来的切割机，操作人员不需要特殊的技能，只需能够识别布料的正反面，布料就能够按照设计的位置摆好，完成某个部位的车缝。在之前，这个步骤全部靠人力和手工完成。

为了让员工理解周转率的重要，SHEIN 对新员工的培训，强调去走访供应链工厂，认为供应链是 SHEIN 的重中之重，所有员工都必须建立这个意识，在走访供应链工厂的过程中寻找持续改进的可能。

为把握快速迭代的潮流风向，降低库存，提高周转率，SHEIN 采取小单快返模式，自建信息系统，打造了生产效率超高的柔性供应链；与上游供应商深度绑定；与第三方物流充分合作，建立海外退货仓；不断优化用户体验，促进自然流量转化，建立用户口碑，不断提升顾客的美誉度和忠诚度。

SHEIN“超低价格、超多品类、超快更新”的极致效率，以及珠三角地区密集且高水平的劳动力、数量众多的中小微服装加工生产企业，叠加自身的算法和搜索能力，形成海外获客能力，为众多不具有此能力的中小微服装加工企业赋能，并在工厂密集的珠三角地区，编织一个“同心圆”形的生产组织体系，通过将配套商分为核心层、紧密层和松散层，构成了 SHEIN 极致周转率的生产基础。

虽然，SHEIN 对供应商的采购价压得很低，但是在成本之上，付款又非常及时，因此供应商的配合意愿都比较高，随时响应 SHEIN 的订单需求。根据物理距离就近的原则，SHEIN 在珠三角地区组织起了一张庞大的供应商网络，在距离番禺总部两小时车程的区域内，发展了数百家核心服装厂供应商，其他数千家供应商均在以总部为圆心的周边地区。相较于 ZARA 等快时尚品牌从欧洲设计，到东南亚和中国生产，再到发回总部仓储后统一发货的长流程，SHEIN 在配套体系的响应和效率上明显更胜一筹。

诚然，SHEIN 的低价，是吸引顾客的一个杀手锏，但是 SHEIN 的低价是建立在自身盈利，合作厂商也盈利的基础之上，是对生产潜力的极致挖掘，是成本驱动的价格降低，不是市场驱动的恶性价格竞争。SHEIN 的低价，事实上促进了顾客下单购买的转化，进一步提高了 SHEIN 的周转率。

快时尚，唯快不破！SHEIN 打造的超快时尚的背后，是对数字技术的极致应用，是产业数字化转型基于行业本质的实践。通过数字化转型，在 ZARA 的基础上再将周转时间缩短一半，将周转率提高一倍，成就了 SHEIN 成为世界估值最高的独角兽企业之一。

如今的 SHEIN 网站流量早已超越了西方同行 Zara、H&M 等，在全球时尚与服饰网站中独占鳌头。SHEIN 每月的上新量是 ZARA 与 H&M 之和的 20 倍以上，原因在于 SHEIN 一直都将响应速度放在供应商评价体系的首位，90% 的 KPI 都与速度相关。现在，SHEIN 的 APP 中品类细分了女士、男士、儿童、家居、美妆等几个板块。踩准了电商流量红利期的 SHEIN，快速累积用户，直接服务全球超 150 个国家和地区的消费者。

SHEIN 理解并掌握了服装行业的本质是周转率，利用我国强大的制造能力和完备的服装供应链，通过数字化转型将周转率做到极致。以周转率为基础，对产业全链路的数字化转型，减少时间浪费，减少无效款式的浪费、流量的浪费、库存的浪费、在途时间的浪费、设计时间的浪费、生产时间的浪费等。与 ZARA、H&M 和优衣库等快时尚品牌依旧主要通过线下门店销售不同，后者不仅需要支付越来越高的门店租金和人工费，而且周转率提升的上限远低于 SHEIN。SHEIN 没有线下门店，只有纯线上运营，通过数字化转型极致地缩短流程和周转时间的模式造就了 SHEIN 极强的竞争优势。

认清行业本质，以行业本质为基础，做研发、设计、生产和营销的全链路数字化转型，成为我国乃至世界服装行业中周转时间最短、周转率最高的企业，这是 SHEIN 快速崛起的核心原因。基于行业本质，数字化转型事半功倍。

第三节 数字化方向基于成本领先的天合光能

截至2023年11月，2023年我国新增光伏装机量达到163.88GW（见图8－3），预计2023年全年新增光伏装机量将在190—210GW，同比增长超过110%，该项数据远超中国光伏行业协会年初预计的120GW。

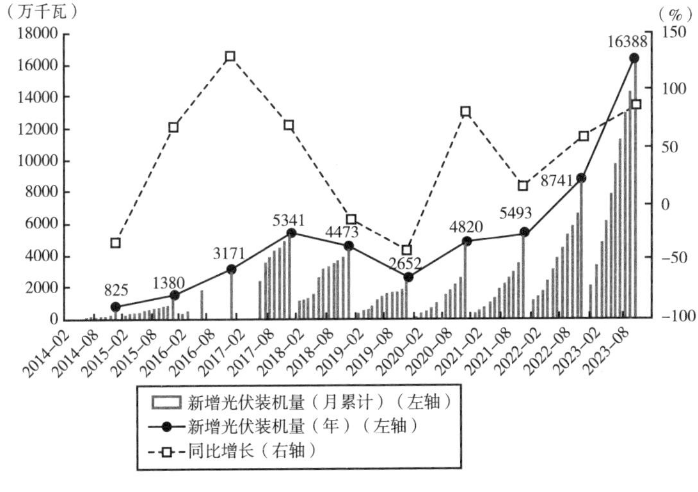

图8－3 我国新增光伏装机量统计

资料来源：iFinD，新财富产业研究院。

2023年前三季度，全国集中式光伏新增装机61.79GW，占新增光伏装机量的47.93%，同比增长257.79%。全国分布式光伏新增装机容量67.14GW，占新增光伏装机量的52.07%，同比增长90.04%（见图8－4）。

在装机容量快速增加的同时，光伏组件价格却快速下降，主流品种的平均价格由2023年初的1.84元/瓦下降至2023年末的0.98元/瓦，降幅达到46.74%（见图8-5）。2022年延迟的集中式光伏项目在2023年加速安装并网，由于规模效应，集中式地面电站对组件价格更为敏感，规模化采购的价格更低，部分采购单的价格遭到腰斩。

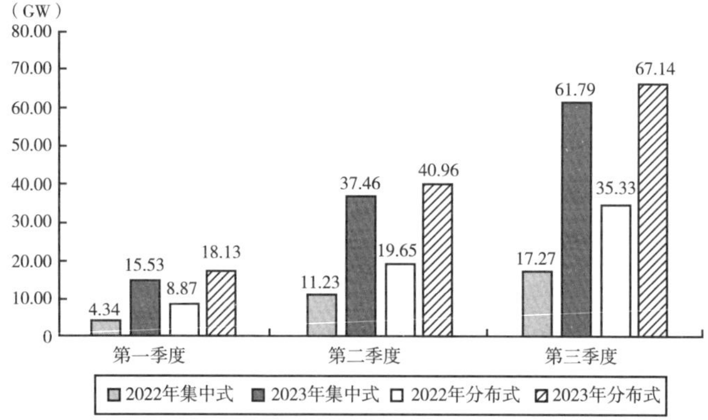

图8-4 2023年前三季度集中式与分布式新增装机增长对比

资料来源：iFind，新财富产业研究院。

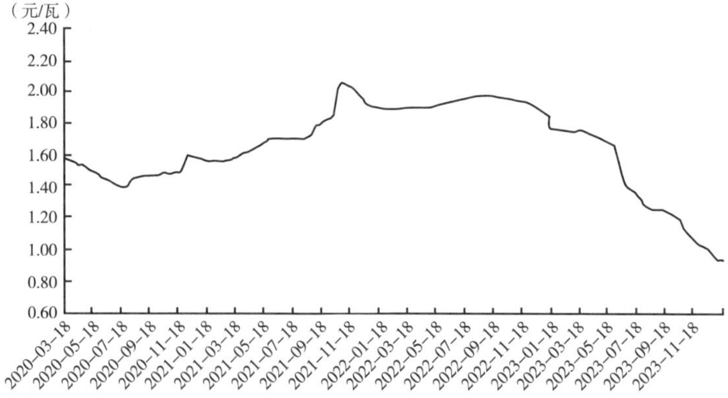

图8-5 光伏组件主流品种平均价格

资料来源：iFind，新财富产业研究院。

2023 年前三季度，集中式光伏电站贡献了近六成的增长量。由于光伏组件成本的快速降低，光伏发电企业的效益以肉眼可见的速度增长，但光伏组件生产企业就进入“大喜大悲”的阶段：喜的是市场规模快速增长，市场与上一年相比扩大了近一倍；悲的是价格快速下跌，年底较年初接近腰斩，效益快速下降。但是，2024 年 1 月 30 日，天合光能披露业绩预告，公司预计 2023 年净利润为 52.7 亿—58.3 亿元，同比增加 43.27%—58.36%，扣非净利润为 54.7 亿—60.4 亿元，同比增加 57.83%—74.44%。是什么让天合光能在光伏组件价格腰斩的市场条件下，利润却有两位数的增长呢？原因在于天合光能通过以数字化转型为代表的一系列内部运营变革，让生产成本降低速度比销售价格下降速度更快，使企业利润翻番。

虽然 2023 年我国光伏装机容量增长超过 100%，但是光伏组件产能也同步扩张。2022 年我国光伏组件产能和产量分别达到 551.9GW 和 294.7GW，同比分别增长 53.7% 和 62.1%；但是，预计到 2023 年底光伏组件前五名的产能将超 450GW（见图 8－6）。

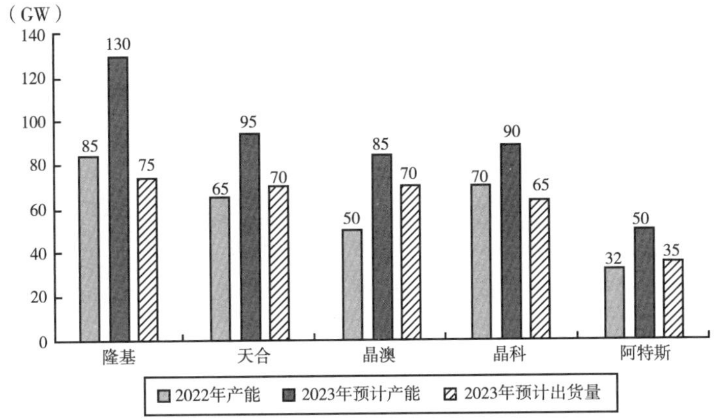

图 8－6　CR5 光伏组件企业产能及出货量统计

资料来源：各公司公告，中国光伏协会，北极星光伏网，东吴证券研究所，国元证券研究所，新财富产业研究院。

2023 年以来，光伏组件价格步入快速下行通道，并在下半年后迅速下跌，年初较年底跌幅在 50% 左右。根据 PVinfolink 的价格信息，到 2023 年底，182mm TOPCon 双玻组件的平均价格在 0.96 元/瓦，182mm 单面单品 PERC 组件的平均价格在 0.9 元/瓦，均告别“元”时代，进入“角”时代。这个价格使多数光伏组件企业盈利开始出现困难（见图 8－7）。

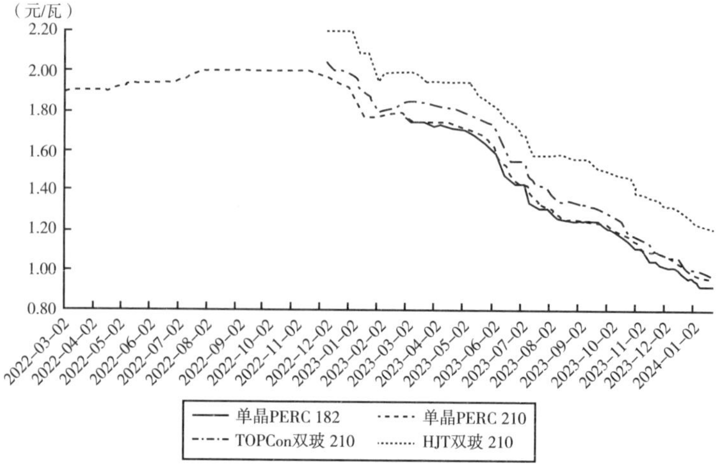

图 8－7　主流组件价格变化趋势

资料来源：PVinfolink，新财富产业研究院。

天合光能面对行业产能快速增长，价格快速下跌的竞争态势，在企业自身内部下功夫。基于光伏组件的行业本质是成本领先，提前做好数字化转型，使成本的降低大于销售价格的降低，成为产业数字化转型的受益者。

我国光伏行业从过去三头在外，到如今全球的三个第一，除了有光伏人前赴后继的辛勤努力和持续卓越的探索创新之外，还有光伏行业对智能制造、自动化技术的大量应用。光伏组件的龙头企业均通过智能制造实现了生产效率和产品良率的大幅提升，中国光伏组件的智能制造和自动化水平是全球领先，不仅使生产效率稳居全球前列，而且产品品质和度电成本也引领世界。光伏组件行业在过去 10 年，特别是最近三四年，业务呈现爆发式增长，行业普遍关注产品成本的降低和先进的智能制造技术导入，而忽视了通过流程数字化变革带来运营成本降低。

基于这个行业背景，天合光能于 2021 年启动了企业内部的数字化转型项目——鲲鹏变革，并于 2022 年制定了全新的数字化转型战略。天合光能在企业的数字化转型过程中，数字化建设经历了不同的发展阶段。自 2016 年始，天合数字化团队先后引入了先进数字化技术：物联网、大数据、AI、工业互联网、互联网开发等数字化工具。在智能制造领域，与生产基地联合开发了天合工业互联网平台，积极探索生产过程中高效电池片产出提升、工业视觉 AI 应用创新，降本增效，提升产能利用和保障产品质量，并推广到各大基地，取得了一定的经济价值，得到了用户的好评。随着分布式户用光伏的兴起，自 2017 年始，数字化团队与业务部门紧密融合，采用敏捷开发模式，从零开始，打造了户用光伏数字化系统平台，包括市场、订单、勘探、设计、物流、施工、监控运维、经销商管理等系统模块，并根据市场及业务需求快速迭代，助力业务的高速发展。除了传统的 ERP、MES、OA 系统之外，天合光能先后实施上线了仓库管理系统 WMS、运输管理系统 TMS、主数据管理系统 MDM 等信息化系统，为后续数字化转型升级打下业务模块基础。

鲲鹏变革启动后，天合光能开启了全新的数字化转型升级，基于成本和效率领先，结合变革的发展规律，公司将 2021 年定义为变革觉醒年，主要通过流程数字化认知改变和思想导入，形成变革文化氛围和认知；将 2022 年定义为变革基础年，主要从架构、规则、流程数字化管理体系着手，形成变革理论体系框架，打下变革基础；将 2023 年定义为变革提升年，重在通过推进流程变革和数字化转型，推动建设的同时迭代形成天合光能自身的数字化转型理论实践；将 2024 年定义为变革体系运行年，实现流程、数据、IT 三统一，将流程数字化体系做全面运行。在此过程中，形成了天合光能数字化转型的愿景，基于 4A 架构等思维，先在底层打通“3（研发、营销、供应链）+2（财经、人力资源）”流程，基于业务流程制定数据治理体系，基于流程和数据制定应用系统架构，基于公司应用系统架构及全球化布局制定底层的技术架构。

天合光能基于成本领先的数字化转型从两个维度展开，分别是产品的度电成本和企业的运营成本。产品的度电成本，是产品生产每度电折算所需要投资的成本，是下游客户的投入与产出关系，反映的是企业产品在市场上的竞争能力；企业的运营成本，是企业生产每单位产品折算的经营成本，是企业自身的投入与产出关系，反映的是企业自身的盈利能力。

早在 2018 年 8 月 17 日，天合光能联手华为、阿里巴巴、IBM 等国内外 16 家企业，成立新能源物联网产业创新中心时，天合光能创始人高纪凡就提出“在天合光能的 3.0 时代，我们的目标是探索出新能源的数字化、智能化转型之路”。

一、选对技术路线是基础

《天合纪——中国光伏的进化哲学与领先之道》一书认为，科技创新是光伏行业最核心的驱动力，而技术路线之争就成为常变常新的主题。从薄膜与多晶硅路线之争，再到单晶硅与多晶硅之争，光伏存在技术路线之争就预示着一些企业的兴衰存亡。

薄膜与多晶硅路线之争在主推薄膜发电技术路线的汉能集团与多晶硅光伏企业之间展开。汉能集团从水电行业起家，主导建设了国内最大的民营水电站——金安桥水电站。手握水电“印钞机”的汉能集团却未能扭转技术路线选择的错误，今天基本已经销声匿迹。汉能集团惨败的核心原因就是薄膜光伏技术的度电成本远高于后来的单晶硅。

在光伏发展早期，度电成本低的多晶硅占据市场主流，到2016年，多晶硅片在市场上占比高达80%左右。但是，随着隆基绿能在单晶硅转化效率上的技术突破和度电成本的不断降低，单晶硅的市场份额快速提高，到2020年单晶硅市场占比高达90%，占据绝对的领先地位。

技术路线之争，是一个行业健康发展过程中的必然现象，是科技不断创新和进步的表现。光伏行业每次的路线之争，都事实上推动了行业的发展，带来了生产成本和度电成本的降低，胜出的技术路线是市场选择的结果，代表了更低的度电成本，更好的经济效益。

二、统一行业标准利他利己

近年来单晶硅的光转化效率已接近理论极限值，大家开始从不同的角度寻找继续降低度电成本的可能。由此带来了光伏行业的第三次大讨论，即硅片的尺寸。硅片是光伏产业链上的重要一环，用于制造光伏电池。在设备生产与人员搬运允许的前提下，硅片的尺寸是越大越好，这样可以更多地降低电池组件成本，并节省系统BOS（Balance of System）成本。在2010年以前，单晶硅片主要以对边距125mm的小尺寸硅片为主，并有少量对边距156mm的硅片。2010年以后，156mm硅片成为行业主流。2013年底，隆基绿能、中环、晶龙、阳光能源、卡姆丹克5家企业联合发布了M1（边距156.75mm，直径205mm）与M2（边距156.75mm，直径210mm）硅片标准，在不改变组件尺寸的情况下，M2通过提升硅片面积使组件的功率提高了5Wp（太阳能电池峰值功率）以上，迅速成为行业主流并稳定下来。

随着市场竞争加剧，龙头企业再次把目光投向硅片，希望通过增大硅片尺寸，提升组件功率以降低单位成本。2019 年 6 月，硅片龙头企业隆基绿能推出了 166mm 硅片（M6），将硅片尺寸提升到当时电池产线的冗余极限；2019 年 8 月，与隆基绿能并称“硅片双雄”的 TCL 中环发布基于 12 英寸长晶技术的 210mm 尺寸硅片（M12），将大尺寸提升到了极致。

2020 年 6 月 24 日，以隆基绿能、晶科、晶澳为首的 7 家企业联合发布《关于建立光伏行业标准尺寸的联合倡议》。该倡议指出，由于各家企业采用的硅片尺寸不统一，造成光伏产业链制造成本上升，并对客户的产品选择、光伏系统的安装、上下游协同等造成较大困扰。因此，倡议建立几何尺寸为 182mm × 182mm 的硅片标准（M10），并在行业标准组织中将这一尺寸纳入标准规范文件，减少资源浪费，促进光伏产业的健康发展。倡议将 M10 的硅片尺寸作为研发下一代硅片、电池、组件产品的标准尺寸，以推动整个行业建立基于统一标准的供应链体系，实现装备制造体系和客户应用体系的标准化，推动整个行业的良性发展。

天合光能创始人高纪凡认为，光伏行业每次产品迭代，都要将上一代的淘汰，是巨大的浪费，例如硅片从 125mm 到 M1 和 M2，再到 M6，不仅导致产业链上部分工装设备不能再用，而且部分装具、载具也被废弃。这次的尺寸标准能否一次性到位，决定了以后一二十年都不用再修改，对行业上下游所有的企业都有利。

通过与上下游沟通，达成共识：从成本角度看 210mm 是最优的尺寸，增加硅片尺寸以提高组件功率，降低制造成本和度电成本是技术进步的方向和必然趋势。2020 年 7 月 9 日，由天合光能牵头，来自硅片、电池、组件、跟踪支架、逆变器、材料技设备制造商等光伏产业链上下游企业宣布组件“600W + 光伏开放创新生态联盟”。在联盟成立仪式上，39 家企业发出如下宣言：

“600W + 光伏开放创新生态联盟”宣言

中国光伏，一个年轻的产业，却有着举世瞩目的成就！它，已成为中国创新和产业化当之无愧的世界名片。中国光伏技术水平和实际应用均在世界范围内遥遥领先。随着全球光伏平价时代的到来，光伏将成为推动能源变革的最大动力。为了进一步提升客户价值，为促进光伏产业可持续发展，开放创新是根本法宝！

在机遇与挑战并存的时刻，建立一个开放创新的光伏生态体系已是大势所趋！为了加速推进光伏产业迈入下一个具有突破意义的新时代，以技术创新驱动产品和系统价值转化为客户价值，由硅片、电池、组件、跟踪支架、逆变器、材料技术设备制造商等产业链上下游39家企业联合发起的“600W + 光伏开放创新生态联盟”正式成立。

开放创新生态联盟成员前瞻性洞察到，600W + 超高功率组件和系统集成技术平台是光伏行业未来发展的重要方向。“600W + 光伏开放创新生态联盟”旨在通过开放共赢的合作模式，协同产业链的优势资源，彻底打通研发、制造技术应用等核心环节，营造开放协同创新的新生态。联盟企业将通力合作，共同构建基于全新技术平台的产品、系统和标准，致力于600W + 超高功率组件和解决方案在应用端价值最大化，建立共创共生共赢新格局。

惟改革者进，惟创新者强，“600W + 光伏开放创新生态联盟”诚挚邀请更多企业加入。让我们一起携手共进，以创新为驱动力，以合作共赢为纽带，以创造价值为准绳，共同实现光伏行业的可持续发展。

600W + 光伏开放创新生态联盟

2020年7月9日

联盟宣言发布以后，受到行业认可，一个月内就新增 17 家企业集体加入，至今超过 100 家，聚合了光伏产业链上的骨干企业。根据行业研究机构集邦咨询的统计数据，到 2022 年全球有 52 家组件企业的产线兼容制造 210 尺寸产品，企业数量占比超过 8 成，各企业新建产能基本都兼容到 210 及以下尺寸。出货量方面，大尺寸组件 182 尺寸和 210 尺寸占比在 90% 左右，其中 210 尺寸产能占比近 60%，成为行业主流。

基于统一标准的供应链体系，实现装备制造体系和客户应用体系的标准化，推动整个行业的良性发展。天合光能选择 210 尺寸技术的根本原因有两个：一是减少迭代次数，降低企业成本；二是通过技术创新实现行业升级，降低度电成本。

产业链上下游的标准统一带来了生产成本的降低，其重要程度仅次于技术进步带来的度电成本降低和生产成本降低。

三、全产业链的智能制造能力，全球化新产能能力快速复制，支撑全球突破，投产即巅峰

智能制造赋能，生产出高效、高发电量、高可靠性组件。从生产端，天合光能将信息化、数字化、智能化融入质量管理系统的各个环节。随着光伏组件制造自动化程度的不断提高，智能化成为生产必需，质量管理也从检验阶段逐步发展到统计质量控制阶段及全面质量管理阶段。天合光能以“以智创新、以质创优、精益经营、成就客户”为质量方针，保证产品品质，形成一流的天合质量品牌。

在天合光能的 210 生产基地，高可靠、高质量渗透在生产的每一个环节，通过良品率的提高，减少生产过程中的浪费（见图 8－8）。为了提高产品良率，使性能匹配最佳，天合光能引入最先进的生产设备，提前介入设备的前期评估和设计。其中，210 生产基地和设备厂商联合开发了串焊机、线盒焊接仪器等生

产设备。以线盒焊接仪器为例，采用塑形焊接方式，有效避免空虚焊，确保了连接接线盒环节的高质可靠，彻底解决了曾经最头疼的问题。

图8－8　天合光能210生产基地

车间智能制造的显示屏会搜集并实时监控所有工序的产能输出，通过接入天合光能的服务器，所有数据进入云平台，实现信息输入和输出，降低误差率，提高效率，实现智能化生产和管理，并自动预警（见图8－9）。看板的显示条目可以根据实际需求来定义，比如指标是否接近阈值，良率、订单产量达产进度，只要调取相应的指标维度就可以及时呈现这些数据，并且可以按订单等维度实时查看，实现多维智能跟踪，整个设备的综合效率一目了然，进而让生产维持最佳投入产出效率。

天合光能通过建立完善的质量信息化系统，实时进行数据采集、数据分析、风险预警等，涵盖从客户订单生成到物料数据、性能数据、出货、售后质量反馈的全流程。在质量管理方面，建立了产能、层压良率、串叠返率等方面的信息化数据中心。通过指标数据得出智能化信息，通过数据及时发现潜在的风险点，通过数字来管理制造质量。天合光能组件生产基本都实现了自动化和智能化。

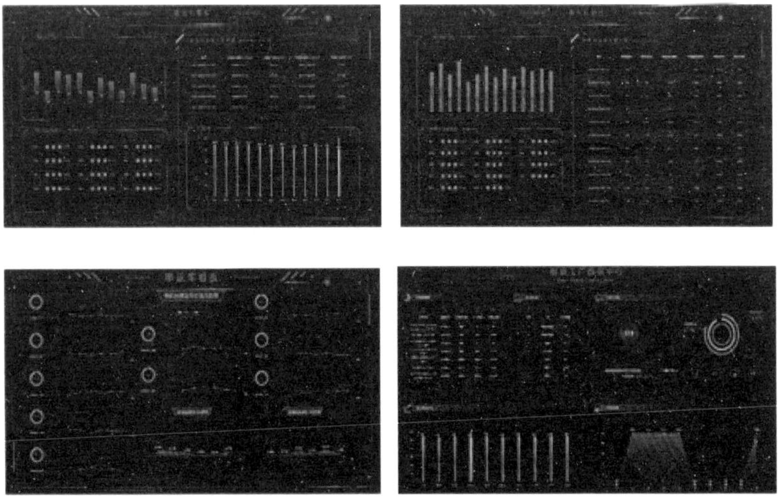

图 8－9 车间智能智造显示屏

在光伏产业竞争日益激烈的环境下，天合光能创立 PQ 生产过程控制管理理念，实施流程管理、细节管理。通过 24 小时实时监测正态分布图，跟踪波峰，及时捕捉异常风险点，将异常控制在最低范围。将一系列的过程控制标准化、数据化，成为公司全球各地工厂的统一标准。智能制造形成了天合光能的全球产能布局中的一项标准能力。在此能力的基础上，天合光能在全球已建成多个智能制造大型基地。在每一个基地中均实现了智能互联，并融合了产品化、精益化、自动化与智能化，完成数字化转型，通过数字化运营，降低成本，提高效率。

四、打造极致自动化能力，提升工厂运营效率和产品质量

作为行业龙头，2023 年天合光能进一步提出了极致自动化能

力的自我驱动要求，提出了“打造光伏行业极致成本、敏捷高效的世界级领先工厂”的“极致自动化”愿景以及“互联透明、无忧质量、极致高效、绿色环保、安全至上的标杆级智能生产”的目标。围绕高效人力、无忧设备、无忧质量、完美交付、绿色质量、智慧物流来全方位提升自动化水平，从而全面提升工厂的运营效率和有市场竞争力的成本优势。

五、明确企业数字化方向是“降成本”

天合光能早在2016年就开始把数字化战略作为公司支撑战略的一部分，重视在数字化方面的建设，并投入了大量的资源，但经过几年的建设总结发现，各部门对数字化的获得感并不如预期，主要表现在以下几个方面。

（1）上线了不少的IT系统，但系统之间缺少联通，功能的设计是依据一个一个项目上线来实现对业务的一段一段覆盖，出现了功能重叠交叉的现象。结果就是数据质量不高，可用性差，从各个系统中导出来的数据往往需要二次加工才能使用。

（2）IT系统要重复填写的信息多，系统功能并没有大幅提升作业效率，甚至出现因填写太多数据而影响日常作业效率的现象，用户对IT系统的感受普遍不好。

典型的场景是在采购活动中，用户和采购员都需要在ERP中下PR、PO，在BPM中提交签批采购合同，涉及招标采购的还需要用到SRM系统，但这些系统的数据互不关联，采用手工传递，极大地影响了作业效率和用户体验，增加了经营成本。

2023年鲲鹏变革启动后，天合光能在变革的过程中充分总结了过去数字化建设中的误区，提炼出四个主要问题。

（1）数字化为谁做？在数字化转型之前，普遍地认为数字化是IT部门的事情，业务部门抱怨IT部门“慢、贵、难”，IT部门反过来抱怨业务部门讲不清需求、朝令夕改。通过明确数字化是业务部门的需要，进而明确数字化的责任主体是业务部门，不是IT部门。

（2）数字化谁来做？在数字化转型之前，普遍的认知是数字化应由IT部门来做，业务部门配合。在明白数字化是为业务部门做以后，明确数字化是由业务部门来做，IT部门配合，由业务部门提出需求，IT部门来实现。

（3）数字化做什么？没有数字化的最终目的来牵引，数字化建设就没有前进的方向，也无法做路径规划，数字化建设工作就如同作战没有地图。明确了做数字化的目的是基于“成本领先”基础的效率提升以后，数字化建设工作就有了纲领性的指导思想和建设目标，一切都是在“成本领先”基础上的效率提高；只有成本降低了且效率提高了的数字化转型，才是企业需要的，也才是判断数字化转型成功与否的标志。

（4）数字化怎样做？没有重视数据治理之前，天合光能需要从多个系统中导出数据，经过二次加工以后才能使用。在明确了数字化为谁做，做的目的以后，就明确了数字化该怎样做。如果把公司比作人体的话，那么各作业系统就是人体的器官，流程是血管，数据是血液，数字化系统就是神经网络。一个良好运作的数字化体系，是通过神经系统指挥各业务系统，通过流程输送各作业系统需要的营养，高效、低成本地达成公司战略任务。

六、瞄准业务经营目标的流程数字化规划和运营

数字化战略是基于企业的业务战略，其本质是通过数字化的方法提升业务经营的效果——在“成本领先”基础上的效率提升。天合光能在制定数字化战略规划及数字化运营过程中，对准企业经营全流程中的各个环节，并基于“成本+效率”的维度分解核心业务指标（见图8－10）。

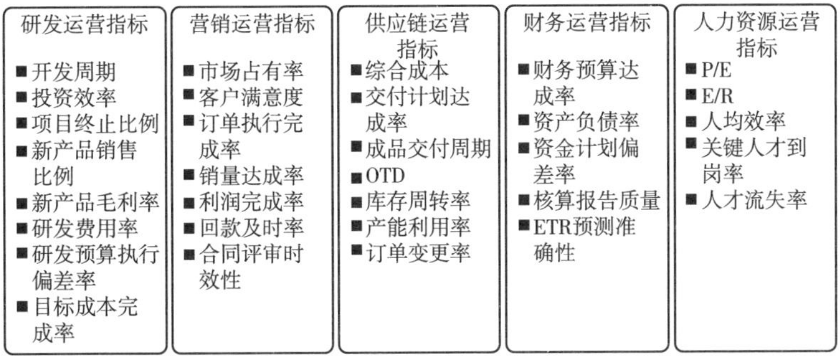

图8－10　基于“成本＋效率”的维度分解的核心业务指标

统一全员的数字化认知是数字化转型的群众基础，这个基础就是与每个业务部门和每个员工利益息息相关的“成本领先”。

企业数字化转型是一把手工程，只有一把手亲自领导和推动，才能取得成功。因为，其不仅需要技术的投入，还需要业务主导，更需要跨部门协同。只有一把手和各级业务主管意识到数字化是自己的事，是提升企业效益，提高企业竞争力的必由之路，数字化转型才能真正走出第一步。

过去开发IT系统只是为了固化流程、规范业务，才经常出现一个流程一个IT系统的烟囱式建设。在理解了实现“对象数字化、过程数字化、规则数字化”是数字化转型的关键以后，天合光能通过把流程中的过程数字化、业务规则数字化、业务对象数字化，不仅实现了从线下到线上的转变，还能快速按需编排，使业务常创常新。

在转型的过程中，只有业务部门与IT部门紧密结合，基于行业本质找出业务和流程中需要改进的问题，找到转型的方向和路径并开展工作，才能彻底改变公司IT部门和业务部门“两张皮”的情况。基于此，2023年天合光能成立了“业务数字化部”，业务数字化部隶属于业务系统的数字化部门，由“业务专家＋流程专家＋

IT 专家”组成的一线数字化转型团队，通过基于“成本领先”进行数字化转型，保证了天合光能在 2023 年销售产品价格从年初到年底腰斩的情况下，企业利润和每股收益均增长 50% 以上。

诚然，单晶硅的光转化效率已接近理论极限，但无论是现在兴起的钙钛矿，还是其他技术路线，都得以“成本领先”为基础，只有在技术路线选择正确的基础上，以“成本领先”为基础的数字化转型才能锦上添花；技术路线选择错误，通过数字化转型提高的效率也很难弥补上的。只有技术路线的选择和数字化转型的方向都基于“成本领先”，光伏组件企业在行业竞争中才能持续保持竞争优势。就如同后来居上的晶科能源。

2023 年，国内光伏组件出货量第一的位置易主。根据 Solarbe 统计数据，2023 年，晶科能源光伏组件销售超过 75GW，市场占有率在 14.5%—15%，组件出货量不仅位居我国第一，也位居全球第一。晶科能源打破隆基绿能连续多年稳居第一的龙头位置的原因在于其在新一代光伏 N 型电池技术出现时，选择了“成本领先”的 TOPCon 技术路线。

2016 年以后，从市场占有率近 90% 的 BSF（铝背场）电池，到被 P 型电池迅速替代，再到 N 型电池占主流，基本都是每隔几年基于“成本领先”进行的技术迭代。在 N 型电池出现时，以通威股份为代表的企业选择了投资成本最高的 HJT 电池技术路线，隆基绿能等企业选择了生产难度大、技术要求高的 BC 电池技术路线；但晶科能源选择了“效率上限高、低成本产业化”的 TOPCon 路线，且全力聚焦 TOPCon 电池技术路线进行研发，并将全产业链转移。到 2021 年 11 月，晶科能源就推出应用 TOPCon 技术的 Tiger Neo 系列组件。到 2023 年 TOPCon 技术路线成为行业主流，进行前瞻布局且一直聚焦的晶科能源，在 TOPCon 旗舰价位段拥有约 45GW 销量，约占市场销量的 40%，成为 N 型组件销量第一，也成为 2023 年光伏组件出货量第一的光伏组件生产企业。晶科能源 2023 年的营收也位居江西省民营企业的第一，创始人李仙德先生因此新晋为江西省首富。

进入 2024 年，光伏组件制造行业的价格战延续，市场一致认为是晶科能源发起的，但是晶科能源认为自身仅占 15% 的市场份额，无法左右市场价格。但不可否认的是，晶科能源是以成本领先驱动下发起的价格战，从而导致其他市场主体不得不在市场的驱动下被动参与这轮价格战，让行业性“内卷”加剧。

光伏企业要在行业中保持竞争优势，就需要在包括生产成本和度电成本上持续领先，才能在激烈的市场厮杀中生存下来。过去是这样，未来一段时间依旧会是这样。

诚然，现在多晶硅和单晶硅的光伏转换效率已接近理论极限，钙钛矿成为大家着眼的下一个光伏技术，但这些始终都需要基于“成本领先”这个行业本质开展，因为，光伏组件企业在行业中是否成本领先，决定企业盈亏数量级，左右企业存亡。因此，应基于行业本质，提高数字化转型的效率和效益。

第四节　数字化方向基于满足及时性需求的 7–11

2023 年《财富》“世界 500 强排行榜”公布，日本柒和伊控股继续榜上有名，位列第 129 位，是日本 41 家上榜公司之一，且是在日本上榜企业数量比 2022 年减少 6 家的情况下连续进入世界 500 强。柒和伊控股作为世界大型零售集团，在全球拥有便利店、超级市场、百货公司、专卖店等，但以旗下的 7–11 连锁便利店（以下简称“7–11”）最为知名。

7–11 在全球有超过 7 万家门店，每天超过 6000 万人光顾。仅在日本就拥有超过 22000 家店铺，每天有超过 2500 万顾客购买商品，约占日本总人口的20%，其单店平均效益是同类连锁店的数倍。在700余万人的我国香港地区有400多家7-11，单店效益甚至超过日本本土。在我国台湾地区，有超过5000家门店，平均不到5000人就有一家7-11，门店总数占到台湾全岛便利店数量的一半以上。2000年4月20日，在媒体的见证下，柒和伊控股给了台湾7-11运营商永和统一超级商店股份有限公司永久授权契约。7-11在我国香港地区和台湾地区的经营说明，日本7-11经营的商品类别不仅适合华人社会，而且经营方式也适合华人社会。

回溯至2012年2月，7-11全球门店数接近50000家，其中在日本国内7-11的店铺数量为14005家，同行的罗森是10457家，全家是8834家。罗森门店数量相当于7-11的75%，全家门店数量相当于7-11的63%；但是，在企业的营业利润方面，罗森仅是7-11的34%，全家仅是7-11的23%。日本国内便利连锁店第二名到第四名合计的营业利润，不及7-11的一半。通过店铺数量的多少和营业利润的多少来比较7-11和其他两家同行企业的不同如果说不具有说服力的话，那么可再比较单店日均营业额（业界称作日均销售额），7-11日均销售额达到669000日元，罗森为547000日元，全家为531000日元，7-11日均销售额领先罗森和全家；也是同期我国同类便利店的数倍，甚至数十倍。

消费者到便利店购物的本质是希望以更低的价格、更快的速度、更好的服务、走最少的路买到需要的商品；而零售的本质是希望把商品以最快的速度、最高的价格卖给需要的消费者，且自己的库存不多不少，恰好够卖。因此，做零售的核心是六个关键字：人、货、场、财、数、链。在同样的要素下经营，为何仅7-11能够经营得如此之好，不仅能够在日本领先，而且在走向世界后依旧领先？

笔者参与了将7-11引进成都和重庆的前期沟通工作。2012年，日本三井物产孕育的34家企业集团中有3家进入福布斯世界

500 强。为此，2012 年 5 月，笔者带队到三井物产总部考察学习，考察学习期间，也去了日本柒和伊控股总部考察学习 7–11 业务运行的全流程。当时柒和伊控股负责接待的干部告知我们，他们公司的价值和业务核心就是信息系统。与 7–11 重庆公司首任总经理王坤先生的观点不谋而合：7–11 最重要的是其 IT 系统；其经营要素中重要的三项分别是选址软件、柔性的供应链体系和精益化的运营管理；三者的基础是数字化。

用一句话总结 7–11 的经营管理就是：用数据革新供应链管理。也就是便利店的数字化转型。7–11 做数字化转型在零售企业中不是最早的，但是最成功的，原因就是走对了数字化转型的方向。7–11 的经营理念是“又近又方便”，核心就是满足顾客及时性需求。其数字化转型也是紧紧围绕满足顾客及时性需求的“又近又便利”理念展开。

根据统计，在日本到便利店购物的顾客中男性比女性多，且主要以青少年为主，往往冲动性的购买大于计划性的购买。因此，从便利店经营的角度考虑，需要及时满足消费者的及时性需求，才能提高单店的销售额和顾客复购率，在无形中给顾客养成购买任何日常便利性需求，只要去 7–11 都能够满足的潜意识。

成立于 1927 年的美国 7–11 因为多元化破产，日本 7–11 作为美国 7–11 在日本的授权运营商，在 1991 年反向收购了美国 7–11，碓井诚领导了业务改革与系统改革；在前面 7 年的时间做了精益零售业务改革，到 1997 年才导入日本的第 4 代 IT 系统，当时日本其他企业已经在用第 5 代 IT 系统；但是在经营过程中，7–11 却总结出了“IT 经营论”，认为 IT 系统的敏捷度决定便利店经营的成败。

7–11 至今都非常重视 IT 系统的建设。创始人铃木敏文认为，“信息就是生意的命脉”。他说，“在其他方面的投资或花费小气些没有关系，但在信息和沟通上的投资或者花费绝对不能省”。

7-11仅在第六代信息系统上的花费就超过500亿日元，连同之前的花费合计超过3000亿日元。7-11的IT系统现在看来是极为高级的，甚至之前的7-11第五代信息系统，还被写入麻省理工学院（MIT）和哈佛商学院的案例中。

然而一开始7-11的信息系统也是十分原始的。起初，7-11的各个店铺是通过电话向合作厂商订购商品，合作企业写好接受订货的单据，并填写出货指示单，再拿着出货指示单来到仓库，挑选订单商品后填写交货单，同时做成付款通知单。在这个过程中，包括接电话在内的全部工作都是手工完成。在这种流程方式下，经常会发生订购的商品无法正确配送到店铺的情况。在那个还未将合作企业整合起来的时代，每家店铺都会向数十家合作企业电话订货。随店铺数量的不断增加，光是每家店铺分别给合作企业打订货电话，合作企业都应急不暇，导致订单容易出错。

到1978年，作为代替电话订货的手段，7-11总部向各个店铺分发了写有商品名称的订货单，让各店铺记录需要订购的商品数量。总部职能部门负责每天回收订货单，在各地区事务所中由负责人输入计算机，做成分别针对每家合作企业的单据，并打印出来交给合作企业。这种方法虽然相比电话订购提高了订货效率，但订单错误依旧难以避免，而且不能及时满足店铺临时增加的采购需求。

为了避免录入错误，采购订单改由店铺输入订货数据，7-11总部和供应企业通过信息系统获取上述数据并加以利用。就这样，7-11开发了信息系统，将门店终端的名字称作Terminal Seven。该终端通过印有条形码的商品订单，通过电话线路传送给7-11。当时，商品的外包装还没有被印上条形码，而7-11率先确定了每种商品对应的条形码。通过扫描条形码减少了输入错误，但由于当时的条件限制，无法铺设从店铺到总部的电话线路，以及与各合作企业之间的专用线路，需要将汇集到7-11总部的数据打印成纸质订单分发给合作企业，或者让合作企业到总部来取。因此，就发展出 7–11 通过人造卫星系统进行数据传递。在限制放宽以后，7–11 开始使用专用网络，连接各门店与合作企业和总部。这就是 7–11 信息系统的雏形。

现在 7–11 各店铺与 7–11 总部之间都已经通过光缆连接，供应商、物流企业与配送中心之间用 ISDN 线路连接。在店铺中完成的订购信息能够发送到包括生产计划、原材料调度、商品配送的各个环节，使下单的商品能够及时、准确到达每家店铺。

门店的收银方面。在 1982 年，7–11 在所有店铺中导入 POS 收银系统，合作企业供应给 7–11 的所有商品印刷上了 POS 收银系统能够扫描的条形码，能够及时把握每个商品的销售数、销售时间、售罄的时间，以及因卖不出去而废弃的数量，从而提高了单品管理的精度。就在引入 POS 收银系统的同一时期，7–11 以前的订货终端 Terminal Seven 也被新型订货终端 EOB（Electronic Orde Book，电子订货簿）所替代。使用 EOB 可以在卖场直接输入商品数据，通过终端控制器进行在线订货。

20 世纪 80 年代，由于 7–11 商品的订购、进货均以电子数据的方式进行处理，店铺、总部和供应商之间的业务效率得到了飞跃式的提升。然而通过 POS 数据可以了解消费者过去的行为，却无法预测消费者未来的行为。7–11 参考 POS 数据，融入即将发生的天气变化、地域活动等数据，又开发出可以自主地进行商品订购的系统。并且在 7–11 的门店收银键盘上多了快捷输入顾客性别、年龄范围的按键；现在则直接使用了刷脸支付，能更为完整、准确地收集顾客信息，形成个人画像，分析和保存其购买行为，预测下次再来购买的时间和商品。

“又近又方便”不仅是指门店与消费者的物理距离要最近，还是指要站在消费者的立场上，有效地利用有利于商品开发和店铺运营的信息系统，及时满足消费者的及时性需求。因此，7–11 的信息系统基于行业本质进行数字化转型主要体现在以下几个方面。

（1）高度集成化。7–11 的信息系统采用了高度集成化的设计，将各个业务环节紧密连接在一起。这一设计使得 7–11 能够实现信息流和物流的高效准确传递，商品快速配送，提高库存管理效率，优化供应链运营。集成化的信息系统能够实时监控每个门店的每种商品的动销情况，及时发现问题并随时改进。

（2）实时数据处理。7–11 的信息系统具有实时数据处理能力，能够快速收集和分析各类业务数据；使 7–11 能够及时了解消费者的购买行为和需求变化，为其提供更精准、更个性化的服务。同时，实时数据处理还为 7–11 的决策层提供了有价值的信息，帮助各级管理者作出更明智的业务决策，提高决策效率和准确性。例如，总部数据中心与数万家门店的数据同时同步，信息系统的天气数据每 30 分钟更新一次，这种实时和共享的信息让总部能在第一时间掌握各个门店的销售、库存、补货、在途等的各种动态，随时作出及时反应、中长周期的预测和供应计划，而门店也可以实时看到商品的库存、供应、运输的各种数据，为其自身的精准订货提供决策依据。

（3）智能化决策支持。7–11 的信息系统通过数据分析和模型构建，为管理层提供了可视化的决策工具，提供智能化的决策支持。这些工具可以帮助门店和各级管理者快速了解业务状况，预测未来趋势，制订有效的应对策略。例如，7–11 的信息系统可以根据销售、顾客需求、库存情况、各种事件、生产约束等自动地制订出商品销售计划、需求计划、补货计划、生产计划、采购计划、物流计划等，这些综合计划的目的是指挥和支持各个终端门店的单品销售和补货，这些计划根据以前的历史和各种实时的信息自动生成，以降低人为因素的影响，进行销售预测和库存优化，制定最佳的物流配送节奏和路线图等，有效降低库存成本、缺货风险和物流成本。

（4）高度可扩展性。7–11 的信息系统具有高度的可扩展性，能够支持其全球范围内的快速扩张。这一特性使得 7–11 能够在新的市场中快速建立起高效的运营体系，实现其业务在全球范围内都能够快速发展。可扩展的信息系统为 7–11 持续数字化转型提供了强大的支持，使其能够不断根据需要推出新的数字化服务，始终引领行业发展。例如，7–11 在其系统完善的过程中没有使用世界上成熟的套件，而是因地制宜地结合自身实际业务，在外部算法专家、供应链专家、系统专家等专业人员的支持下逐步开发完成。因此，7–11 实质上就是大数据公司，对每天产生的海量数据进行深度的分析和挖掘，并通过各种模型的建立来对之前的各种情形、经验、失误等的数据沉淀和积累，为其决策的智能化打下基础，也让其进入了一种不断改良和自我学习的良性闭环之中。

前两年，国内有创业者以亏损的方式在一二线城市快速开连锁便利店，宣称其不是连锁便利店，而是大数据公司；其公司价值在于其拥有的数据；游说投资人的观点就是对标 7–11。但是，这个观点是错的，7–11 的核心价值是其能够利用数据二次开发信息系统，而不仅是数据。

7–11 的信息系统的价值主要体现在高度集成化、实时数据处理、智能化决策支持和高度可扩展性等方面。这些优势不仅帮助 7–11 提升了运营效率，降低了成本，还为其业务创新提供了强大的支持，是其数字化转型过程中以“满足消费者及时性需求”为基础而实现的。

在具体的运用上，以店铺选址、商品管理、库存管理、物流配送、应对突然需求变化的设计等为例进行说明，除以上因素之外，7–11 在供应商选址、店铺设计、动线与货架设计、照明设计、产品包装设计、市场与促销设计等方面，都是以满足顾客的及时性需求为核心，满足顾客日常高频次、临时性的需求，甚至唤醒顾客潜在的可支付的需求，以提升顾客的满意度和复购率。

具体体现在以下几个方面。

（1）店铺选址。店铺选址正确，就成功了一半。在店铺选址上，7-11 有一套成熟的选址软件，是根据便利店的商品结构来选择商圈。商品结构决定了 7-11 店开在什么地方。在便利店筹建之前，做好商圈的调查及分析尤为重要。在店址的选择上，7-11 首先要考虑的是便捷，要在消费者日常生活的行动区域范围内人流最多的地方开设店铺。例如，距离居民生活区较近的街角、上班或上学途中的拐角、写字楼或学校的出入口附近等，并避免在道路狭窄的地方、停车场小的地方、入口狭窄的地方以及建筑物过于狭长的地方开店。其次就是覆盖人群。居民区，步行 10 分钟范围内最低要有多少户（根据人口特征和购买力等来确定）；非居民区，则根据商业区、办公楼、市场、夜市、学校、电影院、加油站、医院、工厂的日均人流量、收入范围、消费习惯等来决定选址；只有以上数据高于选址软件中设定的阈值，才能在附近开店。如果相关数据远高于阈值，则可以密集开店。

2012 年 7-11 进入成都市场时，在航空路的几百米范围内开了四家门店，是因为航空路上有数栋写字楼，周边有密集的住宅小区，而且附近的小吃店数量有限。每一家便利店都有明确的目标人群定位，以保证 7-11 店铺密集而又不相互激烈竞争，在区域范围内快速形成强烈的品牌认知。

7-11 的销售收入一半左右来自便当，到成都和重庆开店时，遇到两个城市的街边小吃业都比较发达，替代者众多；当地居民口味偏重，与 7-11 店铺销售清淡食物（防止食品的味道影响店内空气）冲突的情况，特别是重庆，作为山城，建筑密集，容积率非常高，小吃店遍布，居民无论购物还是去小吃店都非常方便。因此，7-11 进入成都市场的前几年开的 120 余家店中，仅最先开设的 20 余家店盈利；重庆则是开业后连年亏损，10 年过去仅开了 50 多家店。这就是商品结构决定门店位置的核心逻辑。

这是7-11进入成都和重庆之前已经预料到的。

实际上，7-11在之前进入北京时也遇到同样的问题，门店商品结构与日本本土一样，利润主要来自快餐，如果店铺数量过少，无法建立中央厨房和集中配送；快速多开店铺，短期亏损会增大，而且中国城市的小吃店密布，这些小吃店店主是将工资当利润。7-11在日本的商品结构平移到中国后，存在众多替代性业态，这是开店前预计到的，但是7-11不想在中国失去存在感，希望和全家、罗森等连锁便利店一起等待中国人口结构、人工成本、房租等的转折。

商品结构决定选店位置，这是现在7-11在中国的经营不及日本本土，也不及我国部分本土便利店连锁店的核心原因。在商品结构和门店位置确定以后，最主要的就是商品管理。

（2）商品管理。在日本，7-11的盈利来源主要是三项：一是便当；二是银行缴费；三是烟酒。数以千计的百货只是支撑店铺经营的长尾商品，形成这样的盈利结构主要有以下几个原因：一是用工和房租成本高，这导致7-11的便当相对快餐店便宜；二是特许经营许可管理，每家店铺都可以申请烟酒销售许可证；三是日本柒和伊控股有自己的银行，在每个门店内都可以安放一台ATM机，供顾客缴纳水电燃气以及电话等费用。因此，在同样用工和房租成本高的我国香港地区和台湾地区，7-11经营业绩都比较好，特别是在用工和房租成本最高的香港地区，店均盈利超过了日本。

7-11理想的店铺是“消费者在想要购买的时候，店铺中正好有他们想要购买的商品”。因此，需要事先预测消费者想要购买的时间，以及保证那个时间段有足够能够卖出的数量，并在正确的时机将正确数量的商品摆放在店铺中。随着年龄的增加，消费者购买的商品也会发生变化。因此，7-11的商品选择策略以满足消费者日常需求为核心，注重商品的多样性和创新性。7-11的商品结构分为常规商品和特色商品两部分。常规商品包括食品、饮料、日用品等，以满足消费者的基本需求；特色商品则根据地区、季节和消费者喜好进行调整，以提升消费者的购物体验。

一般来说，一种新产品会在一至两周到达其销售峰值，并在几周后销量开始下降。当销售额下降到某一水平时，这个产品就会从推荐列表中被删除。7-11 除了有日本鲜食联合会（NDF）这样的第三方组织和合作伙伴帮助开发、生产食品以外，7-11 总部还有 150 人的商品开发团队，依据 IT 系统提供的信息，每年开发 3000 种新商品，替换 70% 以上的门店商品，通过不断地尝试，留下畅销的商品。2012 年笔者带队考察 7-11 日本总部期间，7-11 自有品牌 SEVEN PREMIUM 正处于大卖之中。商品的高替换率，让顾客随时进店都能看到新的商品，随时给顾客惊喜，以提高门店销售额。

针对日本人特别注重每日的能量摄入，7-11 在每种便当的外包装上注明了该份便当的热量、蛋白含量等信息，给顾客量化的数据，便于顾客选择。店铺在决策进货数量、种类和时点上，严格依据信息系统的提示，经营最优秀的店铺能够做到每日销售数千份便当，在保证顾客入店一定能够买到喜爱的便当种类的前提下，当天剩余的便当数量不超过三份；远低于千分之三的行业管理目标；优秀店铺在保障满足顾客需要的前提下，能够做到低于千分之一，甚至能够刚好卖完。这就涉及了 7-11 的店铺库存管理。

（3）店铺库存管理。7-11 的库存管理策略以实时监控和快速反应为特点。通过数字化的库存管理系统，7-11 能够实时监控各门店的销售时点、销售数据和库存情况，及时调整商品配送和补货计划。7-11 与供应商建立了紧密的合作关系，以实现供应链的无缝对接，确保商品的稳定供应。便当、沙拉等需低温保藏的鲜食每日根据门店销售情况配送三次，零食、饮料等常温食品每日配送一次，而百货等商品是每周配送一次，随时根据销售情况，动态调整进货数量，以保持门店处于最低的合理库存。要做到这点，离不开 7–11 的高效物流配送体系。

（4）物流配送。7–11 商品实行“多频次、多品种、小额”配送制度，物流系统是其的重要支撑。7–11 建立了全球统一的物流体系，通过中央仓库和配送中心，实现商品的高效配送和周转。7–11 注重物流系统的创新和升级，以提高物流效率和降低环境影响；并根据店铺位置、每日需求变化，随时更新和优化配送路线，在准时、高效、最大装载量的前提下，降低出车频次，提高物流效率，降低物流费用。经过周密计算，在 10 年前物流费用占比就降到了 5.5%，仓库费用降到了 0.8%，远低于同行物流费用占比 9.6%，仓库费占比 1.3% 的水平①。

7–11 将所有产品集中到配送中心，通过分类包装、分层装车、分地址排列（先到的店铺订货装在车的尾部，最后到达的店铺订货装在车的最前部）。在配送货车最下面的地板部分放置酒类和清凉饮料，按照一周七天的不同日期混载糖果、杂货、加工食品等，通过汇总配送，货车的重量装载率能达到 90%，容积达到了 64% 以上，远高于行业水平。高准点率保证了当天下单的商品能够在学生放学、白领下班、电影结束之前送到，不会因为物流配送影响当天的销售。

在配送中心，将不同的商品保管在不同的分区。如果是百货，则根据本趟货车的装载体积进行最佳配合，先计算每家店当天要使用的包装箱规格和数量，再将包装箱附好货物装箱清单后放上传送带，通过自动分拣机，将各种百货商品准确装入包装箱内，装箱完毕后打包装车，以提高到达店铺后交接的效率。7–11 的包装箱是折叠的、可回收重复使用的塑料箱，不仅能够减少回收时占用车内空间，而且能保证在为后面的店铺送货时不影响卸货。

---

① 田中阳. 零售的创新——7 – Eleven 便利店创始人的创新法则［M］. 姚继东译，北京：机械工业出版社，2019.

（5）突然变化的应对。为应对气候变化和突发事件带来的销售变化，7-11 在其 IT 系统中加入相关模块。针对便当、雨具等受天气影响较大的商品，7-11 会与气象信息的专业公司合作，通过店铺终端分地域提供20 公里范围内的天气预报，每隔6 小时显示天气、降水量、风向、风速、最高和最低气温以及不适指数（冬季为寒冷指数）等指标。数据按照商品订购业务的时间，每天更新5 次，以调整便当的进货数量，以及增加应对天气变化的雨伞等商品的进货数量，调整相关商品的摆放位置，便于顾客一旦进店就能快速、顺手拿到相关商品。

如果店铺周边有大型演出、运动会或者比赛等活动，以及周边店铺的停业信息、道路临时封闭等，也可以在店铺的终端机上一览无余。7-11 甚至还能及时掌握店铺周边进行的深夜道路施工作业等信息。为了施工现场工作的顾客，订购具有饱腹感的大分量便当，以保证在深夜时不断货。相反，当学校寒暑假、周末和法定节日等休息的时间，7-11 会通过减少便当的订购数量来防止商品出现滞销。

7-11 店铺的店长和店员在日常的工作中需要不断收集每家店铺独有的地域信息，并输入到店铺计算机中共享；7-11 总部会将总部和各地分部收集的信息输入后发送给店铺，利用在 IT 系统中配备的用于调查分析多种条件和销售业绩之间因果关系的子系统进行验证，不断完善 7-11 的信息系统。从单家店铺很难察觉到的数据变化，如果将数百家店铺的地域数据或数十家店铺的地区数据汇集在一起，就容易发现特定商品在销售额上发生的剧烈变化，从而找出其中的相关性，成为以后决策的依据。

7-11 的数字化转型能够成功，是基于日本 7-11 定位 IT 部门的职能战略，是负责企业的战略性业务改革及系统构成与改善。7-11 总部 CIO 职务为公司的常务董事，能够将业务部门和 IT 部门很好地协调起来。数字化转型本质上是企业战略及业务变革转型，是借助数字化技术提升管理效率，通过数字、逻辑代替人，彻底改进原有的业务经营方式，由此来驱动企业战略与业务变革。7–11 在这项变革上不仅一直得到最高负责人的全力支持，而且在组织上给予了保障。严格意义上讲，数字化转型的主角是 CEO，是一把手工程，只有 CEO 亲自推动，才有可能成功。

根据共同社 2023 年 6 月 10 日报道，日本柒和伊控股社长井阪隆一在 6 月 8 日表示将加快采取措施，利用 IT 和人工智能提高门店运营效率并强化对顾客的服务。为满足顾客的及时性需求，7–11 的数字化转型一直在路上。

第五节　基于行业本质配置生产要素发展高效能新质生产力

新质生产力，是在“生产力”这个名词之前加“新质”两个字，说明其不同于过去和现在的生产力，而且“新”是比较而言，是相对于现有的参照对象而言。那么，能否设定量化指标来衡量什么是新质生产力呢？能否逐步构建发展新质生产力的理论体系，用以指导科技创新和经济发展呢？能否明确发展新质生产力的方向与路径呢？

从 2023 年 9 月，习近平总书记在黑龙江考察时首次提出新质生产力[①]，到 2023 年 12 月中央经济工作会议强调要发展新质生产力[②]，再到 2024 年 1 月 31 日，中共中央政治局集体学习时强调发展新质生产力是推动高质量发展的内在要求和重要着力点[③]，

① 详见：http://theory.people.com.cn/GB/n1/2023/1212/c40531-40136757.html.
② 详见：https://www.ccps.gov.cn/zl/2024qglh/202403/t20240318_161361.shtml.
③ 详见：http://finance.people.com.cn/n1/2024/0408/c1004-40211756.html.

以及2024年全国两会政府工作报告中提出大力推进现代化产业体系建设，加快发展新质生产力[①]，我国政府一直不遗余力地推进新质生产力的研究和实践，试图凝聚全社会的共识，明确科技创新和生产要素优化配置的方向，发挥科技创新的主导作用，以科技创新推动产业转型升级，加快推进数字化转型和工业智能化，不断提高全要素生产率，促进生产力实现新的跃升。[②]

一、生产力是指人们生产物质资料的能力

生产力体现的是人与自然的关系，不仅包括直接的物质生产能力，还包括精神生产能力。生产力的构成要素包括劳动者、劳动资料和劳动对象这三个实体性要素（硬件构成），科学技术、科学管理、劳动者的劳动态度和积极性等非实体性要素（软件构成），以及社会文化制度、体制机制环境等外部要素，这些要素之间的关系构成了生产力系统的结构，而生产力的发展速度取决于这个结构的协调程度。

从不同的角度来看，生产力一般可以分为个人生产力、企业生产力、社会生产力；短期生产力和长期生产力；物质生产力和精神生产力。生产力系统的功能是这些要素共同作用的结果，它决定了生产资源的效率，即每单位生产资源的生产效率。

人类学会使用工具以后，就有了特定的“社会生产力”。从自然分工到农业革命、工业革命、信息革命，再到现在的数字革命。每一次生产效率跨数量级式的跃升，都是生产力的进步；而且在工业革命以后，进步的速度明显加快，尤其体现在20世纪90年代的信息革命以后。

---

① 详见：https：//www. gov. cn/zhengce/jiedu/tujie/202403/content_6937462. htm.

② 陈小军．发展新质生产力正当时［J］．财富时代，2024（7）：15－20.

二、什么是新质生产力

习近平总书记提出，新质生产力，是以科技创新推动产业创新，特别是以颠覆性技术和前沿技术催生新产业、新模式、新动能；是创新起主导作用，摆脱传统经济增长方式、生产力发展路径，具有高科技、高效能、高质量特征，符合新发展理念的先进生产力质态。由技术革命性突破、生产要素创新性配置、产业深度转型升级而催生，以劳动者、劳动资料、劳动对象及其优化组合的跃升为基本内涵，以全要素生产率大幅提升为核心标志，特点是创新，关键在质优，本质是先进生产力。

全国人民代表大会财政经济委员会原副主任黄奇帆认为，以战略性新兴产业和未来产业为代表的新制造，以高附加值生产性服务业为代表的新服务，以及以全球化和数字化为代表的新业态，形成的聚合体就是新质生产力①。

著名经济学家、华夏新供给经济学研究院创始院长贾康认为，新质生产力，就是以科技创新为主的生产力，是生产力在“质”上的跃迁，相较于传统的依赖于大量能源消耗和资源投入的生产方式．新质生产力更强调对资源的高效利用，通过技术创新来实现经济的高质量发展②。

盖凯程和韩文龙③认为，新质生产力就是先进生产力。“新”体现在新型劳动者、新劳动资料和新劳动对象；“质”体现在新本质、高质量、高品质和“质”优势四个方面。

2024 年两会期间，央视新闻发表的新质生产力逻辑关系图如图 8－11 所示。

---

① 林毅夫等．新质生产力：中国创新发展的着力点与内在逻辑［M］．北京：中信出版社，2024：57－63．

② 详见：https：//www. sohu. com/a/763124364_121376126．

③ 盖凯程，韩文龙．新质生产力［M］．北京：中国社会科学出版社，2024：53－59．

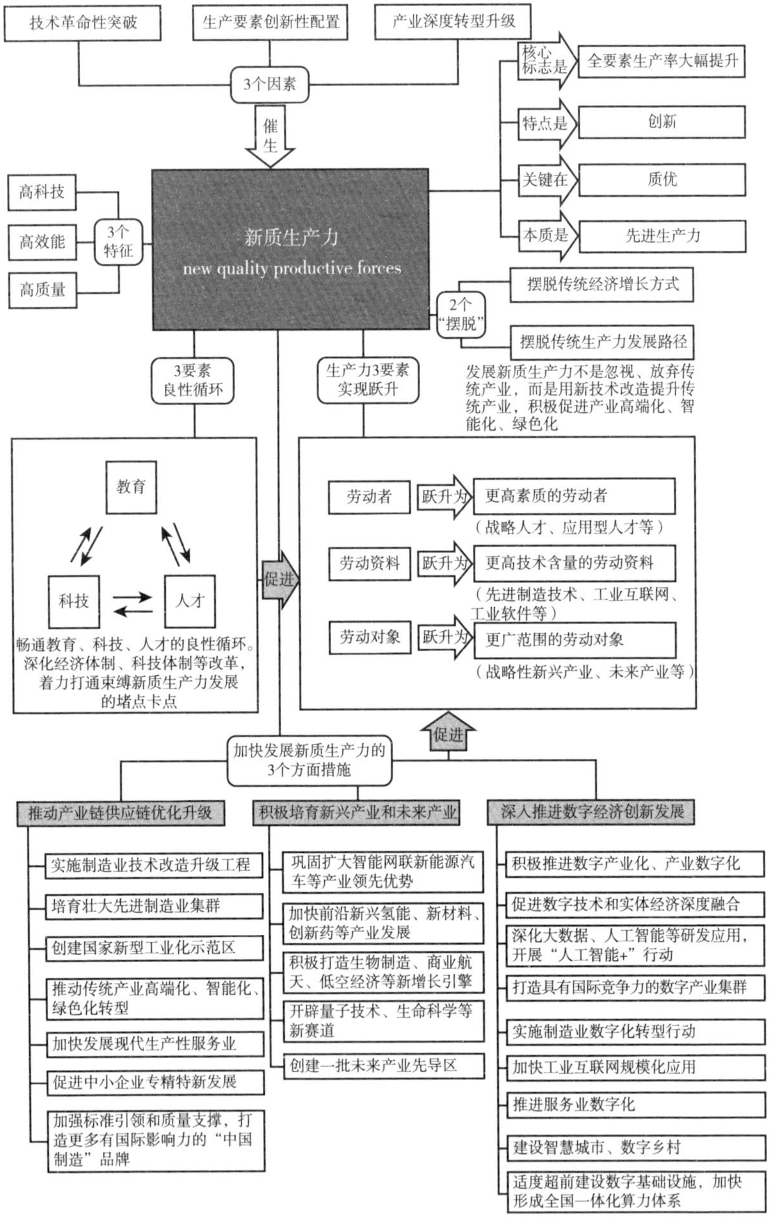

图 8-11 新质生产力逻辑关系图

如图 8－11 所示，催生新质生产力的三个因素分别是：技术革命性突破、生产要素创新性配置、产业深度转型升级。新质生产力的核心标志是全要素生产率大幅提高。新质生产力实现的结果，用一句通俗的话表述就是，科技产品实现从无到有，生产效率或效益实现跨数量级的跃升。

“新”是一个相对的概念，是比较而言。从 0 到 1 的革命性跃迁是“新”，从 1 到 10 的跨数量级式跃升也是“新”。正如林毅夫等著、王贤青主编的《新质生产力：中国创新发展的着力点与内在逻辑》[①] 一书在序言中所讲，与新质生产力对应的有“次新生产力”“旧质生产力”。“新”体现在新制造、新服务、新能源、新材料、新业态、新工艺、新技术，以及生产要素的创新性配置等方面。

新质生产力的核心是从无到有的革命性突破、效率或效益的跨数量级跃升。既有从 0 到 1 的技术革命性、颠覆性创新，也有产业深度转型升级带来效率从 1 到 10 的数量级跃升，还有基于现有生产要素进行创新性优化配置以后带来效益从 1 到 10 的跨数量级跃升，能够达到以上三者中任一个指标的生产力，都是新质生产力。

例如，人类发明纺纱，是从 0 到 1 的技术革命性突破，相对之前人们穿树皮、兽皮和草御寒，纺纱织布就是当时具有“高科技”特征的新质生产力。

再如，从手工每人每天搓一卷纱线，到使用纺轮每人每天纺 10 卷，生产效率出现了跨数量级的跃升，而且纺轮生产的纱线比手搓的纱线直径更小、粗细更均匀、纱线更密实，纺轮相对于手工搓纱线就是当时的新质生产力。当纺车出现后，每人每天能够

① 林毅夫等．新质生产力：中国创新发展的着力点与内在逻辑［M］．北京：中信出版社，2024.

纺100卷纱线，纺车相对于纺轮的生产效率又跃升了一个数量级，而且纺车纺的纱线相对纺轮纺的纱线更细、粗细更均匀、纱线更密实、承受力更强，纺车相对于纺轮就是当时的新质生产力。再后来，纺机出现，每人每天能够生产1000卷纱线，纺机相对于纺车的生产效率又跃升了一个数量级，而且纺机纺的纱线直径相对于纺车纺的更细、粗细更均匀、纱线更密实、纱线的承受力更强，纺机相对于纺车就是当时的新质生产力。以上三次跃升都是产业深度转型升级的结果，具有“高效能”特征的新质生产力。

又如，到现在，没有相对于纺机的生产效率再跃升一个数量级的纺织生产工具出现。在其他生产条件不变的情况下，通过生产要素的创新性配置，例如使用数字工具，让每个劳动者管理的纺机数量增加一个数量级，或者纺机的生产效率提升一个数量级，就可以达到生产效益或者生产效率的跨数量级式跃升。过去主要生产30支纱线，通过数字化转型后能生产300支纱线，即1克棉花生产出300米长的纱线，织出的布就有了如丝绸般的细腻感和柔软贴肤的感觉。这种优化配置产生的结果，具有“高质量”特征的新质生产力。

在以上三种催生新质生产力的情形中，我们发现不仅生产效率或质量指标出现跨数量级的跃升，而且每次跃迁或者跃升后的产品质量更好，这样的生产力就是新质生产力。

三、新质生产力的量化指标

中国生产力促进中心协会副理事长兼秘书长王羽认为，新质生产力作为生产力发展到新的阶段而提出的理论，体现了中国共产党在领导中国社会主义现代化建设过程中对马克思主义生产力理论的创新性发展，代表了中国在经济发展中寻求转型升级，以实现高质量发展的理论探索，是对马克思主义生产力理论的继承与发展[①]。对该阶段的生产力，王羽秘书长用以下公式来表示：

$$\text{新质生产力}=(\text{科学技术}^{\text{革命性突破}}+\text{生产要素}^{\text{创新性配置}}+\text{产业}^{\text{深度转型升级}})\times(\text{劳动力}+\text{劳动工具}+\text{劳动对象})^{\text{优化组合}}$$

此外，中国生产力促进中心协会秘书长王羽还总结了不同阶段的新质生产力理论公式，如图 8－12 所示。

在生产力1.0阶段，传统的生产力公式表示为：

生产力=劳动力+劳动工具+劳动对象

在生产力2.0阶段，将科学技术同生产力各要素相结合，生产力公式表示为：

生产力=科学技术×（劳动力+劳动工具+劳动对象+生产管理）

在生产力3.0阶段，以新质生产力为具体表现形式的生产力公式可以表示为：

$$\text{新质生产力}=(\text{科学技术}^{\text{革命性突破}}+\text{生产要素}^{\text{创新性配置}}+\text{产业}^{\text{深度转型升级}})\times(\text{劳动力}+\text{劳动工具}+\text{劳动对象})^{\text{优化组合}}$$

图 8－12　新质生产力理论公式

新质生产力，不仅需要科学技术的革命性突破，也需要对生产要素进行创新性配置和产业深度转型升级，还需要对传统生产要素进行优化组合，才能形成新质生产力。

那么，新质生产力是否可以用量化的指标来加以衡量呢？依据现有研究者的研究成果，笔者暂且以三个量化指标来衡量什么是新质生产力，分别是：科技产品实现从 0 到 1 的原创革命性跃迁；某个效率指标实现从 1 到 10 的跨数量级式跃升；某个质量指标实现从 1 到 10 的跨数量级式跃升。[②]

达到以上三个指标中至少一个指标的生产力，就是新质生产力。要达到以上三者中的任一指标，都需要科技创新来驱动。无

---

① 详见：http：//www. cnaja. com/index. php/mtrw/897. html.

② 陈小军. 新质生产力的量化指标初探［J］. 财富时代，2024（5）：19－20.

论是实现科技产品从 0 到 1 的原创革命性跃迁，还是实现某个生产效率或者质量指标从 1 到 10 的跨数量级式跃升。特别是在同等生产要素下实现某个生产效率或者质量指标从 1 到 10 的跨数量级式跃升，更需要基于行业本质理论对生产要素进行创新性优化配置①。对已超现有行业平均生产力水平，但没有达到跨数量级式跃升的生产力，笔者称为先进生产力。

行业本质理论是对各生产要素进行创新性配置和优化组合，从而达到某个生产效率或者质量指标跨数量级式跃升，进而形成新质生产力。基于行业本质配置生产要素，形成创新高效能新质生产力。②

四、行业本质理论指导生产要素的创新性配置

人类社会进入工业社会以来，生产力主要是通过资本的扩张来提升，是以机器的大规模应用来扩大企业的生产规模为代表，改变了农业社会主要靠手工的生产方式，通过生产要素的革命性跃迁，达到生产力跃升的效果。然而，到了信息时代，生产要素直接带来的生产力提升的效果逐渐下降，组合生产要素带来的生产力的效果逐渐提升。过去几十年，部分企业就通过信息化来进行效益和效率的提升。现在倡导企业数字化转型，就是对生产要素进行创新性配置，使生产要素与数字技术相结合并在生产过程中经过产业化转化为生产力，使生产效率或者效益发生跃升，从而提升生产力的质量，孕育出新质生产力。

生产力的基础要素随着时代的发展而发生改变。在工业化时代，物质生产力占据主导地位，生产力的基础要素主要是劳动

① 陈小军．行业本质理论与第一性原理的关系初探［J］．财富时代，2023（12）：33－36.

② 陈小军．基于行业本质发展新质生产力的作用机制［J］．中国科技投资，2024（15）：13－18.

力、资本和土地，其中，资本和劳动力被视为生产力的核心要素。进入信息化时代，信息技术、科学技术等的不断进步，以及全球化、网络化的发展，不仅带来了全球的经济、社会和文化的变革，也产生了包括数字技术在内的更复杂、更多元的新型生产要素，渗透到了社会经济和人们生活的各个角落，逐步影响社会经济的发展和生产力的提升；数字技术就是其中的一种。

约瑟夫·熊彼特在其著作《经济发展理论》中说，创新就是要“建立一种新的生产函数”，即将一种从来没有过的生产要素和生产条件进行新的组合并引入生产体系，通过生产技术的革新、生产方法的变革、生产要素的优化组合，让生产力不断提升。梅森在其著作《新经济的逻辑》中说，创新的驱动力是成本最小化、产出最大化，以及资源组合利用最优化。这两种观点的实质都是对生产要素进行创新性优化组合，通过先进技术的应用，提高生产率，从而达到提升生产力的目的。

从企业生产的角度，企业的生产效率不仅取决于生产要素的投入，也取决于生产要素的组合优化程度；全要素生产率体现在科技创新和科技成果的应用上。在生产要素一定的条件下，通过科技创新可以扩展生产要素的类型（如使企业的数据成为新的生产要素）、提高生产要素的质量（如劳动者劳动技能的提高）、改进生产要素的组合方式（如使用数字工具完成数字化转型）等，使得产出的增长高于生产要素投入的增长。

那么，如何来优化配置生产要素呢？这就需要基于行业本质。行业本质理论是生产要素优化配置的底层逻辑。行业本质是企业竞争力（生产力）“大厦”的地基，各生产要素只有建立在行业本质这个地基之上，才能做到总体效率和效益的最大化。[①]

---

① 陈小军．行业本质理论是生产要素创新性配置的新质生产力理论［J］．财富时代，2024（6）：18－22.

行业本质是企业在行业中存在的根据，是一个行业内在的必然性和规律性，是行业的根本属性；在结果上决定企业盈亏数量级，左右企业存亡①。

图 8－13 说明了什么是行业本质。

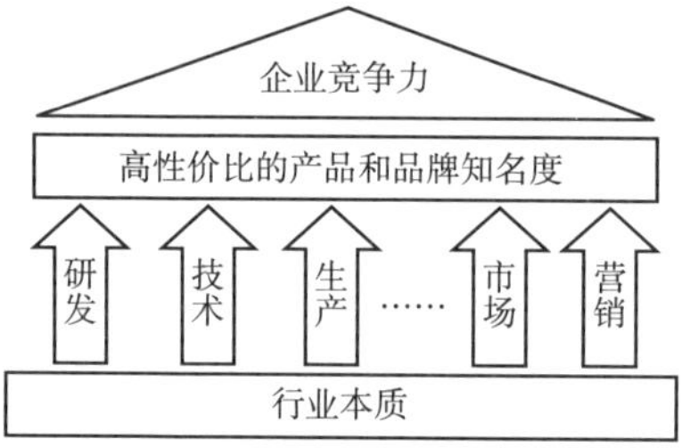

图 8－13　行业本质是什么

提升全要素生产率，不仅可以通过科技进步来实现，也可以通过要素的优化配置来实现，从而赋予生产力新的跃升源泉。行业本质理论是确定生产要素最优化配置的基础理论，通过确定生产要素创新性优化配置的方向和路径，达到提升全要素生产率的目的，其结果符合新质生产力的“高效能”特征。②

我国政府现在推广的数字化转型，是生产要素优化组合的一个典型场景。现在，已经形成不少运用生产要素创新性配置形成新质生产力的典型案例，如拼多多、SHEIN、公牛插座等。

拼多多成为我国近几年的电商黑马，其不仅企业利润增长率远高于阿里巴巴和京东，而且市值也超过阿里巴巴和京东；原因在于拼多多基于电商行业本质创新性配置生产要素，并基于行业本质做数字化转型升级。笔者将拼多多和京东作对比，依据两公

① 陈小军．行业本质理论初探［J］．财富时代，2023（10）：130－133.

② 陈小军．基于行业本质发展新质生产力的作用机制［J］．中国科技投资，2024（15）：13－18.

司的财报，2023 年前三季度拼多多人均经营利润是京东的 55.8 倍；2021 年、2022 年，拼多多人均创造经营利润是京东的 71 倍、58.5 倍；但拼多多员工数量仅是京东的 1/40。同样的生产要素，同样的市场，拼多多基于行业本质对生产要素做了创新性配置，并基于行业本质做数字化转型升级。经营效益相对于京东产生了跨数量级式跃升。这就是黄峥创立拼多多不到十年的时间成为中国首富的原因：在一个足够大的市场率先发展新质生产力。

SHEIN 作为近几年兴起的电商服装品牌，在我国不少知名服装企业走向困境的时候，成为我国目前估值超过 4000 亿元人民币的四家未上市互联网企业之一，原因在于 SHEIN 基于服装行业的行业本质配置生产要素和数字化转型升级，尽量提高周转率，缩短周转时间。而同期的中国版“ZARA”拉夏贝尔、“步行街之王”美特斯邦威登等企业，均以扩大销售额为目标，增加销售门店，增加库存，导致周转率降低，周转时间增加；拉夏贝尔只用三年时间就走向困境，美特斯邦威七年时间亏损超过 32 亿元。

生产要素优化配置形成高效能新质生产力，传统制造业企业中代表性的例子是公牛集团。公牛集团成立于 1995 年，当时全国有超过 1 万家插座生产企业，其中仅公牛所在地慈溪市就超过 4000 家。成立两年后的 1997 年公牛集团销售额才过 1000 万元；由于赶上了我国房地产大爆发的高速增长时代，到 2007 年其销售额突破 1 亿元。在 2008 年后引进外脑，逐步全面基于电工行业的本质进行经营，到 2018 年销售突破 100 亿元，线下市场占有率超过 50%，线上市场占有率超过 65%，税后利润率一直超过 20%。与之对应的是，在电连接行业中热衷于价格战的企业大部分都已经逐步被淘汰出市场。

五、基于行业本质做数字化转型才能成功

前文以纺纱举例，说明了什么是科技产品从0到1的革命性跃迁，什么是1到10的跨数量级式跃升。但现在，没有像纺机一样的能让生产效率再上升一个数量级的生产工具出现。在其他生产条件不变的情况下，如果通过生产要素的优化配置，如使用数字工具，让每个人管理的纺机数量增加一个数量级，或者生产设备的生产效率提升一个数量级，就可以达到生产效益或者生产效率的跨数量级式跃升，这种优化配置产生的结果就是“高效能”的新质生产力。

现在我国政府在大力推进的产业数字化转型，就是利用数字技术对现有生产要素进行创新优化配置，以达到生产效率提升、经营效益提高、资源消耗减少，生产力跃升的目的。

但是，麦肯锡的调研报告指出，国外一般企业数字化转型失败率为80%[①]。埃森哲与工业和信息化部下属单位国家工业信息安全发展研究中心合作开发的中国企业数字转型指数显示，我国只有7%的企业突破了业务转型困境，成为转型领军者[②]。

2023年11月9日，由工业和信息化部、山东省人民政府主办的第十二届APEC中小企业技术交流暨展览会在青岛市举行，笔者受邀在中小企业数字化转型创新发展专业论坛上以运用行业本质理论做好数字化转型为题作了主旨报告（见图8－14），并主持了圆桌论坛（见图8－15）。在圆桌论坛上，金蝶集团代表认为我国专精特新企业的数字化转型成功率低于25%，浪潮集团代表则认为我国企业数字化转型的成功率低于10%，均与民建中央的调查数据基本一致，也就是我国数字化转型的成功率过低，失败率过高。

---

① 详见：https：//www. sohu. com/a/483632008_121124362.

② 详见：https：//www. prnasia. com/story/291373－1. shtml.

图8－14　进行主旨报告

图8－15　主持圆桌论坛

2023年，民建中央确定以“加强我国实体经济和数字技术融合发展的路径与建议”为重点的调研课题，由民建九个省级组织和民建中央企业委员会分头调研，各自形成报告，再汇总成为民建中央2024年的两会集体提案，其中民建中央企业委员会这组由笔者执笔。民建中央企业委员会的课题组调研了北京、湖北、四川、广东等地企业，各地企业均反馈数字化转型的失败率高于80%。不少企业仅是使用了数字化工具，并没有真正完成数字化转型。在调研过程中发现，顺应行业本质做数字化转型的企业，基本上都达到了转型的目的：效率跃升，效益提高。未能基于行业本质做数字化转型的企业，数字化转型基本没有达到转型的目的，甚至不少企业是完全失败。

在调查中发现，基于行业本质做数字化转型，能够解决目前企业数字化转型过程中遇到的大多数问题，如中小企业陷阱、转型陷阱、集成陷阱、效率降低、成本上升、数据孤岛、数据烟囱等。

新质生产力具有高科技、高效能、高质量特征，以全要素后生产率大幅提升为核心标志。全要素生产率，又称技术进步率，是指经济增长中扣除劳动、资本等有形要素后，投入的无形要素对经济增长率的贡献的余值，一般是更有效地配置资源实现的额外增长，就如同利用数字技术和数字工具对企业进行基于行业本质的数字化转型来提升全要素生产率。

行业本质理论是对现有生产要素进行优化配置的基础性理论，也是企业数字化转型的指导理论，在利用的结果上体现为：行业本质决定企业盈亏数量级，左右企业存亡[①]。在企业的数字化转型中体现为：顺应行业本质做数字化转型，事半功倍；违背行业本质做数字化转型，事倍功半。

数字化转型的实质是利用数字技术对企业现有生产经营要素进行优化配置，在经营效率和效益的形式上是"加杠杆"，结果上是"马太效应"。因此，基于行业本质做好数字化转型就显得尤为必要。

---

① 陈小军．行业本质理论初探［J］．财富时代，2023（10）：130－133．

在数字化时代，新质生产力是多个生产要素效率提升的叠加、综合反映。新质生产力突破了传统经济理论中，生产力侧重在劳动力和资本的产出效率，扩大到包括科学、技术、知识、认知、思想、文化、制度等层面。这源于数字时代更广泛地受到了新生因素的影响，促使我们需要更为全面地理解影响经济增长和技术创新的出发点、发展方向和路线图，以规避发展方向上的错误，特别是规避点错科技树，选错技术路线。这就是行业本质理论的基础作用：在决策上，确定战术执行的方向；在效益上，决定企业盈亏的数量级；在执行上，决定战略目标的成败；在结果上，左右企业存亡。[①]

六、提出发展新质生产力正当时

2021 年，我国人均 GDP 超过 12000 美元后，进入中等收入国家行列。我国科技从落后于世界平均水平，到今天总体达到世界平均水平，部分高于世界平均水平，甚至部分处于世界领先水平，已经进入科技探索的“无人区”。我国企业从模仿就能够成功的阶段，逐渐进入需要原创才能成功的阶段，需要新的理论来引领原创科技的发展方向，因为，在科技创新上，方向不对，努力白费。只有选择正确的方向，才能提高科技创新的成功率，减少科技创新过程中的曲折与浪费。

与此同时，我国的市场竞争也从供不应求，进入供过于求；不少行业的产能严重过剩，不少行业陷入市场驱动的价格战的内卷。根据公布的 2023 中国企业 500 强数据[②]，500 强企业的营业收入继续保持增长态势，合计实现营业收入 108. 36 万亿元，比上

---

① 陈小军. 基于行业本质发展新质生产力的作用机制［J］. 中国科技投资，2024（15）：13－18.

② 详见：https：//finance. sina. com. cn/zt_d/subject－1695175588/.

年收入增加了5.74%，高于当年GDP增长速度；入围门槛连续21年提高，2023中国企业500强入围门槛提升至469.98亿元；但是，2023中国500强企业共实现利润总额55856.64亿元，实现归属母公司的净利润（以下简称“净利润”）42938.90亿元，利润总额、净利润分别比上年减少了7.28%、3.80%。中国500强企业的利润与净利润回落，净利润增速由正转负。2023年中国500强企业的收入利润率、资产利润率、净资产利润率均下降，盈利能力降至新低。43家企业发生亏损，亏损面扩大，利润下滑企业增至258家，也就是过半的企业利润下滑。

我国大企业在价格战中的利润率下滑的同时，科技投入占比开始降低，都企图通过价格战、并购等手段扩大存量市场的份额，而不是通过科技创新做大增量市场。根据2023年吉林省工信厅提供的数据，吉林省有研发活动的规模以上工业企业占比为11.6%。吉林省有3200多家规模以上工业企业，换句话说，吉林省规模以上工业企业有研发活动的仅有300多家；而吉林省是我国汽车工业的摇篮、我国化工工业的摇篮、我国电影工业的摇篮；省内有中国科学院长春光机所、吉林工业大学等100余家科研院所和高校。

根据民建中央2023年上半年调研时各省份提供的数据，2023年我国中小微企业亏损面较2022年同期大幅上升。江苏亏损面达35.9%，浙江亏损面达40%；而江苏和浙江是我国中小微企业发展最好的地区之一。

在此情况下，我国大企业涉足的行业却越来越多，存量市场占有率越来越高，账上的钱也越来越多。根据2023年三季报公布的数据，腾讯账上有3874亿元现金储备，阿里巴巴有5743亿元现金储备，京东有1238亿元现金储备，拼多多有834亿元现金储备，小米有1276亿元现金储备，上海汽车集团有1366亿元现金储备，中国石化有1818亿元现金储备，中国石油有2766亿元现金储备，中国神华有 1477 亿元现金储备。账上有大量“无法安放”的资金，不少央企国企开始做贸易融资，做大经营规模；不少民营大企业开始无序扩张，却没有加大科技投入。

个别中国 500 强企业，乃至个别世界 500 强的中国企业，虽然规模越做越大，市场占有率也越来越高，但在科技创新上却缺少建树，更没有主动探索科技“无人区”的研发投入和创新安排，企图等其他企业在科技创新上蹚出一条路以后，利用自身的资金优势、市场优势和规模优势，后发制人。这才有了我国 70% 以上的科技创新来自使用金融资源不足 30%、社会资源不足 40% 的中小企业；反过来，进一步加剧了我国大企业利用自身的资源优势和资金优势，通过并购和价格战来扩大存量市场份额，而不是通过科技创新开拓增量市场，使中小微企业在市场竞争中处于更为弱势的地位，进而再影响中小微企业在科技研发上的持续投入。长此以往，我国在人口红利、改革红利、资源红利等逐渐消退以后，经济增长的潜力在哪里？我国如何突破中等科技陷阱和中等收入陷阱？

现在提出发展新质生产力，是在凝聚社会共识，促进我国企业，特别是大企业加大科技投入。发展新质生产力，逐步成为大企业的行动纲领，也成为中小企业市场突围的指路明灯。这就是新质生产力被提出的大背景，也是我国经济、科技发展的必然结果。①

引导我国科技创新不断突破，实现从 0 到 1 的革命性突破；不断深化产业转型升级，提升经营效率；不断优化生产要素配置，提升经营效益。但是，选择哪条技术路线做原创突破，以什么原则来优化配置生产要素，以什么基础来进行深度产业转型升级，就需要有行业本质理论来加以指导。

新质生产力是高质量发展的代表，不仅体现了高科技发展的

---

① 陈小军．发展新质生产力正当时［J］．财富时代，2024（7）：15－20.

理念，也体现了生产要素之间的优化配置。通过先进技术改善生产方式和提高生产效率，为传统产业注入新的活力，也是引导新兴产业的突破和创新。新质生产力指出了未来经济的发展更多地依赖技术创新和科学进步，以实现经济社会更健康、更高效、更节能、更绿色的可持续发展；经济增长要与生产要素和谐配置相辅相成，进而提升生产的效率和效益。

七、结论

提出发展新质生产力，是我国经济和科技发展的必然，在于凝聚社会共识，形成全社会科技创新的共识和热潮。但是发展新质生产力，只有基于行业本质，才能获得成功；而行业本质，是随科技进步和市场竞争状态的改变而改变的[①]。

借助行业本质理论对各生产要素进行创新性配置和优化组合，从而达到效率或者效益的跨数量级式跃升，进而形成新质生产力。基于行业本质配置生产要素，发展高效能新质生产力。行业本质随科技进步和竞争状态的变化而变化，因此，发展新质生产力，永远在路上。

---

① 陈小军，行业本质理论初探［J］．财富时代，2023（10）：130－133.

第四篇

数字经济下企业更要顺应行业本质

随着数字经济的快速发展，企业经营管理的工具、手段和模式都发生了深刻的变化。在这个过程中，企业需要认识到，数字技术并没有改变行业的本质，而是加强了行业的变革和竞争，将企业是否顺应行业本质经营的效果放大。企业在数字经济时代，必须更加顺应行业本质，以创新的经营管理方式应对数字经济时代的到来。

数字经济的兴起为企业带来了巨大的机遇和挑战。一方面，数字技术的应用可以帮助企业提高效率，创新产品和服务；另一方面，数字经济改变了经营管理的工具和手段，加剧了行业的竞争，对企业经营管理提出了更高的要求。数字经济下，使用数字工具会对企业经营效果产生杠杆效应，即好的更好，差的更差。企业要取得成功，就必须顺应行业本质。这意味着企业要深入了解行业的特点、规律和发展趋势，找准行业本质，只有以行业本质为基础进行经营管理决策，才能做到事半功倍；否则，在数字工具的杠杆效应下，会事倍功半。

数字经济对企业经营管理的影响体现在：首先是新技术、新模式和新平台层出不穷。用得恰当，企业可以提高运营效率，降低运营成本，提升客户满意度，实现强者恒强；用得不恰当，企业就可能瞬间陨落。其次是跨界融合。通过数字工具和商业模式的创新，不同行业可能通过跨界融合产生新的商业模式和新的产品服务。通过跨界可实现资源共享、优势互补，拓展新的市场空间。最后是创新驱动。在数字经济时代，企业必须基于行业本质加大创新投入，培育创新能力，发展新质生产力。行业竞争激烈以后，企业需要密切关注行业发展变化，抓住市场变化趋势，只有不断推出符合消费者需求的新产品、新服务，才能保持企业的生命力和竞争力；也需要基于行业本质提升内功，改进企业经营的策略和方式。

在数字经济下，顺应行业本质是企业经营管理的基础和原则，也是发展新质生产力的前提。

第九章　企业经营管理应基于行业本质

2024 年 1 月 5 日，上海美特斯邦威服饰股份有限公司（以下简称“美邦服饰”）发布公告称，董事长胡佳佳女士因个人原因申请辞去公司第六届董事会董事长、董事、提名委员会委员、薪酬与考核委员会委员及战略委员会主任委员职务，辞职后，其父亲周成建出任董事长兼总裁。这是周成建自 2016 年 11 月 21 日交出美邦服饰董事长和总裁的大印，其女胡佳佳接管美邦服饰大权后的全面复出。

2024 年 1 月 29 日，美邦服饰董事长兼总裁周成建发布致全体供应商的公开信提到，近期公司正在进行数字化战略转型，计划进行内容电商、货架电商、线下门店、云零售、即时零售的全域新零售布局。想要真正实现转型目标，其中最重要的就是要实现供应链提质、降本、增效，促进品质、成本、效率“三位一体”的供应链能力建设；利用数字化工具进行全域“运营赋能”及“培训赋能”，并通过数字化转型帮助供应链提质、降本、增效。这是周成建重新回来担任美邦服饰主要负责人职务的第一使命。周成建表示，通过市场反馈分析，发现公司出现的产品品质异常突出、成本异常突出、交期异常突出问题，是致使持续亏损的核心原因之一。

在这封公开信中，可以清晰地看到周成建交班 7 年后全面复出的核心原因是公司连年亏损。据不完全统计，胡佳佳接手 7 年以来，美邦服饰归母净利润累计亏损额超过 30 亿元。

与周成建的观点不同，笔者看来美邦服饰亏损的核心原因是没有基于行业本质经营，与同期的拉夏贝尔一样，违背行业本质，导致企业连年亏损。

2013 年，美邦服饰的门店数达到巅峰，合计 5220 家，此后开始逐年减少。在 2013 年，美邦服饰的净利润从 2012 年的 8.50 亿元降至 4.05 亿元。到 2023 年第三季度，公司期内实现营业收入约为 8.37 亿元，同比下降 13.49%；扣非后，净利润为 -9611 万元；美邦服饰的门店数跌破千家，其中直营店减少至 20 多家，加盟门店减少至 800 多家。

更为严重的是，亏损带来的资金压力让美邦服饰不得不通过变卖资产来维持公司正常运作。仅 2023 年 12 月一个月，美邦服饰就 4 次发布变卖资产公告。让人唏嘘的是，不少“70”后、“80”后和“90”后在学生时代，都以穿上一件由周杰伦代言的“不走寻常路”的美特斯邦威衣服为荣，体现自己的“卓尔不凡”。2009 年年度偶像热剧《一起去看流星雨》中的女主角楚雨荨的一句“端木带我去了美特斯邦威”台词，将少男俊女的期望推向了高潮。但近 10 年，美邦服饰“步行街之王”的光彩日渐黯淡。

创立于 20 世纪 90 年代浙江温州的美特斯邦威，曾经邀请郭富城、周杰伦、林志玲等大牌明星作为公司形象代言人，创始人周成建最早的轻资产运营模式被商学院视为经典的运营案例，但后来美邦服饰的经营逐步背离了这种轻资产运营的模式，库存越来越大，周转率越来越低。

2008 年，美邦服饰在深交所挂牌上市，周成建以 170 亿元财富成为中国服装界首富。从 2008 年到 2010 年，周成建连续 3 年成为胡润服装富豪榜首富，2010 年的财富值更是高达 216 亿元。

但是，美邦服饰在款式设计、衣服质量、定价上的优势逐渐丧失，库存随之逐年推高。到 2010 年，美邦服饰的存货余额高达 25.48 亿元，占总资产的 30%，周转时间严重异常，周转率低于行业水平。

胡佳佳在 2016 年底接手美邦服饰后，为寻求突破，强调品牌的年轻化调性，推出了包括 ME&CIYT、Moomoo、ME&CITY KIDS、CH’IN 在内的几大系列品牌，升级线下渠道、布局购物中心、进行供应链端变革等。但这些举措都不是以提高服装的行业本质“周转率”为基础，而是以扩大销售额为目标，即使频繁邀请如关晓彤、黄明昊、宋威龙等人气流量明星代言，也没有改变美邦服饰库存增加、亏损持续的经营局面。

与胡佳佳掌管美邦服饰同时期的 SHEIN，却基于提高“周转率”进行服装设计、生产、销售等，成为了美国“2023 年十大增长最快品牌总榜”第四名，入选美国“2023 年千禧一代中十大增长最快品牌”第二名，仅次于 ChatGPT，成为全美千禧一代（1981—1996 年出生）年轻人最喜爱的品牌之一；也是世界估值排名第四的独角兽企业。

2023 年 11 月，魔性洗脑的舞蹈“科目三”以迅雷不及掩耳之势突然风靡全球，让大家意想不到的是这次席卷全球的中国舞蹈，源于火锅连锁店海底捞在全球门店的同时推广，引发了世界热潮。在海底捞“下场”推广之前，“科目三”只是一个小众的乐子。2023 年 11 月 19 日，抖音网红博主“一顿要吃八碗饭”和“关你西红柿”这两个人在海底捞门店，穿着服务员的服装，表演起了“科目三”，一夜之间获得了超过 1000 万的点击量，300 万的点赞量，海底捞的翻台率迅速攀升。接下来的数月间，不少年轻人花几百元钱去海底捞，就是为了看服务员跳这支魔性的“科目三”。“科目三”给顾客们带来了欢愉，也为海底捞创造了巨大的商业效益。海底捞把“科目三”推向了各大互联网平台的搜索榜首。在2023年的最后几天，“科目三”这个标签在抖音上的观看量已经超过了400多亿次。以至于英国芭蕾舞团、俄罗斯芭蕾舞团、世界舞蹈大赛，都把“科目三”当成了送给观众的彩蛋。甚至，2023年12月10日，在世界体育舞蹈总决赛上，世界冠军乔安娜也跳起了“科目三”。一时间，全球所有国家和地区都跳起了“科目三”，没有例外，各国跳“科目三”的人数还在飞速上升。邀约朋友到海底捞门店观看“科目三”，跟海底捞服务员学习跳“科目三”，成为全球不少年轻人相约相聚海底捞的理由。

新冠疫情三年，大众普遍的认识是餐饮行业受到了巨大的冲击。但是，根据国家统计局公布的数字，2019年我国餐饮GDP是4.7万亿元；2020年受新冠疫情影响，餐饮市场规模下滑15.4%至4万亿元；但随着疫情防控常态化，2021年餐饮市场规模已恢复至4.7万亿元，同比增长18.6%。即使2022年疫情蔓延，封控时间延长，封控城市较多，我国餐饮行业GDP也超过了4.4万亿元，比2020年还高出10%。

国家统计局2024年1月17日发布的数据显示，2023年我国国内生产总值（GDP）超126万亿元，其中，餐饮全年收入52890亿元，增长20.4%。我国餐饮行业GDP，从2015年突破3万亿元，到2018年突破4万亿元，即使疫情影响了三年，也只用了5年时间就突破5万亿元。核心原因就是我国居民收入水平增加以后，居民社交需求增加，以社交为基础的商务餐饮得到快速发展。

在我国传统文化中，人们通常以宴请来创造交流的条件，从而达到充分交流的目的。2012年中央颁布关于改进工作作风、密切联系群众的“中央八项规定”以后，部分高端商务餐饮走向衰落，原因就是高端社交需求急剧减少；但同期我国餐饮市场总体规模持续增长，中国餐饮市场规模从2014年的2.9万亿元增长至

2019年的4.7万亿元，年复合增长率达10.1%，原因就是普通大众的社交需求随人民生活水平提高而快速增加，以满足家庭和一般商务需求的商务餐饮得到迅猛发展。

2014年6月29日，笔者牵头，联合新华社、新希望集团、复星集团、海底捞、玉林烤鸭、金百万、西贝、嘉和一品、新辣道、黄记煌等单位，在新华社礼堂发起成立“亚洲餐饮联盟”，笔者担任秘书长。目的是根据“中央八项规定”的新形势，促进商务餐饮企业基于行业本质进行转型，以提升企业的经济效益。10年过去了，事实证明，以“社交”为基础经营的商务餐饮企业，都取得不错的成长业绩；未能以“社交”为基础经营的企业，业绩每况愈下；以满足“生理需求”为主，无法转向以满足“社交”为基础经营的餐饮企业，如嘉和一品、黄记煌等，在转让控股权时未曾想到后来出现新冠疫情，但至今被证明是及时、正确的决策。

新冠疫情三年，餐饮受到影响最大的是以“满足生理需求”为主的餐饮企业，以“满足社交需求”的商务餐饮企业，总体受到的影响有限，甚至部分商务餐饮企业在疫情三年逆势扩张，原因在于居民社交需要的餐饮聚会可以延期满足，生理需要的饮食需求无法延期满足。本周没有举办的商务宴请，可以在下周举办，甚至下个月、下个季度再举办；但是生理的饮食需要，不能延迟到第二天去满足，更不能延迟到下周或者下个月。

因此，商务餐饮企业以“社交”为基础，做好菜系菜品、服务、选址、装修，定价、营销等，就容易获得好的经营业绩。

在2023年，风靡我国的还有“酱香拿铁”。这是瑞幸咖啡和茅台集团联合推出的一款产品，瑞幸咖啡为何要联合茅台集团推一款厚乳咖啡呢?

在2014年筹办亚洲餐饮联盟的过程中，笔者顺带调研了咖啡馆的经营，当时不少咖啡馆经营困难；即使盈利，其利润主要来源也是简餐。在我国到咖啡馆喝咖啡的主要目的是社交。

瑞幸咖啡自2018年成立后通过密集开店，高补贴营销推广，减少咖啡店的营业面积，不布置座位，以降低房租成本。按照瑞幸咖啡的这种商业模式，笔者在2018年判断瑞幸咖啡如果不进行调整就必亏无疑。虽然在2019年瑞幸咖啡就在美国成功上市，但上市不久，2020年初就被美国著名做空机构浑水公司报告财务造假，后瑞幸咖啡承认财务造假后退市。退市后瑞幸咖啡回归行业本质，再增加乳饮料和点心等能量食品，2021年和2022年上半年，瑞幸咖啡的财务报告就有了很大的改善，其中2022年第二季度，单季盈利2.2亿元，实现扭亏为盈。

在2023年9月推酱香拿铁，实质就是利用“社交”进行营销，在之前已经有深入人心的“谁送我秋天的第一杯奶茶”。在2023年9月4日，“酱香拿铁”正式上市；9月5日，瑞幸咖啡宣布酱香拿铁单品首日销量突破542万杯，销售额破亿元；9月7日下午，瑞幸咖啡发布通知，称酱香拿铁热度远超预期，原料供应不足，多数门店出现售罄。

从财务造假，被迫退市，到单季度盈利过2亿元，再出热销爆款，瑞幸咖啡经营的起伏就是企业是否顺应行业本质经营的波动；体现了行业本质决定企业盈亏数量级，左右企业存亡。

这几年养猪企业亏损严重，事实上在2020年9月猪价最高时，笔者就提醒新希望集团等养猪企业重视猪周期下行期带来的巨额亏损。到2021年7月，猪价跌破不少养猪企业员工的心理承受极限；不断有养猪行业的人和笔者探讨猪价什么时候能够跌到底？笔者当时判断要在行业整体将前两年（2019—2020年）赚的钱全部亏光，行业总体负债后才能触底反弹。养猪已经不仅有从祖代、父代到育肥猪之间的超越一年的养殖周期；更有规模化养殖后，不容易降低的存栏量；还有养殖规模化后养殖巨头的市场份额博弈，这些因素导致猪周期的调整需要花更长的时间。《投资新思路：左右存亡的行业本质》一书判断，在没有偶发因素的情况下，可以预计未来猪周期会越来越长，主要原因就是每经过一轮猪周期，整个行业内就会淘汰一次落后产能和一批散养户，甚至一些不重视猪周期的大型养殖企业，剩下的都是优势企业和规模养殖企业，它们抗风险能力远强于一般散户和小型养殖场；为维护市场渠道，保持市场占有率，这些主体在亏损时一般不会轻易地去产能。

据国家统计局公布的数据，2023 年全国生猪出栏 72662 万头，增长 3.8%；18 家上市猪企 2023 年生猪销售量占全国的 21.1%，占比创纪录，且首次突破 20%。近 10 年持续扩大规模养殖以后，我国养猪企业的养殖技术趋同、猪种趋同、饲料配方趋同、养殖成本趋同，销售市场完全统一，猪周期才是影响养猪企业盈亏数量级，左右养猪企业存亡的重要因素。

一般情况下，能繁母猪存栏量是猪周期提前 10 个月左右的先导性指标。当能繁母猪存栏量高于先导指标时，预示 10 个月后猪价会下跌，养猪行业进入行业性亏损期；当能繁母猪存栏量低于先导指标时，预示 10 个月后猪价会上涨，养猪行业进入行业性盈利期。通过观察全国能繁母猪存栏量的变化，就能够预知 10 个月以后猪价的走势。

因此，养猪企业在现阶段最重要的就是基于猪周期经营，紧随猪周期调整能繁母猪存栏数量和育肥猪存栏量，基于猪周期开发适应猪周期进行调整的养殖技术、繁育技术等，依据猪周期来调整出栏时间和数量，平抑猪周期对企业经营的影响。如果养猪企业在猪价随周期波动的过程中没有足够的流动性支持，猪周期就会成为左右养猪企业存亡的一个关键要素。猪周期决定养猪企业的盈亏数量级，左右养猪企业的存亡。

据各公司 2023 年业绩预告统计，18 家上市猪企（牧原、温氏、新希望、天邦、傲农、正邦、大北农、中粮、唐人神、天康、华统、京基智农、神农、金新农、立华、罗牛山、东瑞和正虹）2023 年 1—12 月合计销售生猪数量为 15318.04 万头，同比增加 2227.45 万头，增长 17.02%；但是，其中 16 家上市猪企（不含傲农和中粮），2023 年 1—12 月合计生猪销售收入 2307.12 亿元，同比减少 48.73 亿元，下降 2.07%。这体现了我国养猪大企业在 2023 年总体是增量不增收，甚至单价在行业性亏损的情况下继续下跌。

特别是到年底的猪肉消费旺季，18 家上市猪企 2023 年 12 月合计生猪销售数量为 1586.78 万头，环比增加 207.45 万头，增长 15.04%，同比增加 282.35 万头，增长 21.65%；其中 16 家上市猪企（不含傲农和中粮），2023 年 12 月合计生猪销售收入为 213.21 亿元，环比增加 10.52 亿元，增长 5.19%，同比减少 42.08 亿元，下降 16.48%。

大型养猪企业在 2023 年没有因为行业性连续亏损三年而降低存栏量和出栏量，反而扩大了育肥量，加剧了全年增量不增收，加重了行业的亏损，说明了行业竞争形成的猪周期，对养猪企业经营效益的显著影响。养猪企业做数字化转型，就需要以猪周期为基础来明确数字化的方向和路径，才容易取得数字化转型的成功和获得数字化转型的效益。

基于以上的分析可以发现，无论是服装企业、商务餐饮企业、咖啡连锁企业，还是养猪企业，在我国经济进入产能过剩时代，顺应行业本质经营尤为必要，因为，行业本质决定企业盈亏数量级，左右企业存亡。

第十章　企业并购扩张应顺应行业本质

正邦科技2024年1月26日发布业绩预告，预计2023年归属于上市公司股东的净利润为80亿—100亿元，同比扭亏为盈，每股收益为0.8604—1.0755元，而2022年同期基本每股收益为亏损约4.28元。在养猪行业性连亏三年、养猪企业基本都对2023年预亏的情况下，为何正邦科技业绩预告盈利呢？原来是依据江西省南昌市中级人民法院送达的（2023）赣01破16号之四号《民事裁定书》，裁定确认公司重整计划执行完毕并终结公司重整程序。依据法院裁定的结果，债权裁定总金额269.92亿元，公司实施以股抵债产生的重整收益预计175亿—185亿元，上述重整收益计入非经常性损益中，抵扣生猪业务净利润亏损30亿—40亿元等经营性亏损以后的财务损益。

2023年8月4日，正邦科技发布了重整计划（草案）和未来三年的经营规划等。根据重整草案，正邦科技通过资本公积转增股本57亿股股票。重整投资人合计认购31.5亿股股票，提供资金43.40亿元，用于支付重整费用、共益债务、清偿各类债务以及补充上市公司流动性等。其中，产业投资人，即双胞胎集团以1.1元/股价格受让14亿股，16家联合投资人以1.6元/股价格受让17.5亿股，合计为正邦科技提供资金43.40亿元。转增股票中的剩余25.5亿股通过以股抵债的方式，用于清偿正邦科技及正邦养殖系列公司债务，股票抵债价格为11—12.5元/股。在当天，2023年8月4日，正邦科技在深圳证券交易所的收盘价格为2.61元/股。双胞胎集团参与正邦科技的重组，当天巨额账面浮盈，浮盈率高达137%。

正邦科技在2007年上市，2020年达到盈利的顶峰，利润超过57亿元，但到2022年就被申请破产重整，原因在于2021年正邦科技亏损超过180亿元，不仅将上市14年的累计盈利全部亏光，而且还多亏损超过100亿元。在行业养殖技术、猪种、销售、渠道、管理水平、饲料配方等都没有质的变化的情况下，为何正邦科技在2021年亏损如此之大？原因就是正邦科技选择扩张并购时点在猪周期的上行阶段，且主要集中在本轮“猪周期”顶峰之前。

养猪行业的人说，如果2016年是“金猪年”，那么2019年可以称为养猪“铂金年”，2020年被称为养猪“钻石年”。生猪价格在2019年8月达到40元/千克，到2020年上半年生猪价格超过50元/千克；一头生猪的利润超过2000元。2018年非洲猪瘟出现以后，我国第四轮猪周期进入上行通道，生猪价格从最低10元/千克，上升到30—40元/千克。基于环保整治，以及养猪模式从散养为主变为规模养殖为主，正邦科技开始大规模投资养猪产业，2019年启动“万头引种”计划，引进全球多个种猪品系，通过新建和租赁方式扩大猪场数量。2020年，正邦科技借助资本市场，发行可转债和非公开募资分别为16亿元、75亿元，加码养猪业务；甚至定下了“四抢”战略——抢母猪、抢仔猪、抢栏舍、抢人才。在强力推动下，正邦科技养猪规模迅速扩大，2020年销售生猪955.97万头，成为国内养猪业第二；当年的营收、净利润分别超过490亿元、57亿元，利润比其上市13年来的总和还多。

遗憾的是，正邦科技强力推进的“四抢”战略，是在第四轮猪周期的上行快接近尾声的阶段，到2020年第四季度猪周期触顶进入下行阶段后，正邦科技的生猪开始大量出栏上市。2021年，生猪销售价格快速下降，叠加饲料原料价格上涨，正邦科技将上市14年以来的累计盈利全部亏损后，还多亏了100亿元左右。

对于正邦科技来讲，在猪周期上行末端阶段扩大生猪养殖规模，最后导致在猪周期下行阶段不仅将上市14年来的累计盈利全部亏出去，还多亏超过100亿元，让企业陷入流动性困境，核心原因就是对猪周期认识不足，忽视了猪周期对企业盈亏数量级的影响，在猪周期上行阶段的过度融资进行并购扩张养殖规模，放大了亏损，导致企业经营在一年内出现翻天覆地的变化。这属于高位加仓，一把亏光！

与正邦科技同处于一个猪周期并且快速扩大生猪养殖规模的牧原股份，比正邦科技早一年以上的时间开始扩大能繁母猪存栏量和育肥猪出栏量。牧原股份历年生猪出栏量分别是：2016年为310万头，2017年为723.74万头，2018年为1101万头，2019年为1025万头，2020年为1811.5万头，2021年为4026万头，2022年为6120万头，2023年为6381万头。剔除从祖代、母代到育肥猪之间一年半左右的繁育养殖周期，叠加猪场建设等，牧原的扩张时点是顺周期而为。本轮扩张是在猪周期刚开启的底部2018年下半年之前，在猪周期的顶部2020年9月之前停止扩大规模，而在猪周期的下行期间稳定养殖规模。因此，2020年牧原盈利274.5亿元，甚至在2021—2023年行业性连续亏损的三年，牧原股份在2021年盈利69亿元，2022年盈利132.66亿元。

2016年中，我国达到第三轮猪周期的顶峰之前，牧原停止扩张，因此，2018年和2019年牧原股份的出栏量稳定在1100万头左右。2018年中，第四轮猪周期开启之前，牧原加快了扩张步伐，在2020年以后生猪出栏量高速增长；在2020年底第四轮猪周期达到顶峰前至少半年停止规模扩张，因此，2022年和2023

年生猪出栏量波动幅度不大。

与牧原股份扩张节奏不同的正邦科技，其生猪出栏量在2016年是226.45万头，2017年是320万头，2018年是554万头，2019年是578万头，2020年是955.97万头，2021年是1492.67万头，2022年是844.65万头。通过以上数据可以分析出，正邦科技在第三轮猪周期时，在上行阶段开始扩张产能，因此2016年至2018年出栏量快速提高；在猪周期下行的后半段控制了规模扩张，因此2018年和2019年出栏量基本相同。但是，正邦科技在第四轮猪周期开启的2018年年中，没有开始并购扩张，而是到2019年才开始“四抢”战略，到第四轮猪周期在2020年第四季度到达顶点后，在猪价迅速下跌期间，并购扩张养殖规模带来的生猪出栏量才开始大量增加，从而导致正邦科技在2021年巨额亏损。本轮扩张在时间节奏上落后猪周期一年半左右，是逆猪周期而行，导致正邦科技最后破产重整。

与正邦科技相似命运的还有雏鹰农牧，其在第三轮猪周期高点开始扩张，最后在第四轮猪周期开启前夕的2018年，由于资不抵债被退市。雏鹰农牧从高光到落幕，也用了不到两年的时间。事后有人分析，如果再给雏鹰农牧三个月的时间，或者当时能够融资到位一亿元，就能够让雏鹰农牧挺到第四轮猪周期启动，迅速高企的猪价能够使雏鹰农牧在第四轮猪周期内起死回生。

通过对正邦科技、雏鹰农牧和牧原股份扩张时点的分析，可以发现，养猪企业的规模扩张是否顺应猪周期，决定企业盈亏的数量级，左右企业的存亡。

在当今竞争激烈的市场环境中，企业兼并重组和规模扩张已成为企业发展的重要战略。然而，企业在进行兼并重组扩张时，应充分考虑行业本质，企业应基于行业本质进行并购决策，才能提高并购绩效。

只有顺应行业本质，才能踩准时点、顺应周期；只有顺应行业本质，才能降低内部经营无谓的“浪费”，提高企业经营的效率和效益；如果违背行业本质，会带来数量级的损失。因此，养猪业的兼并重组和扩张时间，只有选择在猪周期的底部前的下行阶段才能事半功倍；光伏组件企业兼并重组和扩张，只有选择度电成本更低的技术路线效果才最好；服装企业的兼并重组和扩张，只有选择能够提高自身周转率的方式才可行。

基于行业本质确定企业兼并重组和扩张的方向与路径。不同行业的竞争结构和竞争程度对企业并购和扩张的策略选择有着重要影响。例如，在竞争激烈的行业中，企业可能需要通过并购实现规模扩张，以提高市场占有率和竞争地位；在垄断性行业中，企业可能更注重通过并购获取关键技术或资源，以巩固自身市场地位。但是，不同行业的生命周期和技术特点对企业并购的风险和收益会产生不同的影响。例如，在成长期的行业中，企业通过并购可能获得较高的收益，但在衰退期的行业中，企业并购的风险相对较高。此外，行业的技术特点也会影响企业并购的成功率，如技术更新速度快的行业，企业并购后可能面临技术很快被淘汰的问题。

如何来甄别这些行业和行业中的企业，以及技术路线，就需要依据行业本质来明确并购重组的行业选择、企业选择、技术方向、并购路径和扩张时点等。例如，芯片制造企业的兼并重组和扩张，只有选择符合摩尔定律的企业才有价值；手机制造企业的兼并重组和扩张，只有选择符合安迪比尔定律的企业，才能使并购绩效最大化；光伏组件和新能源车的兼并重组和扩张，只有符合成本领先战略才能有竞争优势；商用软件企业的兼并重组和扩张，需要基于开放的语言和技术标准才容易形成协同效应。

基于行业本质确定企业兼并重组的策略和定价。企业在进行兼并重组时，应根据行业本质选择合适的并购策略和定价，以提高并购绩效。具体而言，可以从以下几个方面着手：一是明确并购目标。企业在进行兼并重组时，应根据行业本质明确并购目标。例如，在服装行业，企业需要并购能够提高周转率的企业和技术；在电商行业，需要并购经营成本更低的企业。二是选择合适的并购对象。企业在进行兼并重组时，应根据行业本质选择合适的并购对象，特别是弥补自己的短板，让自身经营更能顺应行业本质经营的对象。三是合理定价。企业在进行兼并重组时，应根据行业本质进行合理定价。例如，顺应行业本质经营的企业，企业可以付出较高的溢价尽快获取并购对象；而未顺应行业本质经营的企业，就不能被并购，只有能够被改造的才可以相对低的价格并购。四是整合能力。企业在进行兼并重组时，应根据行业本质评估自身的整合能力。例如，在技术更新速度较快的行业中，企业需要具备较强的技术创新能力；在竞争激烈的行业中，企业需要具备较强的市场开拓能力。

如前文所述，双胞胎兼并重整正邦科技。2022 年，双胞胎猪饲料销量近 1200 万吨，位列全球猪饲料企业前列；生猪出栏超 930 万头，母猪存栏量超 50 万头，生猪养殖规模位居国内前四。正邦科技在 2022 年出栏 845 万头，二者总体出栏量达 1775 万头，已经接近温氏的出栏量（1791 万头）。如果重整顺利，在重整完成后的 24 个月内，双胞胎的生猪养殖、饲料等业务在 4 年内将注入正邦科技；届时，一个更大规模的农牧企业将呼之欲出。

虽然有行业人士表示："在养猪行业近年普遍亏损情况下，双胞胎能够提供给正邦科技的资助十分有限。若最终合并成功，二者能否形成'1 +1 >2'的效应也很难说。"但是，双胞胎是在第五轮猪周期呼之欲出的时候参与正邦科技的重整，时间点上是合适的。至于第五次猪周期何时能够开启，如同《投资新思路：左右存亡的行业本质》一书所分析的：养猪已经不仅有从祖代、父代到育肥猪之间的超越一年的养殖周期；更有规模化养殖后，不容易降低的存栏量；还有养殖规模化后市场养殖巨头的市场份额博弈，这些都导致猪周期的调整需要花更长的时间，只有养猪行业的管理团队有较强的经营能力才能降低企业经营的风险。周期性行业，经营比管理更重要。如果双胞胎能够依据养猪业的行业本质“猪周期”，实时调控好能繁母猪存栏量、生猪存栏量和生猪出栏量，除了不可预测的瘟疫等不可控情形外，市场应该对双胞胎在第五轮猪周期上赚得盆满钵满有信心。

同产业上下游之间的并购扩张也需要顺应行业本质。例如，燃油车可以并购发动机企业，电动车可以并购电池生产企业，但是依据成本领先的原则，不应该去并购车身覆盖件企业，而是应该在自身工厂的生产线上建覆盖件生产车间。

不同行业之间的多元化转型依旧需要顺应行业本质。在数字经济中有基因决定定律，讲的是在某个领域很成功的公司，它的企业文化、业务模式和流程、市场定位会优化得十分适应这个市场，这种获得成功的内在优势会深植于企业各个环节，成为这家企业的基因。但企业的基因也使企业跨领域发展受到很大限制。与之对应的就是企业成功多元化的本质：从高利润率行业转型到低利润率行业，是向上仰攻；从低利润率行业转型到高利润率行业，是向下俯冲。

诚然，用“低利润率”和“高利润率”这两个词没有准确表述笔者想表达的意思，但笔者还没有找到更合适的词来表达多元化成功的本质。相近的意思是，企业多元化转型要进入更容易经营的行业，才容易成功。相关的例子为：过去 20 年是房地产发展的黄金时期，但是房地产企业多元化转型进入其他实体产业的，多数都失败了。例如，恒大转型生产汽车、粮油、矿泉水等。与房地产企业同期的低利润率的饲料企业进行多元化转型的，多数都成功了。例如，通威跨界进入光伏行业，东方希望进入水泥和电解铝等行业，新希望进入乳业和肉制品加工业等行业。

与之相应的是，实体产业转型金融容易成功，但是金融转型实体产业不容易成功。例如，中国民生投资集团（以下简称“中民投”），虽然是经国务院批准，由全国工商联发起，有59家民营企业入股，由民生银行原行长、原董事长董文标领衔牵头在上海成立，注册资本500亿元，但成立仅五年时间就申请破产重整。

中民投的官网介绍为：为加速推进全球化战略，中民投于2015年1月成立全球专家咨询委员会，并在北京召开第一次会议，同年10月在新加坡召开了第二次会议，2016年10月在上海召开第三次会议。全球专家咨询委员会是中民投董事局的非常设咨询、顾问机构，对董事局负责，主要采用会议的形式，对公司发展中面临的国际宏观形势、整体发展战略、海外投资战略及政策、公司治理等问题提供咨询建议。委员均为国内外具有显赫声望与地位的权威专家。

在中民投高层管理团队没有产业背景的情况下，聘请的专家咨询委员会成员，不仅没有丰富的企业管理经验，还没有跨行业的产业背景，更要命的是采用坐而论道的会议形式。这就注定了中民投从金融资本转型产业资本的过程，基本就是盲人摸象。经过两年徘徊，尝试了众多产业后，最后选择在上海参与热门地块的土地竞拍。对产业缺乏理解，未经历完整的产业周期和经济周期，没有多行业的从业经历，叠加激进的投资风格，到2020年，中民投不能按期偿还债务，进入破产重组。从含着金钥匙成立，注册资本500亿元，到申请破产重整仅五年时间。

常凯文和田晓林[①]认为中民投连续几年处于盈利状况，但企业现金流一直依靠融资来维持。当企业用于投资和经营的现金流不足时，流动性危机就出现了。表面原因是中民投投资的项目总

① 常凯文，田晓林．中民投债务违约启示［J］．中国金融，2019（9）91－92.

体质地不好，或者说投资的项目总体收益性不高，最后引发债务违约。如果投资的项目很好，即使经济环境变差也容易出手，就能够解决自身流动性的问题。核心原因还是从容易经营的金融行业转型到难于经营的实体产业，是向上仰攻。在没有多行业的实体企业管理经验的管理团队操盘的情况下，走向失败就是大概率事件，只是没人想到时间来得如此之快，仅短短的五年的时间就被申请破产重整。

第十一章　技术路线选择应基于行业本质

全国政协委员、360 董事长周鸿祎在 2024 年 2 月 23 日接受《环球时报》采访时说，“中美 AI 的差距主要在确定技术方向上”。随着科技的飞速发展，各个行业都在不断地进行技术创新和迭代。然而，在这个过程中有一个重要的问题：技术路线方向的选择。那么，该基于什么标准来选择技术路线呢？答案是应该基于行业本质来选择技术路线，因为只有顺应行业本质，技术发展才有竞争力，才能让企业在行业竞争中保持比较优势。

创新管理专家克里斯坦森和詹姆斯·艾伦在《创新的两难》一书中指出，“企业需要在理论和实践中找到平衡，通过实践发现问题，不断调整和优化技术方案，以实现最佳效果。”那么，如何才能找到最佳技术方案呢？

这些年人们常说点错科技树，什么是点错科技树呢？其实就是选择技术路线时选错了方向。在现实中，点错科技树的不仅有企业，还有国家。对企业来讲，一旦点错科技树，轻则在中长期失去竞争优势，重则企业迅速衰落；对一个国家来讲，就可能导致该国这个行业在全球竞争中逐步失去竞争力；或许要等下一轮技术迭代，才有可能超越。

近年，以“蔚小理”为代表的造车新势力成为我国经济增长中的一个亮点，几位创始人从互联网经济转型到电动汽车制造，不仅成功了，而且还做得风生水起。原因在于电动汽车比燃油车具有更少的零部件、更低的生产成本、更低的使用成本，在与燃油车的竞争中逐渐处于优势。这是造成新势力能够迅速崛起的原因，电动车的技术路线更符合汽车行业的本质。

2024 年 2 月 18 日，春节复工第一天，高合汽车召开内部大会，宣布即日起将停工停产 6 个月。创始人丁磊称企业只有 3 个月的翻身窗口期，声称自己一直没有走出一个误区，即用传统的经营策略打不过互联网。但事实是，高合汽车的企业经营违背了电动车的行业本质。《投资新思路：左右存亡的行业本质》一书认为，电动汽车的行业本质是成本领先。高合汽车的性能优异、功能炫酷、自动化程度高，但是价格高、性价比低，导致销售量不大；成立不过几年，且在车量产以后，经营就陷入了困境。

回顾世界汽车工业史，就是一部不断降低汽车生产成本和使用成本的市场竞争史。汽车工业最先是在德国发展起来的，然后在欧洲各个工业国兴起，但到了 20 世纪 30 年代就被美国的汽车工业所超越；到 20 世纪 70 年代，美国的汽车工业再被日本的汽车工业超越，在这个变迁的过程中最根本的原因就在选择技术路线是否基于“成本领先”这四个字上。

欧洲最初的汽车生产是传统的手工打造，不仅效率低，而且生产成本高；汽车工业传到美国以后，福特汽车公司创新性地发明了流水线生产模式，代替手工打造，并被广泛应用于美国汽车生产，使得生产效率急剧提升，生产一辆汽车所需的工时大大缩短，效率翻倍提升，带来了成本的急剧下降，汽车从奢侈品变成普通老百姓都能消费得起的代步工具，刺激人们购买，反过来促进工厂扩大生产规模、提高效率，再进一步通过技术进步降低生产成本，最终形成良性循环。这是 20 世纪世界工业发展史中最重要的里程碑事件之一：通过生产流程再造，提升效率，降低成本，通过销量的提升，形成规模效应。就这样，美国成功超越欧洲，成为世界最重要的汽车生产大国。

到了20世纪70年代，石油危机爆发，日本汽车在世界舞台崭露头角。日本汽车胜出的原因和当年美国胜出的原因如出一辙。基于"成本领先"改进设计和生产工艺，在提升生产效率的同时，降低生产成本和使用成本。以丰田为代表的精益生产模式击败了美国的大工业流水线生产模式，主要体现在两个方面：一是在生产成本上胜出。丰田的精益生产模式是在福特创造的流水线生产模式基础上进一步发展而来，是福特生产模式的升级版。在福特模式中可以继续优化的地方，日本车企通过生产技术的改进继续优化；福特模式中可以继续降低成本的地方，日本车企通过技术继续降低；福特模式做得不够极致的地方，日本车企通过改进工艺做到极致。在已经做好的地方再继续好上加好，不尽如人意的地方再改好一些，最后形成了丰田的精益生产模式。日本车企通过结构设计、生产技术、材料选择、生产工艺和生产流程等全过程以降成本为基础的技术改进，在美系车的技术上进行革新，通过信息管理系统将生产过程中的半成品和成品库存数量尽可能降低，通过IT技术来实现准时制（Just in Time）生产，以降低生产过程中的资金占用成本。二是在使用成本上胜出。日本车省油、维修费用低，不仅是消费者的共识，还成为世界上的消费者购买日本车的原因之一。日本车企在车型设计时就选择以生产和使用的全生命周期成本领先的技术，从设计的源头，去掉一切冗余的安全系数和零部件，选择容易更换和成本更低的部件，来达到"成本领先"；这就是公众口口相传的日系车维护保养费用低，却不经撞的缘由；但最后日本成为了世界汽车工业的翘楚。

世界汽车工业的变迁史，就是一部基于"成本领先"的技术路线选择史，从德国到美国，从美国到日本，都是通过选择以成本领先为基础的技术路线来实现的超越。同期，不是以成本领先为基础进行汽车设计、工艺改进、生产线安装的汽车厂家，在快速增长的世界汽车销售量中的占比越来越低，部分品牌的销售数量也逐渐降低，甚至英国和意大利等以生产豪华轿车为主的国家汽车工业逐渐走向了衰落，曾经的知名豪车品牌陷入亏损泥潭，最后被选择以成本领先为基础技术路线的汽车厂商并购。

2022 年 9 月 30 日，网易汽车报道，浙江吉利控股集团有限公司（以下简称“吉利”）宣布，完成对英国超豪华汽车品牌阿斯顿·马丁·拉贡达国际控股（以下简称“阿斯顿·马丁”）7.60% 的股份收购。阿斯顿·马丁创建于 1913 年，总部位于英国，是世界著名超豪华轿车、跑车生产工厂。由于经营长期陷于亏损状态，导致其股份不断被股东转让，即使它是世界著名的超豪华轿车、跑车生产企业。

使用“一个沙发 + 四个轮子”定义汽车的吉利，在 2010 年，就以 18 亿美元收购了以安全著称的沃尔沃汽车。2017 年，吉利收购了宝腾 49.9% 的股份和英国品牌路特斯 51% 的股份；2018 年，其宣布再以 90 亿美元的价格收购了美国戴姆勒集团 9.69% 的股份，成为戴姆勒最大的股东。2022 年 5 月，吉利与法国雷诺集团的韩国子公司雷诺韩国汽车签订股份认购协议，通过其子公司 Centurion Industries Limited 持有雷诺韩国汽车 34.02% 的股份。通过选择基于成本领先的技术路线，在中国市场取得的巨大成功以后，吉利一直在推动其自身成为全球性汽车公司，围绕这个目标，吉利一直不断在并购世界高端汽车品牌。

从创业开始就选择基于成本领先的技术路线，吉利用不到 30 年的时间，在我国竞争激烈的汽车市场中，成为我国销售数量排名前列的民营汽车生产厂家；通过在我国市场获得的极大成功，并购全球知名汽车品牌，再获得技术、品牌、渠道和市场，成为世界销量前列的汽车生产企业之一。

现在随着电动汽车的兴起，汽车工业又面临新的变革。首先是电动汽车比燃油车的结构更简单，使用的零部件数量更少，降低成本的预期空间更大。燃油车，发动机、变速箱、前后桥、离合器、制动器等都不仅涉及高成本的精密制造，还涉及复杂的组装、调试和后期高昂的维修成本。而电动汽车，就是在底盘上放电池，后轮放驱动电机，前轴放转向器，仪表台板下放电子电器设备。在零部件数量上，电动汽车更少，生产标准化程度更高，组装技术更简单，用机械臂就能代替流水线上的工人，用一体化压铸成型零部件，省下的时间、材料和成本，都非常可观，这是燃油车因囿于自身技术路线的限制而无法做到的。其次是使用成本。电动汽车百公里耗电仅十几度，而燃油车百公里油耗是5—12升，在能源使用上的成本就相差数倍，甚至十余倍。在维修成本上，不仅是电动汽车的零部件少，故障率更低，而且可以预期的是在电动汽车普及以后，养护成本还会持续降低。

电动汽车是目前汽车产业深度转型升级的重要方向，使汽车工业迎来了新的产业革命，不仅提升了生产效率，降低了生产成本，也降低了使用成本。在电动汽车的渗透率进一步提高以后，成本必然还有很大的下降空间，就让成本领先成为电动汽车等新能源汽车竞争的核心和基石。因此，持续选择基于成本领先的技术路线就尤为重要。特别是对于我国的电动汽车，这是因为我国电动汽车造车新势力崛起，是在传统燃油车企“打盹”的间隙迅速发展起来的。造车新势力虽然已经初具规模，但我国传统燃油车企已经开始涉足电动汽车。传统燃油车企的研发能力、生产能力、销售渠道、售后服务、品牌宣传和供应链体系等，都强于电动汽车造车新势力。一旦传统燃油车企走到前台和造车新势力短兵相接，未来必然是越来越激烈的市场竞争，造车新势力就更需要基于“成本领先”的基础选择技术路线，否则，之前的先发优势就很容易功亏一篑。

25 年前，笔者负责给长安汽车配套零部件，长安汽车每年召开两次配套供应商大会，目的就一个：降价。一个零部件每年至少都要被长安汽车降价一次；长安汽车年产量从那时的 10 多万辆增长到 2023 年超过 250 万辆。

据中国汽车工业协会统计，2023 年，我国汽车出口量首次超过日本，成为全球出口汽车数量最多的国家，主要的原因是我国的电动汽车出口量大增。我国前些年选择发展电动汽车之时，日本选择发展燃油混合动力汽车和氢能汽车，但是这两种车在生产成本和使用成本方面的优势明显不如电动汽车。在我国电动汽车形成产业集群以后，成本和售价快速下降，出口量随之快速提升。基于国内和国际两个市场同步发力，我国已经建立了世界上规模最大、体系最完整的电动汽车产业体系，生产成本在全球范围内具有极强的竞争力，进一步促进我国取代日本成为全球出口汽车数量第一的国家。

我国电动汽车得到快速发展，其中最耀眼的明星非比亚迪莫属。比亚迪在 2023 年不仅成为全球电动汽车生产量最高的企业，也成为我国自主品牌汽车销量超过 300 万辆，进入世界十强的唯一一家中国企业。比亚迪能够在新能源汽车上快速取得如此之大的成就，就在于比亚迪坚持“成本领先”策略下的研发和生产技术路线。例如，刀片电池、DM－i 超级混动技术、CTB 电池车身一体化技术等代表性技术开发，让比亚迪在成本上领先于同行业企业，赢得市场竞争的优势，也成为 2023 年我国燃油车转向电动汽车唯一盈利的品牌，也是全球三家盈利的电动汽车之一，另外两家分别是特斯拉和理想。

经过多年的积累与沉淀，我国已经成为动力电池领域的领先者，目前已形成涵盖基础材料、电芯单体、电池系统、制造装备的完整动力电池产业链，三元锂电池、磷酸铁锂电池的系统能量密度处于国际领先水平。完整的产业体系和完善的渠道网络，使得生产成本和使用成本都得到极大的降低，让我国电动汽车工业在全球的竞争力得到快速提升，占据了全球半壁江山。过去李书福以“一个沙发 + 四个轮子”定义汽车，现在雷军以“四个轮子 + 两个 iPod”定义电动汽车，小米电动汽车的出现，预示着给我国电动汽车行业的竞争将会更加激烈，只有在技术路线选择基于“成本领先”，才有可能在未来惨烈的市场竞争中站稳脚跟。

然而，在电动汽车行业强调技术路线选择需要基于成本领先，不是说不重视研发、生产管理、质量控制、售后服务等，而是研发、生产管理、质量控制、售后服务等经营要素这些要素都应在“成本领先”的基础上开展，这样企业就更容易在行业竞争中取得比较优势。

在 20 世纪 90 年代，长虹电视风靡全国，一度占据国内 1/3 以上的市场份额，长虹股票也成为深圳证券交易的红旗股。1997 年 5 月，长虹股价一度创下 66.18 元的历史最高位，长虹的净资产也从最初的 3950 万元迅猛扩张到 133 亿元，成为当时我国家喻户晓的电器品牌，被称为中国彩电大王。但是后来彩电有背投和液晶技术路线之分时，长虹选择了当时画面显示质量更高的背投技术。背投彩电能显示没有闪烁的稳定图像，观众长时间观看电视不会有视觉疲劳感，但是彩电行业其他多数企业选择跟随韩国液晶电视技术线路，导致长虹在产业链组织、市场销售等方面受到约束，成本居高不下，现在长虹彩电的销量在我国已经排在第五名之外，市场份额跌到个位数。

从消费者的角度来看，相比于等离子屏，液晶屏的价格要低很多，再加上市面上大部分电视都是液晶电视，所以多数消费者选择了液晶电视。长虹的等离子电视机销售惨淡，到 2014 年，长虹决定放弃等离子方向的技术路线，转头去研究液晶电视，甚至将旗下一家公司 61.5% 的股份公开发售，但已经来不及了，长虹错过了液晶时代，至今都未能恢复当年的市场地位。

2023 年，我国电视市场品牌整机的出货量前四名分别是海信、小米、TCL、创维，四家合计的市场占有率接近 80%，长虹不仅跌出了前三，而且市场份额降为个位数。为充分利用产能，长虹开始为华为和小米代工电视机。这 20 年来影响长虹彩电经营绩效的不是产品质量、生产管理、营销、技术领先程度，更不是管理能力，而是在选择技术路线时是否选择和行业多数厂家一样的液晶技术线路。

在 20 世纪 90 年代初期，日本的 IT 产业领先于美国的 IT 产业，但是随着美国后起 IT 公司的发展，主导了世界 IT 行业标准的制定，世界其他国家的 IT 公司接受了美国的 IT 技术标准，从而让美国的 IT 行业得到快速发展；而日本部分 IT 公司早于美国的 IT 公司，采用的技术标准不同于美国 IT 公司的，因此就逐渐走向衰落。今天我们能够知道美国众多知名的 IT 公司，但是日本知名的 IT 公司已经寥寥无几，或者说是日落西山了。原因在于过去 30 年来世界 IT 行业的本质是采用美国的 IT 技术标准。日本创立的技术标准，没有被世界其他国家采纳，最后就是“起了个大早，赶了个晚集”。

2015 年我国首富是汉能集团的李河君，在多晶硅的技术路线成本优势已经出现的时候，没能及时跟随通威、隆基绿能等企业选择多晶硅和再后来的单晶硅技术路线，而是坚守薄膜太阳能技术路线，不到三年时间，在光伏产业大爆发的前夜，即 2019 年，走向了破产。事后回头看，汉能在 2015 年被做空之时，如果开始顺应行业本质，选择度电成本更低的技术路线，不仅能够规避后来的破产，而且有很大可能跟随本轮光伏产业的大爆发而再度崛起。

哈佛大学商学院教授克莱顿·克里斯滕森在其著作《创新者

的窘境》中指出，“颠覆性创新通常发生在行业本质发生变化时，因为新的技术或商业模式会打破原有的行业规则，使原有优势变得不再重要。”这表明基于行业本质选择正确的技术路线对于企业发展具有重要意义，因为行业本质决定企业盈亏数量级，左右企业存亡。

第十二章　财务管理创新应顺应行业本质

在当今瞬息万变的市场环境中，财务管理为适应竞争需要，为更真实反映企业经营，不断创新已成为企业持续发展的内生要求；各行各业都在经历着深刻的变革，财务管理随着科技的飞速发展，通过引入人工智能、大数据、财务共享中心等先进技术和手段，提高了财务数据处理的效率和准确性；通过创新的财务管理理念和方法帮助企业更好地应对了市场变化和挑战。

财务创新并不意味着要完全颠覆传统财务管理的基本规则制度，而是在尊重财务管理基本规则的基础上，以提升企业竞争力为目标，进行财务管理优化，进而提升企业经营管理的效率和效益。但是要达成这样的目标就有一个前提条件：财务创新需要顺应行业本质。祝继高等①以国家电网为研究对象，分析了数字化转型助推企业财务管控创新的过程。研究发现，数字化转型通过构建数据赋能基础、提升数字化财务管控能力、释放数字化财务管控价值三个阶段推动了企业财务管控创新。具体体现为：数据结构化、数据协同化和数据资产化构成的数据赋能机制是数字化转型助力企业实现财务管控创新的基础；数字化转型通过增强组

① 祝继高，曲馨怡，韩慧博，汤谷良．数字化转型与财务管控创新研究——基于国家电网的探索性案例分析［J］．管理世界，2024（2）：172－191．

织协同能力、预算联动能力、精准评价能力和即时激励能力提升企业的数字化财务管控能力，从而实现财务管控创新；数字化转型通过提升财务价值和拓展生态价值来释放数字化财务管控价值，从而实现财务管控的价值创造目标。该研究构建了数字化转型助力企业财务管控创新的路径分析框架，对中国企业在数字化背景下加快推进财务管控创新实践具有启示作用。

该论文虽然采用单案例研究方法，选取国家电网作为案例研究对象，探讨了数字化转型推动财务管控创新的过程机理，但国家电网是数字化转型的头部企业，集团级信息系统在国务院国资委组织的历届央企信息化水平评价中均位列 A 级，整体数字化转型在中央企业中处于领先水平。国家电网的财务管控创新过程具有示范性和典型性，预算、会计、资本、产权、风控等财务管控工作被国务院国资委作为典型经验向中央企业推广，满足案例分析典型性和启发性的需要。

该论文的理论贡献包括：第一，基于机制视角深化了数字化转型对于财务管控创新的影响研究，构建了数字化转型助力企业财务管控创新的路径分析框架，弥补了现有文献对于数字化转型与财务管控创新过程机制讨论的不足。第二，丰富了数据赋能的理论内涵研究，剖析了数据赋能的过程，为数字化转型情境下数据赋能的深入研究提供理论基础。第三，提炼了数字化背景下财务管控的创新逻辑，打开了数字化转型与财务管控创新之间的理论“黑箱”，有利于推动数字化转型理论与财务管控理论的融合发展。

企业财务管理的本质是反映企业经营的真实情况，提出企业资源优化配置的方案，实现企业经营效益最大化和企业价值最大化。因此，“业财一体化”在近年成为企业管理数字化的核心课题，也是 20 世纪 90 年代开始盛行的企业管理核心信息系统——ERP 所主要解决的问题。

业财一体化需要通过数字化实现，是企业财务数字化转型的重要途径。即通过业务部门的数据与财务系统的数据实时对接，发挥财务管理的控制职能，实现闭环管理，提高业务数据的准确性，提升业务反馈的及时性，提供业务线索的可溯性，提高数据开发利用的有效性，实现管理效率的提升和企业效益的提高。

从各部门的数字化转型来看，相比数字化营销、数字化产品、数字化供应链、数字化协同等方面，现在企业对财务数字化转型的潜力挖掘还不够充分。通过建设财务共享中心，“业财一体”虽然做到了形式上的统一，但是“做好账、管好钱”只是第一步，财务管理创新仍需向“提效率、升效益”进阶。要通过“业财一体”提高企业经营的效率和效益，减少经营过程中的浪费，提升企业在行业中的竞争力，财务管理创新以行业本质为基础进行转型就显得尤为必要。只有以行业本质为基础，才能明确财务管理创新的方向，并找到财务管理创新的抓手，达到财务管理创新的目的。

在服装行业进行财务管理创新，需要以“周转率”作为财务管理创新最重要的抓手，以“周转率”为核心来制定设计、生产、市场、销售、物流、存货管理等各环节的考核指标体系，搭建以“周转率”为核心的数字化信息系统，建立以“周转率”为考核基准的财务预警系统，以全面提升企业“周转率”为目标，达成提高企业在行业中的竞争力的目标。

在养猪行业进行财务管理创新，需要建立以“猪周期”为核心的财务管理创新体系，依据先导性指标，建立分类预警机制。当全国能繁母猪存栏量高于先导性指标时，就需要采用以“降低亏损”为目标的财务管理考核指标体系，运用财务考核指标指导企业经营策略的调整，尽可能地降低企业的亏损面和亏损额；当全国能繁母猪存栏量低于先导性指标时，就需要采用以“增加盈利”为目标的财务管理考核指标体系，运用财务考核指标指导企业经营策略的调整，尽可能地提高企业当期的利润率和利润额，提升企业经营的能力和在行业中的竞争力。

在光伏组件和电动汽车行业进行财务管理创新，需要建立以“成本领先”为基础的财务管理创新体系，从选址、技术、研发、工艺、生产、市场、营销、物流、存货等各个经营管理环节，以“成本领先”为基础，建立考核目标体系，指导企业经营，提升企业在行业中的比较竞争优势。

在电商平台企业进行财务管理创新，需要建立以“线上经营成本比线下运营成本”更低的财务考核指标体系，优化电商平台企业的研发、促销、运营、算法推荐等各个环节出发，以不断降低货币化率为目标，进而提升电商平台企业在行业中的比较竞争优势。

在芯片制造企业进行财务管理创新，需要建立以“摩尔定律”为基础的财务管理创新体系，从研发、生产、营销等各个经营环节出发，以“摩尔定律”为基础，建立考核目标体系，以保持企业在芯片制造行业中的比较竞争优势。

在手机制造企业进行财务管理创新，需要建立以“安迪比尔定律”为基础的财务管理创新体系，从研发、设计、生产、市场、营销等各个经营环节出发，以“安迪比尔定律”为基础，建立考核目标体系，以保持企业在手机行业中的比较竞争优势。

财务管理作为企业管理的核心组成部分，为企业提供资金、控制风险和提高效益。资金是企业运营的血液，通过有效的财务管理，确保资金合理筹集、分配和使用。风险控制是企业持续发展的保障，财务管理通过建立和完善内部控制体系，防范和化解各种风险。提高效益是企业追求的目标，财务管理通过对成本、利润、投资等进行科学管理，特别是通过对生产经营节奏的控制，实现企业价值最大化。

行业本质是行业发展的基本属性和内在因素；行业本质不

同，对财务管理的要求和影响也不同，进行财务管理创新时，必须基于行业本质，以确保财务管理创新的有效性和针对性。行业本质决定财务管理创新的基础和目标。只有把握行业本质，才能找准财务管理创新的方向，也才能采用合适的财务管理方法和手段，为企业提供准确、及时、透明的财务信息，为企业科学决策提供支持，是企业管理的核心组成部分之一，只有发挥财务的管理职能，才能实现事半功倍的管理效用。

财务管理的有效性直接影响企业的经营效率和盈利能力。进行财务管理创新时，需要充分考虑财务管理的终极目标是提高企业经营的效率和效益，确保财务管理创新符合行业本质，只有这样才能达到财务管理服务于企业经营终极目标的目的。

第十三章　投资基于行业本质提高成功率

改革开放40多年来，我国居民获得财富的主要途径在不同年代都不同。20世纪80年代，财富主要来自贸易，利用信息不对称、价格双轨制，在国际和国内、沿海与内地之间进行贸易获取财富。20世纪90年代，财富主要来自制造业，利用国内物质的匮乏，只要生产出能够满足市场需求的商品，就能够销售出去，以此来获取财富。2001年我国加入世界贸易组织以后，第二产业迅速发展，社会财富主要来自自然资源及衍生的产业，比如煤炭、房地产等，利用我国生产规模急速扩大以后对生产资料的需求扩大，以及进入第二产业人数增多，人们积累一定财富后会产生对改善居住等生活条件的需求。2010年以后，随着股权时代的开启，人们财富的增长方式逐渐来自股权投资。

为了实现扩大再生产，投入再生产的资金来源主要有以下四种方式：第一种，用自己的钱投资自己，实现内生性增长，滚动式发展。第二种，用别人的钱投资自己，借助外部的资源壮大自己。第三种，用自己的钱投资别人，借助别人事业增加自己的财富，比如我国的段永平。第四种，用别人的钱投资别人，采用“借鸡生蛋”的方式发展自己，比如私募股权投资，代表性企业是日本软银。

1996年，中国人民银行提出“扩大直接融资规模”并首次将直接融资概念引入中国。我国加大通过 IPO 发行等证券交易方式，鼓励企业提高直接融资比例。我国股权融资比例在企业融资占比中逐步提高，经过 2000 年互联网革命带来的财富启蒙，2010 年创业板高估值带来的财富效应，我国股权投资机构如同雨后春笋般出现，到 2015 年就成为“全民皆 PE”的爆发之年，股权投资理念在我国迅速推广和普及。

行业募资经过 2010 年的启蒙，2015—2016 年的狂热，并在 2017 年达到顶峰以后，在 2018 年迎来了下降，整个一级市场募集资金量同比下降超过 30%，很多中小投资机构出现全员募资，依旧难以募集到位的情况。过去通过在 IPO 之前突击入股，通过证监会审核后上市就能赚钱，投资机构的盈利依赖上市后股价上涨的 IPO 套利模式失效。方红艳和付军[①]经过研究发现基于成熟资本市场的信息不对称和声誉假说并不能很好地解释我国 VC/PE 的退出方式；相反，源于中国市场的数据反映了近年来我国 VC/PE 行业较为普遍的突击入股短期套现现象。由于受到国内 A 股流动性变化和估值整体下降，以及注册制改革的影响，投资套利空间开始失效。整个一级市场出现了超过 15 万亿元的投资库存，每年新增超过 1 万亿元的库存，这些资金都希望在二级市场卖出获利，不仅是因为收益，也为了投资机构的声誉。如此大规模的一级市场库存要在二级市场变现，二级市场却没有足够的流动性去支持这么庞大的资产变现，从而导致供给过剩，让一级市场与二级市场价差缩小，甚至倒挂。

在这种情况下，投资出现只注重企业的财务指标、市场指标和盈利性，对企业在行业中和市场中存在的理由认识不足，对项目的行业本质缺乏判断，甚至抱侥幸的心理，跟风投资的情况。

---

① 方红艳，付军．我国风险投资及私募股权基金退出方式选择及其动因［J］．投资研究，2014（1）：105－118.

例如：P2P、虚拟货币等；热捧一些明显和社会效益冲突的项目，如综合医疗服务、虚拟货币等；一些违背社会常识的项目，如高利贷、传销等。这些违背行业本质的投资行为，会降低股权投资的成功率和收益率。

从总体上看，我国VC行业是亏损的；很多PE投资机构是不赚钱的。越来越多的股权投资基金、政府引导基金、阳光私募、定向增发基金都普遍性地出现盈利能力下降，甚至是亏损。因此，有人说股权投资的“寒冬”来了。但据笔者判断，核心原因是在2016年前后，我国股权投资行业非理性繁荣，不少投资机构投资了大量违背行业本质的项目，或未顺应行业本质经营的企业，导致投资行业整体的成功率和收益率降低。

从事股权投资，虽然是一个不断识别风险、控制风险的过程。一个不起眼的系统性风险就有可能将企业置于死地，特别是行业本质这个因素。在行业本质还没有起到决定企业存亡的阶段，投资人往往只关注盈利，而忽视行业本质在行业竞争中的关键作用。因此，认清行业本质是投资能否成功的前提条件，也是创业能否成功的基础。

美菜网于2014年刚成立时，笔者分析认为美菜网按照当时公布的商业模式经营必亏无疑。按照后来国家统计局对数字经济的分类，美菜网属于数字经济中的数字要素驱动业，属于传统产业的深度转型升级，就需要比传统产业更高的效率和更低的运营成本。依据笔者2010年投资新发地时对生鲜行业的了解，以及2014年筹建亚洲餐饮联盟期间对餐饮供应链的了解，美菜网做不到这点。因此，2015年清华校庆期间，笔者遇见了窝窝团创始人王赟明，王赟明是笔者清华大学读研究生时的隔壁宿舍同学，通过他笔者才知道刘传军是他在窝窝团的联合创始人，笔者请他劝刘传军停止运营美菜网，或者调整商业模式。未承想，后来社区生鲜团购成为风口，美菜网先后融资数十亿元，延续了两三年的辉煌后，最终还是走向了落寞。美菜网亏损的原因不是经营不够努力，而是没有认清其行业本质是电商，需要降低自身的经营成本。但是，包括美菜网在内的一二线城市社区生鲜团购企业，采用的都是提高运营成本、运用低价策略与运营成本更低、责任心更强和服务更好的将工资当作利润的商贩正面竞争，最后企业毛利润无法覆盖自身的高成本运营，从而导致美菜网经营亏损。一句话总结就是，美菜网没有认清行业本质，采用违背行业本质的经营策略，从而导致经营亏损。

根据《中国企业家》统计的过去 20 年荣获“未来之星”称号的 420 家公司的成长轨迹，发现它们都是踩准了行业发展的大趋势。这些“未来之星”基本都是有意或者无意地以其所在行业的行业本质为基础经营企业，才和行业的发展同频共振，取得事半功倍的巨大成就，最后在激烈的市场厮杀中脱颖而出；与它们同时期、同行业的，未能以行业本质为基础来经营的企业，多数已经销声匿迹。

人们常说，赚钱的生意都不苦，苦的生意都难赚钱。这句话的实质就是要先选对行业，再顺应行业本质经营企业。新一轮科技革命和产业变革与我国加快转变经济发展方式形成历史性交汇，国际产业分工格局正在重塑，我国经济从供不应求的时代，进入了供过于求的时代，同时面临需求收缩、供给冲击、预期转弱三重压力，不仅让我国经济面临的环境发生变化，使投资的逻辑发生了变化。从过去关注能否上市，到现在需要关注是否顺应行业本质经营。只有行业本质符合社会需要，才能够有效规避系统性风险；只有顺应行业本质经营，企业才能在行业中保持比较优势。

如前文所述，养猪企业这些年经历了大起大落，决定养猪企业盈亏数量级和左右存亡的因素不是养殖技术、饲料成本、企业规模，更不是猪种，而是养猪企业的经营是否顺应猪周期。20 世纪90年代日本多个IT公司领先世界，由于与后起的美国IT公司的技术标准不同，最后都销声匿迹；影响日本IT企业存亡的不是技术领先程度，不是企业实力，而是是否采用美国的技术标准。20世纪90年代超过全国销量三分之一的彩电大王长虹，在彩电有背投技术和液晶技术路线之分时，选择了当时画面显示质量更高的背投技术，虽然背投彩电实现了没有闪烁的稳定图像，观众长时间看电视不会有视觉疲劳感，但是彩电行业其他多数企业则是选择了跟随韩国的液晶技术路线，导致长虹在产业链组织、市场销售等方面都受到约束，让长虹至今都未能恢复元气；影响现在长虹彩电经营的不是企业规模，不是自身销售能力，而是多年前是否选择了液晶技术。

2008年我国四万亿刺激经济计划实施后，地方政府的支付能力变强，城市环保企业的业绩变好，随之上市的城市环保企业数量增多；但2015年以后，随着地方政府支付能力减弱，不少城市环保企业开始陷入经营困境，出现债务危机，甚至控股权易主；左右城市环保企业盈亏数量级的，不是技术先进程度，也不是城市环境状态，更不是城市环保企业的经营能力，而是地方政府的支付能力。

在以上的例子中，左右企业存亡的基本上都不是企业自身的技术、生产、市场、销售、管理等内部因素，而是与企业相关的外部要素。这些都涉及行业本质这个根本性问题。在认清了行业本质，了解了企业是否顺应行业本质经营后，再来选择是否投资，才能够提高投资的成功率和收益率。例如，投资现阶段的芯片制造业，就要看企业经营是否顺应摩尔定律；投资商务餐饮和咖啡店，就看是否基于“社交”在经营；投资手机制造企业，就看是否基于安迪比尔定律安排产品生产的代际节奏。

但是，如前文所述，行业本质可能会随市场环境的变化而发生变化，本书所列举的行业本质，是在现阶段行业处于完全竞争的前提下的行业本质。本书是基于完全竞争的市场条件下，以及现有的技术水平和发展竞争状态下，列举的部分行业现阶段的行业本质，并建议企业在经营过程中按照该行业本质来组织技术研发、生产管理和营销推广。但在不同发展阶段或者不同竞争条件下，行业的本质可能与本书所列举的不同。例如，在改革开放之前，决定我国养猪企业盈亏数量级的因素不是猪周期，而是养殖技术：如果料肉比高，养殖周期短，就能够在养猪业中胜出；而现在决定养猪企业盈亏数量级的因素变为了猪周期，这是在我国养猪业的猪种趋同、养殖技术趋同、养殖成本趋同、市场环境趋同的竞争条件下形成的。在中华人民共和国成立以前，在我国决定服装企业盈亏数量级的因素不是周转率，而是成本领先，如果能够低成本地生产出服装，就能够在服装行业中胜出；而现在纺织服装的成本趋同的竞争环境下，周转率就成为服装业的行业本质。因此，解析一个行业的本质需要根据市场环境的变化来调整。

著名投资大师彼得·林奇曾指出，“投资成功的关键在于了解你投资的公司所在的行业。”这句话的实质是，需要认清所投资行业的行业本质，因为，行业本质决定企业盈亏数量级，左右企业存亡。

第十四章　运用行业本质理论做股票投资

党的二十大报告强调，要探索多种渠道增加中低收入群众要素收入，多渠道增加城乡居民财产性收入。如何增加城乡居民财产性收入呢？正确购买股票就是一种财富再分配方式，通过股票投资可增厚居民的财产性收入。

改革开放40多年来，我国居民获得财富的主要途径在不同的年代是不同的。20世纪80年代，财富主要来自贸易，利用信息不对称、价格双轨制，将海外的商品进口到国内，将沿海的商品贩卖到内地，就能够赚到钱。20世纪90年代，财富主要来自制造业，当时国内物质不丰富，只要能够将需求商品生产出来并销售出去，就能够赚到钱。

一、投资是经济的造血中心

自2001年加入世界贸易组织以后，财富主要来自自然资源及衍生的产业，比如煤炭、房地产及上下游相关产业等，这是利用了我国生产规模急速扩大以后对生产资源的需求，以及在此过程中居民积累财富后因改善生活条件而带来的消费市场规模急速扩大。2010年以后，随着股权投资时代的开启，不少居民的财富增长主要来自投资。

人们常将经济比喻为肌体，将金融比喻为经济的血液，而将投资比喻为经济的造血中心。投资是产生新的血液和养分的来源，是经济持续增长的动力。对大多数居民来说，能够方便参与的投资主要是股票投资和企业股权投资。但是在实际操作中，股票投资是多数人亏损，少数人赚钱的投资方式。普通居民如何才能从股票投资中赚到钱呢？我们就需要从股票投资的行业本质讲起。

二、股市的本质是什么

我国经济界一直有个说法——股市是经济的“晴雨表”，股市反映国家经济的兴旺程度，可是 17 年前的 2007 年，我国沪市就超过 6000 点，17 年后的今天却在 3000 点附近徘徊。我国 GDP 从 2007 年的 27 万亿元人民币，增长到 2023 年的超过 126 万亿元人民币；按年平均汇率折算，2023 年我国经济总量超过 18.8 万亿美元，占世界经济的比重超过 19%，对世界经济增长的贡献率超过 32%[①]。我国货物贸易额、外汇储备均居世界首位，服务贸易、对外投资、消费市场规模稳居世界前列，但是我国的股市大盘在这 17 年中却是总体不涨。

加入世界贸易组织之前的 2000 年，我国的人均 GDP 不足 1000 美元，位于全球第 133 位，低于世界人均水平；到 2021 年，我国人均 GDP 已经超过 12000 美元，高于世界人均水平。但现在沪市与 2007 年 10 月 31 日的最高点（6124.04 点）相比较，基本处于腰斩状态。从沪市大盘角度看，股市是经济的“晴雨表”这个说法好像并不准确。那么股市到底是什么？股市的行业本质是什么呢？

我们知道，炒股的盈亏来自不同投资人对同一企业的估值差。只有当人们对同一只股票存在不同估值时，投资人才会对该

---

① 详见：https：//www.gov.cn/yaowen/liebiao/202312/content_6920375.htm.

股票有不同的定价；这个不同的估值就来自对企业的不同成长预期：当存在有持续增长的预期时，股价就会上涨；当持续增长的预期消失后，股价就可能横盘和回落。一个典型的例子就是比亚迪。比亚迪是巴菲特长期持有的第一只中国股票，从2008年每股8元左右上涨到至今的250元左右，持有13年，获得超过30倍的账面投资收益。巴菲特入股后，比亚迪在2009年的净利润是37亿元人民币，到2021年净利润仅为30.45亿元人民币；虽然营业收入从2009年的411亿元，上涨到2021年的2113亿元，增长超过5倍，但企业的净利润率从9%下降到1.4%，处于微利边缘。比亚迪的股价为何在企业利润和利润率都降低的情况下，还上涨了30多倍，总市值一度超过1万亿元呢？同样生产汽车的上汽集团，2021年销售收入为7798亿元，归母净利润达到245亿元，净资产收益率超过9%，净资产超过2773亿元，其中持有现金超过2100亿元，但是其总市值不到2000亿元。上汽集团的燃油车销售数量远高于比亚迪，电动汽车的销量也处于稳步上升的情况下，收入和利润更好的上汽集团总市值不到比亚迪的1/4。拉开两只股票的总市值和股价差距的是投资人对比亚迪和上汽集团具有不同的成长预期。这也是这些年不少银行股的股息率高于银行存款利率，甚至个别银行的市值低于净资产的70%以上的原因，即银行股缺乏了成长预期。

企业估值是企业增长预期的现金流折现，不同的投资者对企业增长预期的不同，会导致对企业估值的差异。对于一般居民投资者来说，投资自己熟悉的周期明确的行业，或者熟悉的企业；在行业景气到顶点前后减持，在行业最低迷前后增持，用闲钱坚持波段操作，长期盯住一个确定能长期存在的企业和所在行业的波动周期，在“戴维斯双击”和“戴维斯双杀”之间，享受“戴维斯双击”的倍增效应，是一种比较省心的投资方式。

段永平被称为“中国巴菲特”，投资股票20多年，他自己说真正投资的公司就五六家，他一般同时持有的公司股票就在三家左右。巴菲特同时持有的股票数量也不多，都是投自己看得懂、看得明白、顾得过来、具有成长预期的公司。居民参与股票投资，应长期紧盯自身熟悉的行业和企业，根据企业的成长预期做投资。下面笔者以日常生活中每个人都能接触到的“养猪股”来举例说明。

三、众说纷纭的养猪业

我国养猪业是具有明显周期波动的行业，养猪企业的股价跟随猪肉价格呈现正相关波动，猪肉价格上涨；养猪企业的股价就上涨；猪肉价格下跌，养猪企业的股价就下跌。基本就是一个4年左右的周期过程。我国至今主要经历了四轮猪周期，大致情况如图14－1所示。

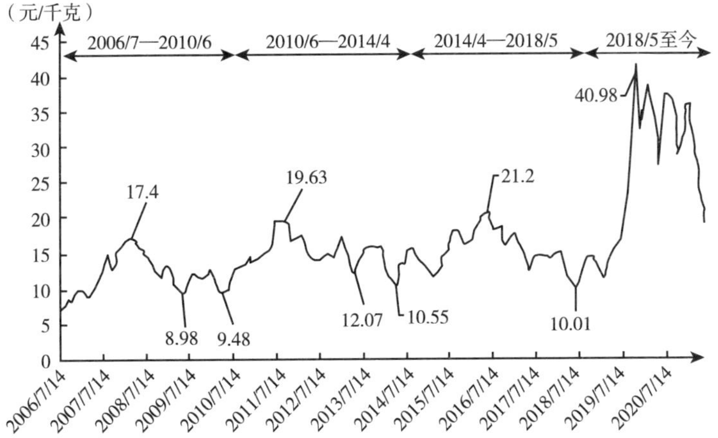

图14－1　猪周期示意图

资料来源：卓创资讯。

如果我们能够在这个周期波动的过程中，在猪肉价格周期底部时买进养猪企业股票，在猪肉价格周期顶部时卖出养猪企业股票，就能够在养猪企业的股票投资的“戴维斯双击”和“戴维斯双杀”之间，享受“戴维斯双击”的倍增效应。

四、理解行业本质，掌握财富密码

诚然，在近几轮猪周期中都有养猪企业被申请破产，如2018年的雏鹰农牧、2022年的正邦科技。这些养猪企业破产的核心原因是它们不重视养猪业的行业本质——猪周期；让企业利润在一两年的时间内发生大逆转，最后由于企业资金链断裂，买不起饲料，导致大量生猪被饿死以后，企业走向破产重整。但是，这些企业被宣告破产的时间，都是猪周期走过了波谷，并且在波谷之前企业已经提前数月公告了上年度经营巨额亏损范围、企业流动资金紧张、资产负债率畸高等风险提示；投资人有足够的理由和充分的时间，在渡过猪周期底部后，不再购买出现高风险提示的养猪企业股票。

养猪业的行业本质是猪周期，而股价的行业本质是企业成长预期的现金流折现。只要紧随猪肉价格的波动选择熟悉的企业股票，根据养殖企业的成长预期进行波段操作，就能够增加财产性收入。同理，其他周期性行业的投资逻辑也是一样的。

因此，普通投资人可以根据股价的行业本质——企业成长预期的现金流折现，对熟悉的且日常接触到的周期性行业进行波段操作，这可能是一种比较省心的理财方式。

后　记

2020年底，我劝朱志离开其从业20余年的工程机械行业，加入股权投资公司。彼时，我在中国科学院大学攻读博士学位，忙于调研和论文撰写。他听从我的建议后于2021年初加入一家股权投资基金管理公司。如《投资新思路》丛书的前言所述，2021年五一假期，朱志来看我，临别时对我说，是时候将前些年投资方面的心得整理出来写成专著，供朋友们参考了。我由于在2016年前后对我国经济和投资产生迷茫，因此放下工作调研了十余个国家，数十个行业，并于2018年到中国科学院攻读博士学位。我的博士导师汪寿阳院士一再鼓励我有想法一定要写出来，并编纂出版，于是我在2021年9月开始动笔撰写《投资新思路》丛书。为促进朱志转型成功，我便邀约他共同撰写《投资新思路》丛书第二本《左右存亡的行业本质》中的第九章。

朱志在2021年初加入基金管理公司后，才开始接触工程机械以外的行业和项目，利用其在产业的人脉组建专项基金，确定投资早期十倍收益就退出的策略。在两年半的时间内投资了30个早期项目，到2023年8月仅退出3个，就收回了这30个项目的全部本金，并用其个人所获得的超额收益在北京购买了一套学区房。到2024年，朱志再兼任三家公司的上市顾问，每家企业支付他的报酬都超过其2020年之前的年薪。

我在出版《投资新思路》丛书和提出行业本质理论以后，成为中央财经大学投资学专业研究生指导教师、中国企业兼并重组研究中心研究员、民建中央社情民意特邀信息员、民建中央企业家精神研究专委会副主任、《财富时代》杂志特约作者，也有幸于2023年11月9日在青岛举办的第十二届APEC中小企业技术交流暨展览会的中小企业数字化转型创新发展专业论坛上，以非院士身份做了名为“运用行业本质理论做好数字化转型”的主旨报告，主持了圆桌论坛，并接受了新华网的专访，介绍如何运用行业本质理论做好企业数字化转型。

在《投资新思路》丛书出版半年后，我的博士生导师汪寿阳院士，经过深思熟虑，建议我将在书中提出“行业本质理念”改为“行业本质理论”，并进行深入系统的研究。在随后的持续研究，以及我在本书的撰写过程中发现，行业本质理论实质就是企业中观管理思想，其作用是明确企业微观管理的方向和路径，最后决定宏观战略管理的成败。因此，行业本质理论是企业数字化转型的基础指导性理论。

2023年9月，习近平总书记提出发展新质生产力，行业本质理论作为企业中观管理思想，在催生新质生产力的三因素中，即科技的革命性突破、产业深度转型升级，以及生产要素创新性配置，都起到决定路线选择的作用。三因素的发展都需要基于行业本质确定的方向和路径，才能获得成功。行业本质理论也就成为发展新质生产力的指导性理论。因此，今年以来我受邀给国家部委、地方政府、企业、高校，以及社会组织分享“如何发展新质生产力”，获得了大家的一致认可，认为我的分享很接地气、很具有可操作性。

2024年2月13日，一位叫石宏博的读者在“左右存亡的行业本质”微信公众号后台留言如下：

“总结发现，这些年取得巨大成功的企业，都是有意或者无意地以其所在行业的行业本质为基础经营企业，和行业的发展同频共振，最后在激烈的市场厮杀中脱颖而出；与它们同时期、同行业的，未能以行业本质为基础来经营的企业，多数都已经销声匿迹。这就是近年来大家常说的‘凭运气挣的钱，凭实力亏掉’的核心原因——违背行业本质，在行业本质不是成本领先的行业采取价格战，导致企业自身经营不可持续”。

管理科学与工程的同学科师兄的文章。师兄走到这一步并不容易，既要规避管理学培训大部分的谬误，又要在普通的生活当中逐渐培养经济的格局。正所谓穷则独善其身，达则兼济天下，这句话是很好的印证。

另外，师兄“工科→经济→管理→管科（管理科学与工程）”的学术成长背景也很有趣，为之后从事的工作提供了一定的支持。所以上学到底有没有用？对于劳动阶层，可能代表一个更好的出身，但是劳动阶层的生活也就那样。对于社会剩余物资处理部门，也就是现在的商业，认知和思考还是非常重要的。

上学最怕的就是导师的水平不咋地，也就是我们常说的误人子弟，有的时候碰上了，也没有办法。现在，我们国家终于出现了，自己的经济、融资、投资的相关理论，而且这个理论，既很学术，又有实践支撑。出现这样的理论不容易，是学科之幸、经济之幸、管理之幸。实际上，我国经济的实践和理论包括外部性都不容乐观，好在有些人一直都没有放弃。加油！

看到以上留言，我的状态是平静的，但内心是起伏的。从上述文字中能够看出石宏博也是管理科学与工程专业博士研究生毕业，而且比我早毕业多年，得到他的认可，说明已有研究人员开始关注行业本质理论，关注企业中观管理。

在《投资新思路》丛书出版以后，我和清华大学校友分享行业本质理论，一位具有多年从业经验的校友听后说，“小军，你能够提炼出行业本质理论，因为你是特例。”想来确实如此，我自己就是特例。

基于兴趣爱好和工作需要，先后学习了五个不同的专业，分别是汽车摩托车制造、工业企业管理、会计、工商管理、管理科学与工程，这五个不同层次的学历，让自己明白了不同行业的术语，了解了不同产业的发展历程，理解了不同岗位的思考模式。自己虽然只在三家企业（分别是国企、民企和外企）当过职业经理人，但是先后应急负责过汽车零部件、化工、农业、食品、国际贸易、电商等企业的经营。大学毕业后很快解决了自己的家庭负担和后顾之忧，让自己能够脱产补习英语，并考上清华大学研究生。清华研究生毕业后有幸跟随刘永好董事长工作过一段时间，接触了一些国内顶级企业家，熟悉了他们的决策模式，并参与上市公司破产重整、与日本三井物产合资公司筹建经营、牵头组建亚洲餐饮联盟和主导项目投资等。

重要的是，在清华大学研究生毕业之后，我开始兼任民建中央企业委员会制造业组秘书长、副组长，企业委员会副主任等，至今四届17年，让自己有机会接触到全国各行各业的优秀企业家，能够长期跟踪这些企业的发展，长期接触和了解企业家的思想动态和经营思路。恰巧自己对宏观经济感兴趣，对微观企业管理也有一些心得，能够与他们探讨各个行业企业经营的“诀窍”。

非常幸运的是，在2016年前后，自己对国家经济和投资迷茫后，调研了十几个国家和几十个行业，再进入中国科学院大学攻读博士学位，师从汪寿阳院士。在汪老师的一再鼓励之下，撰写了《投资新思路》丛书，在写作过程中提出行业本质理念；在汪老师的支持下，将其修改为行业本质理论，再进行深入系统的研究。

2023年我受邀参加民建中央三个调研课题，在“加强我国实体经济和数字技术融合发展的路径与建议”开题会上介绍了行业本质理论，就得到民建中央常委、民建江苏省副主委、天合光能董事长高纪凡的重视，邀请我撰写本书，并命名为《数字经济行业本质论》，在写作过程中我发现行业本质理论是企业中观管理的思想。在查阅了大量资料，走访了部分知名企业管理学者以后，我提出了企业中观管理思想：企业中观管理是介于宏观战略管理和微观战术管理之间的，确定微观管理的方向，决定宏观战略的成败。

我国有句俗话，“方向不对，努力白费。”指的就是做任何事都要重视中观管理。特别是现在，我国不少行业产能过剩，一些企业企图通过价格战来扩大市场份额，但是，在行业本质不是成本领先的行业进行价格战就是饮鸩止渴，此时顺应行业本质经营就显得尤为重要。在数字化转型中，企业的经营效果会通过数字技术放大，即好的会更好，差的会更差。顺应行业本质，事半功倍；违背行业本质，事倍功半。

自己过了不惑之年，在最应该抓紧时间做事的年龄，沉下心来做研究，提出行业本质理论和企业中观管理思想，出版了《投资新思路》丛书和本书，目的就是希望减少企业经营过程中的浪费，提升企业经营的效率和效益；规避投资的系统性风险，提升投资的成功率和收益率。

曹雪芹在《自题一绝》中写道：满纸荒唐言，一把辛酸泪！都云作者痴，谁解其中味？自己想改写为：满纸肺腑言，一把辛酸泪！都云作者痴，不忍再浪费。只愿大家好，行业本质情；甘为孺子牛，中观管理心。

感谢民建中央常委、民建中央企业委员会主任、民建江苏省副主委、天合光能董事长高纪凡先生的建议，民建中央委员、民建中央企业委员会副主任、信息技术专委会主任、北京有生博大软件股份有限公司董事长王克照先生的一再精神鼓励，让我历时一年多出版了这本具有重大理论突破的书；感谢工业和信息化部中小企业发展促进中心邀请我在第十二届 APEC 技展会上作名为

“运用行业本质理论做好数字化转型”的主旨报告，增强了我研究如何运用行业本质理论做好数字化转型的信心。在撰写本书过程中，我对行业本质理论的研究有了更全面、更系统的认识，从而让企业中观管理思想得以涌现。

感谢北京有生博大软件股份有限公司高丽女士整理了第四章第一节、第五章第一节的部分资料，天合光能常务副总裁高纪庆、副总裁杜庆国和朱兴军整理了第八章第三节的部分内容，中国科学院大学经济与管理学院2023级金融专业硕士研究生陈思颖同学整理了第三章第四节的部分资料。

当然，还要感谢我的博士生导师汪寿阳院士，他的一再鼓励，让我出版了《投资新思路》丛书，升华了行业本质理论，提出了企业中观管理思想，在中央财经大学等高校为研究生开设了“行业本质理论与实务”和“企业中观管理”的选修课程。

我受邀在中央财经大学、中国政法大学等高校为研究生开设“行业本质理论与实务”和“企业中观管理”选修课，希望更多的人能够参与行业本质的研究，在企业经营和投资中运用行业本质理论与中观管理思想，发展新质生产力，提升企业经营的效益和效益，提高投资的成功率和收益率。

2016年12月4日在中央财经大学的公开课上，我应邀就我国的股票市场、股权投资、房地产、汇市、债市、新三板、公募基金、P2P、宏观经济的走势分别逐条分析预测，8年过去，所有预测至今一一兑现，全部应验，且全部处于8年前预测的趋势和范围之内。

2024年7月起，我受民建中央邀请，为“建华课堂”多省分课堂作“基于行业本质发展新质生产力”的专题报告。

2024年9月7日，工信部领军企业“头雁人才”培养计划专题活动正式启动，我为启动仪式作了《基于行业本质发展新质生产力》的开场报告，受到企业家们的热烈欢迎。

2024年9月14日，受邀在中国国际服务贸易交易会之世界前沿科技大会作《基于行业本质发展新质生产力》的报告；今年受邀到浙江、河南、山西、重庆、四川、云南、河北、新疆、上海、北京、湖南、宁夏所作的《认清行业本质，提升竞争优势》《如何发展新质生产力》和《基于行业本质发展新质生产力》等专题报告，都受到企业家们的热烈欢迎。

在评审国家专精特新小巨人企业、中国科学院的创新创业项目，以及世界农业科技创新大会的多轮路演项目的过程中，我见到了不少数字经济领域的革命性成果，也看到了数字技术、数据资源和人工智能在选种育种、种植养殖、食品加工等领域对传统农业和食品业的革命性改变的企业案例；无论是新出现的现代化产业，还是将数据资源作为关键生产要素嫁接进传统产业形成的产业现代化，都已经有企业在行业中率先孕育出新质生产力。

现在数字经济方兴未艾，新技术和新模式层出不穷，希望有更多的学者和企业管理者参与行业本质的研究，完善行业本质理论和企业中观管理思想，为建设数字中国和发展新质生产力贡献一份力量。

陈小军

2024年9月18日